JINGJI GAIGE
YU ZHUANXING FAZHAN YANJIU

经济改革与
转型发展研究

安增军 杨敏 / 著

中国财经出版传媒集团
经济科学出版社
Economic Science Press

图书在版编目（CIP）数据

经济改革与转型发展研究/安增军，杨敏著．—北京：
经济科学出版社，2017.8
ISBN 978－7－5141－8199－9

Ⅰ．①经…　Ⅱ．①安…②杨…　Ⅲ．①中国经济－
经济体制改革－研究　Ⅳ．①F121

中国版本图书馆 CIP 数据核字（2017）第 163031 号

责任编辑：张　蕾　周国强
责任校对：杨　海
版式设计：齐　杰
责任印制：邱　天

经济改革与转型发展研究

安增军　杨　敏　著

经济科学出版社出版、发行　新华书店经销

社址：北京市海淀区阜成路甲 28 号　邮编：100142

总编部电话：010－88191217　发行部电话：010－88191522

网址：www. esp. com. cn

电子邮件：esp@ esp. com. cn

天猫网店：经济科学出版社旗舰店

网址：http：//jjkxcbs. tmall. com

北京密兴印刷有限公司印装

710×1000　16 开　21.25 印张　350000 字

2017 年 8 月第 1 版　2017 年 8 月第 1 次印刷

ISBN 978－7－5141－8199－9　定价：69.00 元

（图书出现印装问题，本社负责调换。电话：010－88191510）

（版权所有　侵权必究　举报电话：010－88191586

电子邮箱：dbts@ esp. com. cn）

序

1978 年以来，经过 30 多年的经济与社会发展，中国的综合国力得到极大提升，对世界和平与发展起着越来越重要的作用。回顾这段历史，可以清晰认识到改革开放是中国取得历史性进步的根本原因。本书是研究中国经济改革与转型发展问题的著作。本书的主要作者经历了中国经济改革和开放的全过程，并对改革中的一些重要问题进行了研究，该书倾注了作者大量的心血。通读全书，我们可以看出本书的研究有以下几个特点：

（一）探讨了中国经济改革的阶段划分

中国的经济改革已经经历了近 40 年，应该如何划分阶段？本书将中国经济改革划分为三个阶段：改革的探索阶段（1979～1992 年）；社会主义市场经济体制建立阶段（1993～2003 年）；社会主义市场经济体制完善阶段（2004 年至今）。在理论界，中国经济改革应该划分为几个阶段有着多种观点，划分三个阶段是其中的一种观点，而且，划分为三个阶段的时间起点与终点也有不同的观点，我们认为本书关于三个阶段划分的这些观点是可以自圆其说的。

（二）梳理了中国经济改革的主要内容

本书的明显特征是既有历史纵深感，又有现实真实感，从改革的最早起步——农村改革开始阐述，着重讨论了我国经济改革的几个方面，包括：农村改革、国有企业改革、流通体制改革、价格体制改革、财政税收体制改革、宏观调控与管理体制改革、对外开放等。

在农村改革部分，作者分析了中国农村改革的起步，从家庭联产承包责任制（包产到户）开始，到农村产权制度的改革。书中归纳了农村改革的特点：改革起步早、产权改革深入、早期改革效果明显、农村改革与发展的关系以及农村发展与城镇发展的关系等。

在国有企业改革方面，作者回顾了中国国有企业改革的几个阶段，讨论了国有企业改革深层次的问题、改革的难点以及进一步改革的目标，尤其是中共十八大以后，深化国有企业改革的任务很重，企业改革已经进入到深水区，每走一步都步履艰难。

中国的价格改革可以说是一波多折，有惊无险。价格改革起步较早，在改革过程中一直将价格改革视为改革的关键，并且认为如果价格改革失败，整个改革就会失败。所以，在价格改革中采取了渐进式改革的路径与方法：调放结合、先调后放、逐步理顺的原则。价格改革的整个过程始终是小步快走，十分谨慎。除1988年曾出现过一次全国性的抢购风潮、价格在短时间上涨较快外，整个改革的过程还是比较平稳的，正是因为价格改革走的平稳，才推动了其他改革深入进行。

流通体制的改革也不是一帆风顺的。中国原有的流通体制是封闭式、多环节、少渠道的旧的流通体制，流通极不发达。这是我们长期对流通环节有偏见造成的，也是我们对经典作家的流通理论的片面解读造成的。19世纪50年代，我国理论界曾经讨论过是否在经济活动中取消商品流通这个环节，认为商品流通"每日每时"都在产生着资产阶级、小资产阶级分子。取消流通这个环节，整个生产过程仅剩下生产、分配、消费三个环节。有些学者认为，这种观点是符合马克思主义经典理论的。现在看来这种观点有点可笑！当然我们也要看到，从人类社会发展的漫长历史来看，商品经济（商品生产和商品交换）的历史仅仅是人类发展过程中的一个发展阶段，商品经济是在一定的条件下产生的，也将随着这些条件的变化而消亡，这是一个漫长的历史过程。如果我们人为地加速这个过程的结束，或者想跳过这个历史过程都是不可能的，所以取消商品流通环节是非常错误的。流通体制的制度变革也在理论上打破了长期约束人们思想的羁绊，通过改革，我们逐步打破了这个旧体制，建立了开放式、少环节、多渠道的新的商品流通体制。由于商品流通体制的根本变革，城乡商品市场发生了根本性的变化，今天的中国可以称为发达的商品市场或繁荣的商品市场，各种新的流通业态形式不断出现，完全改变了我国 20 世纪市场上商品缺乏、大部分凭票供应的时代。

政府宏观管理体制的改革任重道远。我国宏观调控和管理体制改革至今还在进行，迈出的每一步都不容易，因为我国的宏观管理体制是 20 世纪 50 年代在苏联的帮助下模仿苏联的体制建立起来的。这种宏观管理体制可以概括为高度集权的命令式的计划经济体制。但我们当时并没有完全照搬苏联模式，我们与苏联东欧的计划经济体制的区别是我们的计划经济体制是一个留有余地的计划体制，国家没有将计划制定的丝毫不漏，而是给企业留有一点发展空间，企业有一点自主权，这种体制在特定的历史条件下发挥了积极的作用，也为后来的改革提供了积极的因素。这种经济体制随着经济发展越来越暴露其管理体制的缺陷性，甚至到了阻碍生产力发展的地步。不仅中国，包括苏联东欧国家都感觉到这种体制的弊端，只有改革才能打破计划体制一统的天下，取而代之的是建立一种新的体制，中国选择了建立社会主义市场经济体制，这是中国人的伟大创造，也是中国对世界社会主义发展史的伟大贡献，中国现在进行的改革仍然是在朝着这个方向走，当然这种经济体制的完善还需要很长的时间。

对外开放是中国经济改革的重要组成部分。1978 年党的十一届三中全会上提出改革开放的思想，当时是将改革与开放这两个问题作为一个整体提出来的。以改革促开放，以开放促改革，改革开放是两个不可分割的部分。福建、广东作为改革开放之先行的省份，不仅改革开放早，而且力度大。尤其是福建省，在改革开放之初，经济总量在全国各省市中排名第 22 位，人均国内生产总值排名第 23 位。经过短短 30 多年的改革开放，今天的福建经济总量已经排在全国前 12 位，人均国内生产总值更是在全国排名前 7 位。福建经济发展经验证明，经济发展离不开中国改革开放这个大的历史背景，离不开中国经济体制改革的大历史背景。1980 年国务院批准在广东省的深圳、珠海、汕头和福建省的厦门设置经济特区，并批准《广东省经济特区条例》。1984 年决定开放大连、秦皇岛、天津、烟台、青岛、连云港、南通、上海、宁波、温州、福州、广州、湛江、北海 14 个沿海开放城市，同时扩大了 4 个经济特区的面积。1985 年 2 月，将长江三角洲，珠江三角洲，闽南厦、漳、泉三角洲开辟为沿海经济开放区；1986 年，开放了山东半岛、辽东半岛。1988 年，海南建省并成立特区，成为全国第 5 个经济特区。1990 年 4 月中央决定以上海浦东新区的开发和开放为龙头，沿长江流域向内地延伸开放。1990 年 6 月，成立浦东开发区，对外开放特区格局呈现出"5＋1"的模式。中国的对外开放过程是沿着由点到线、由线到面、由局部开放到走向全面开放的过程，到现在整个对外开放过程并没有结束，还在不断的深入。从早期的试办经济特区、经济开发区，开放海南全岛，开放上海浦东，到沿海沿边沿江三沿的全面开放，还在不断地走向深化。2013 年 8 月，国务院正式批准设立中国（上海）自由贸易试点；2014 年国务院又决定设立中国（广东）自贸区、中国（天津）自贸区和中国（福建）自贸区。2016 年国务院决定设立中国（辽宁）自贸区、中国（浙江）自贸区、中国（河南）自贸区、中国（湖北）自贸区、中国（重庆）自贸区、中国（四川）自贸区和中国（陕西）自贸区等 7 个自贸区。到 2016 年参加自贸区的省市已达 11 个，全面深层次的开放格局正式形成，使中国经济与世界经济的联系更加紧密。

此外，本书还探讨了财政、税收等方面的改革。

（三）讨论了中国的可持续发展问题

本书不仅讨论了中国的改革问题，还讨论了中国的发展问题。改革与发展是两个相互联系、不可分割的部分，以改革促发展，以发展促改革，正是中国尤其是福建 30 多年来的经验总结。本书从可持续发展的角度探讨了中国尤其是福建的发展问题，众所周知，发展问题从来都是一个综合性问题，它包含着今天的发展与明天的持续发展的关系、人的发展与自然发展的关系、经济发展与自然资源承载力之间的关系、经济发展与社会文明发展的关系、发展的速度数量与发展质量之间的关系等。发展关系到人类永久的生存，关系到我们子子孙孙的生存空间。我们既要金山银山，也要绿水青山，不能为了发展破坏了我们的生存环境，破坏了人类赖以生存的空气、水源等资源，不能为了发展，采尽了我们子子孙孙生存所需要的资源。

（四）在世界背景中进行比较研究

本书的另一个特点是将中国的改革放在世界的大背景中进行研究，将中国的社会主义改革与苏联东欧的改革进行了比较研究。苏联东欧国家中南斯拉夫是最早进行改革的国家,但并没有取得好的效果。其他东欧国家包括苏联先后进行的多次改革均告失败。20世纪80年代他们又掀起了一轮改革,又未成功。他们的改革与中国的改革既有共同点,又有区别。本书对这些共同点与区别进行了理论分析,并从中找出区别的原因。遗憾的是苏联东欧并没有沿着既定的改革路子走下去,到90年代末,包括苏联在内的大多数东欧社会主义国家先后都运用西方国家经济理论家的改革思路——"休克疗法",实际上放弃了社会主义制度,全部转向了建立资本主义制度国家或他们自称的民主社会主义国家。

(五)列举了众多改革开放的现实事例

本书还有一个特点是既探讨理论问题,又紧密地与我国改革开放的现实联系,使本书既有历史纵深感,又有现实直观感。书中用大量篇幅对中国的改革开放过程进行了理论阐述,同时又列举了众多案例补充说明了改革开放过程的具体事例。

杨继国

于三四斋

丁酉春

目 录
CONTENTS

第一篇 | **历程回顾** / 1

第一章 | **经济改革的历史回顾** / 3
　　　　第一节　中国经济改革的阶段划分 / 3
　　　　第二节　中国经济改革的主要内容 / 5

第二章 | **中国同苏东经济改革的比较** / 23
　　　　第一节　南斯拉夫的经济改革 / 23
　　　　第二节　波兰的经济改革 / 27
　　　　第三节　匈牙利的经济改革 / 30
　　　　第四节　苏联的经济改革 / 33
　　　　第五节　中国与苏东改革的比较 / 38

第三章 | **对坚定社会主义市场经济改革的思考** / 41
　　　　第一节　中国市场经济改革成功的原因 / 41
　　　　第二节　中国市场经济改革成功的经验 / 44
　　　　第三节　当前深化改革中的几个问题 / 47

第二篇　　改革探索 / 55

第四章　　城乡二元结构与中国"三农"问题 / 57

第一节　二元经济理论概述 / 57

第二节　中国二元经济结构变迁 / 64

第三节　超强二元经济结构与"三农"问题 / 71

第四节　解决"三农"问题的思考 / 75

第五章　　国有企业改革 / 95

第一节　对我国国有企业的认识 / 95

第二节　1978 年以来的国有企业改革 / 97

第三节　对企业制度的认识 / 109

第四节　国有企业改革中存在的深层问题 / 115

第五节　国有产权制度改革 / 122

第六章　　财税体制改革 / 126

第一节　改革前的财税制度 / 126

第二节　我国财税体制改革的历程 / 131

第三节　财政政策与宏观调控的变革 / 160

第七章　　完善城乡社会保障制度 / 166

第一节　社会保障制度概述 / 166

第二节　我国的社会保障制度 / 173

第三节　完善我国城乡社会保障制度的思考 / 197

第八章　　**对外开放** / 206

第一节　对外开放是我国长期的基本国策 / 206

第二节　我国对外开放的阶段性与战略步骤 / 214

第三节　经济特区的建立与发展 / 220

第四节　自由贸易区的建立与发展 / 224

第五节　"一带一路"战略构建与中国对外开放的
　　　　新格局 / 228

第三篇　　**科学发展** / 237

第九章　　**政府的宏观调控和管理** / 239

第一节　政府调控和管理的必要性 / 239

第二节　政府调控的目标和职能 / 245

第三节　政府调控与管理的手段 / 255

第四节　政府失灵 / 263

第五节　主要经济学流派对政府管理与
　　　　调控的观点 / 269

第六节　我国政府机构的改革 / 274

第十章　　**经济发展方式的转变与可持续发展** / 277

第一节　发展观的历史演变与科学发展观的提出 / 277

第二节　我国经济增长中存在的主要问题 / 282

第三节　转变经济发展模式的主要政策取向 / 288

第十一章　区域经济非均衡发展战略
——以福建省为例 / 295

第一节　非均衡发展理论概述 / 295

第二节　福建省情及区域发展条件 / 300

第三节　福建经济发展非均衡状况分析 / 306

第四节　福建非均衡发展战略 / 315

第五节　福建经济发展的战略转型 / 318

参考文献 / 326

后记 / 330

第一篇

历程回顾

过去 36 年，我国经济社会发展取得举世瞩目的成就，靠的就是改革。我国经济总量从世界第十位跃居第二位，从低收入经济体进入中高收入经济体行列，综合国力明显增强，国际地位显著提高。回首 36 年的改革历程，我们坚持解放思想、实事求是、与时俱进、求真务实，不断破除计划经济体制束缚，逐步建立和完善社会主义市场经济体制，推动经济社会持续向前发展。①

——李克强

改革前，中国和苏东同为社会主义国家，在经济上实行的是模仿苏联模式的高度集中的计划经济体制。改革后，中国经济的飞速发展与苏东经济的曲折增长之间形成了鲜明的对比。如今中国政府正在进行新一轮经济改革，只有了解历史，才能以史为镜，以史为鉴。中国和苏东国家的经济体制改革积累了丰富的正面与反面的经验，值得我们去研究，这些国家的经济改革，既有共同之处，但也存在一些根本性的差别。运用综合、分析和比较的方法对这些国家的经济改革进行研究，有利于认识其利弊，更好地汲取其经验和教训。本篇首先对中共十一届三中全会以来中国的经济改革按不同的专题进行梳理，然后对苏东主要国家的经济改革加以简单的介绍，最后对这些国家的经济改革进行一个比较。

为什么苏东国家的经济体制改革经历过一段阵痛后会被全盘否定，为什么他们的改革步步维艰。中国则相反，中国建立社会主义的时间更晚，而且中国社会主义的传统体制更不完善，但中国至今没有放弃社会主义，仍然坚持社会主义公有制为主体。而且中国的经济体制改革取得了世人瞩目的成绩，这是为什么？当前深化经济改革又需注意哪些问题？本篇将回答这些问题。

---

① 李克强：《关于深化经济体制改革的若干问题》，载《求是》2014 年第 9 期。

| 第一章 |

经济改革的历史回顾

第一节　中国经济改革的阶段划分

1949 年新中国成立时，国民经济正经历着恶性通货膨胀并且遭受了几十年战争的破坏，1949～1952 年是国民经济的恢复阶段，国民经济得到了根本性的恢复。1953 年我国开始制定国民经济的第一个五年计划，并于 1956 年提前完成。这一阶段我国经济主要是照搬苏联模式。1956 年，中共八大提出了要对经济管理体制进行改革，以后也进行了多次尝试，但由于没有抓住经济体制本身的症结所在，因此，未能进行本质的、有效的改革。真正的、大规模的、比较彻底的经济改革，是从 1978 年 12 月中共十一届三中全会将工作重心转移到经济建设上来并确立了改革开放的战略以后才开始的，因此，本书把十一届三中全会作为中国经济改革的起点，将中国的经济改革划分为以下三个阶段。

一、改革的探索阶段（1979～1992 年）

从 1978 年中共十一届三中全会开始，到 1992 年党的十四大，这一时期是中国经济改革的探索阶段。这一阶段又以 1984 年为界，1984 年以前，是改革的发动和起步阶段，这一阶段改革的重点在农村，家庭联产承包责任制的推行，极大地推动了亿万农民的生产积极性，促进了农村商品生产和商品交换的发展，并且启动了以国有企业改革为重点的城市改革。1984 年以后，是改革的全面铺开阶段，这一阶段改革的中心由农村转向城市，搞活国有企业成为改革的中心环节，并且在财税、金融、投资、劳动工资等多方面进行了改革的尝试。

二、社会主义市场经济体制建立阶段（1993~2003 年）

这一时期是中国经济体制改革中建立社会主义市场经济体制的阶段。1992 年，邓小平南方谈话标志着中国的经济改革进入了新时期，同年召开的中共十四大，明确提出了建立社会主义市场经济体制的目标。1993 年 11 月，中共十四届三中全会通过《关于建立社会主义市场经济体制若干问题的决定》，为建立社会主义市场经济体制描绘了基本框架和宏伟蓝图，并将目标定于在 20 世纪末初步建立社会主义市场经济体制，并为此启动了一系列重点领域的改革。2002 年 10 月，中共十六大宣布中国已经初步建立社会主义市场经济体制。

三、社会主义市场经济体制完善阶段（2004 年至今）

2002 年召开的中共十六大把完善社会主义市场经济体制、推动经济结构战略性调整列为 21 世纪头 20 年我国经济建设和改革的主要任务之一。2003 年 10 月，中共十六届三中全会通过的《中共中央关于完善社会主义市场经济体制若干问题的决定》，提出了进一步完善社会主义市场经济体制的目标、任务和具体部署。经过十年的努力，我国社会主义市场经济体制得到了一些改善，尤其是 2001 年中国加入世贸组织后中国经济的市场化越来越成熟，但并不完善。我们在许多方面依然存在许多的不足。在全面建成小康社会的新时期，如何实现效率与公平的统一，在把蛋糕做大的同时把蛋糕分好，是中国未来经济改革必须解决的一个重大课题。

第二节　中国经济改革的主要内容

中国的经济改革是全方位的，本书主要讨论以下几个方面：农村改革、国有企业改革、价格改革、流通体制改革、宏观管理体制改革、社会保障制度完善以及对外开放等。

一、农村改革

中国经济改革是从农村改革起步的。改革前，农村是中国经济发展的薄弱环节，中国的经济改革首先是在农村实现突破的，从农村开始通过自下而上的方式进行。总体来说，中国的农村经济改革可以概括为"两个取消"和"一个发展"三个方面的内容。

1. 取消人民公社，实行家庭联产承包

农村人民公社，是在 1958 年农业生产合作社的基础上发展起来的劳动群众集体所有制的经济组织，人民公社一直实行"政社合一"的制度。成立初期，生产资料实行"三级所有，队为基础"的集体所有制，实行共同劳动，在分配上实行工分制和供给制相结合，并取消了自留地，压缩了社员家庭副业，这种制度挫伤了农民的生产积极性，影响了农村生产力的发展。1958 ~ 1961 年，农业生产大幅度下降，粮食供应严重不足，一些地方出现了浮肿病流行和人口的非正常死亡。1962 年以后，绝大多数人民公社恢复和扩大了自留地和家庭副业，但仍存在着管理过分集中、经营方式过于单一和分配上的平均主义等缺点。直到 1978 年，农村生产水平仍然很低，中国仍没有摆脱吃不饱肚子时代，因为农村人民公社这种生产关系，严重脱离了当时生产力的发展水平，带有空想社会主义成分。

为了克服人民公社的各种弊端，1978 年开始，中国进行了广泛、深入的农村改革。主要内容是实行家庭承包经营为主的农业生产责任制，建立了集体统一经营与农户分散经营相结合的农业经营管理体制，打破了"三级所有，队为基础"的统一经营模式，确定了农户在生产经营中的主体地位。家庭联产承包责任制有两种主要形式:"包产到户"和"包干到户"。"包产到户"是指以农户为生产单位,向集体经济组织承包一定的生产任务,并对所承包生产项目的产量负责的一种经营方式。在分配上采取包产部分交集体经济组织,超产部分全部或部分归自己。"包干到户"是从包产到户中派生出来的,所不同的是在分配上采取包干上交,即"交够国家的,留足集体的,剩下的都是自己的",是一种更彻底的承包制度,目前我国农村普遍推行的是"包干到户"的形式。随着家庭联产承包责任制的推行,原来政社合一的农村管理体制也已经不适应农村的发展要求。1980年,四川省首先在广汉县进行人民公社政社分开,取消人民公社,建立乡政府试点。不出几年,中国已经实行几十年的人民公社普遍退出历史舞台,重新恢复了乡、镇人民政府。[①]

家庭联产承包责任制的推行,极大地提高了农民的生产积极性,促进了中国农业的迅速发展。尤其是农村改革的前几年,粮食产量连年增长,主要农作物也增长迅速。从表1-1可以看出这一阶段我国主要农作物生产的增长情况。

表1-1　　　　　　　　全国主要农产品产量(1978~1996)　　　　　　　单位:万吨

年份	粮食	棉花	油料	水产品
1978	30477.0	216.7	521.8	466
1979	33212.0	221.0	644.0	431
1980	32056.0	270.7	769.1	450
1981	32502.0	297.0	1021.0	461
1982	35450.0	360.0	1182.0	516
1983	38728.0	464.0	1055.0	546
1984	40731.0	626.0	1191.0	619
1987	40298.0	424.5	1527.8	955
1990	44624.0	450.8	1613.2	1237
1993	45648.8	373.9	1803.9	1823
1996	50453.5	420.3	2210.6	3288

资料来源:国家统计局:《成就辉煌的20年》,中国统计出版社1998年版,第386页。

---

① 《1985年6月4日全国政社分开建立乡政府的工作结束》,http://www.people.com.cn/GB/historic/0604/6475.html。

2. 取消统购统销，逐步放开流通

1953 年 10 月，中共中央发出了《关于实行粮食的计划收购与计划供应的决议》，自此统购统销政策开始作为一项控制粮食资源的计划经济手段。所谓"统购"就是计划收购；"统销"就是计划供应。后来，统购统销的范围又继续扩大到棉花、纱布和食用油。按照农副产品对国计民生的重要性，国家将其划分为一、二、三类，分别进行统购、派购和议购。到 1978 年，统购的农副产品占到全部农副产品收购额的 80%。这一政策取消了原有的农产品自由市场，在短缺经济时期，有稳定粮价和保障供应的作用，特别对于几亿人口的大国，保证人人有饭吃，不饿死人，起到了一定的作用。但随着农村生产力的发展，这一政策严重阻碍了农业经济的发展。

1983 年 10 月，经国务院批准，将商业部管理的一、二类农副产品种类由 46 种减至 21 种。1984 年又调减为 12 种，一定程度上改变了对农副产品统得过多、管得过死的状况。[①] 1985 年 1 月，中央"一号文件"《中共中央、国务院关于进一步活跃农村经济的十项政策》规定，从 1985 年起，"除个别品种外，国家不再向农民下达农产品统购派购任务，按照不同的情况，分别实行合同订购和市场收购"。粮食、棉花取消统购，改为合同订购。订购以外的粮食可以自由上市。如果市场粮价低于原统购价，国家仍按原统购价敞开收购，保护农民的利益。生猪、水产品和大中城市、工矿区的蔬菜，也要逐步取消派购，自由上市，自由交易，随行就市，按质论价。其他统派购产品，也要分品种、分地区逐步放开。取消统派购以后，农产品不再受原来经营分工的限制，实行多渠道直线流通。这是中国经济改革迈出的非常勇敢的一步。

3. 发展乡镇企业，解决剩余劳动力

乡镇企业的前身是 20 世纪 50 年代中国沿海省份开始创办的社队企业。改革开放以前，社队企业发展速度比较缓慢，那时由于片面强调"以粮为纲"，尤其是"文化大革命"错误地采取了把创办社队企业和农村副业当作资本主义加以批判的政策，致使社队企业屡遭挫折。

改革开放以后，农村实行了家庭联产承包责任制，调动起广大农民的生

---

① 张卓元、黄范章、利广安：《20 年经济改革：回顾与展望》，中国计划出版社 1998 年版。

产积极性，人均占有的少量耕地，已经无法容纳众多的劳动力，光靠农业生产也不能满足农民致富的强烈愿望。广大农民为了脱贫致富，以多条投资管道，多种经济成分，多种生产方式，大办二、三产业，乡镇企业更像雨后春笋一般在广大农村茁壮生长起来。农民的这一伟大创新，得到了党中央、国务院的支持。1979 年 7 月，国务院颁布了《关于发展社队企业若干问题的规定》，阐明发展社队企业的重大意义，并就社队企业的发展制定了一些规范。同年 9 月，中国共产党十一届四中全会通过了《中共中央关于加快农业发展若干问题的决定》，明确提出"社队企业要有一个大的发展"，并对社队企业实行低税或免税政策。这个政策改变了社队企业的命运，从此，社队企业进入了大发展时期。1984 年 3 月，社队企业被更名为乡镇企业。从此，乡镇企业不仅包括社队企业，还包括部分社员联营的合作企业、其他形式的合作企业和个体企业。

到 1987 年，全国乡镇企业职工人数达到 8776.4 万人，总产值达到 4743.1 亿元，占农村社会总产值的 50.3%，第一次超过了农业总产值。并且乡镇企业每年都以 20% 以上的增长率增长，乡镇企业的发展，解决了占农村剩余劳动力 50% 的人的出路问题。农民剩余劳动力就地消化，不往城市跑。

4. 农村改革的特点

总体来看，中国农村改革在这一时期表现为三个方面的特点：起步早、一步到位、效果显著。中国的经济改革是从农村开始的，农村改革的起步早。并且农村产权改革是一步到位的，直接实行了家庭联产承包责任制，进行了涉及部分所有制的改革。早期农村经济改革效果显著，主要农作物增产明显，粮食年年丰收，乡镇企业得到了长足的发展，部分农民在短时间就富裕起来。

二、国有企业改革

企业改革是经济体制改革的中心环节，实际上早在中共十一届三中全会以前就进行了企业改革的尝试，1961 年邓小平亲自主持并起草了《国营工业企业工作条例（草案）》（简称《工业 70 条》），就涉及企业改革的内容，只是没有取得成功，改革便由城市转向了农村。中共十一届三中全会以后，针对高度集中的传统体制下国家对国有企业管得过死，使企业失去了生机和活力的弊端，企业改革沿着放权让利的总体思路开展起来，大约分几个阶段：利润分成阶段（1979～1983 年）、两步利改税阶段（1984～1987 年）、承包经营责任制阶段（1987～1992 年）和转机建制阶段（1993 年至今），国有企业改革大致是按这四个步骤进行的。

1. 利润分成阶段

改革以前，国有企业称为国营企业，实行统收统支的财务管理办法，即企业每年的利润收入全部上交国家财政，然后再从国家取得所需要的各项资金。这种不反映企业的责任、权力、利益，吃大锅饭的制度使企业的收入和支出脱节，不能发挥企业的生产、经营积极性。为了改变这种状况，1979 年后对国有企业进行了第一步改革：利润分成。

利润分成规定国有企业实现的利润按照一定的条件和比例留一部分归企业自己支配，企业留用的这部分利润用于建立生产发展基金、职工福利基金、职工奖励基金。利润留成办法主要有：（1）全额利润留成。企业的全部利润都按一定的比例留成。（2）超额利润留成，亦称"增长利润留成"。行业增长的利润按照核定的比例提取。（3）基数利润留成加增长利润留成。企业当年利润中相当于或低于上年利润的部分，按当年利润和核定比例提取基数留成，比上年增加的利润部分，按照不同比例提取增长留成。利润留成的比例，采取分级审定的办法，分别予以核定，利润留成比例一经核定，原则上几年不变。

1979 年，根据国务院颁布的《有关财政体制改革的若干规定（草案）》中提出利润留成制度有计划、有步骤地在国营企业中试行。通过这次试点，企业的发展意识有所增强。但由于利润留成制度本身的局限性，企业留成比例很低，企业发展主要依靠大量的社会资金和其他投入获得，它的增收并不一定有利于整个社会经济效率的提高和国家经济实力的增强。1979 年和 1980 年出现了前所未有的近 300 亿元的财政赤字，并且出现了通货膨胀现象。1980 年 12 月，国务院批准了《关于实行工业企业经济责任制若干问题的意见》，对工业企业实行利润包干，但是利润包干的经济责任制，依赖国有企业与主管部门之间讨价还价确定包干数额，企业包干数额多少与讨价还价能力或企业与主管部门的关系状况密切相关，缺少规范和公平。当时仅处在试点阶段。

2. 两步利改税阶段

鉴于利润分成制度的各种弊端，1983 年，我国开始试行利改税。利改税的实施分为两个步骤：税利并存阶段和以税代利阶段。1983 年 4 月，国务院批转财政部《关于国营企业利改税试行办法的通知》，规定了国营企业实行第一步利改税的办法。接着又批转了《关于全国利改税工作会议报告》和《关于国营企业利改税试行办法》，并于当年 6 月 1 日开始实施。自此，我国在国营企业中开始了第一步利改税的改革。

第一步，利改税的改革按照"国家得大头、企业得中头、个人得小头"的原则，规定国有企业在按毛利 55% 交纳所得税后，税后利润一部分分别采用递增包干、固定比例、定额包干、交纳调节税等形式上缴，一部分按国家核定的留利水平留给企业。对有盈利的国营小企业，第一步就实行彻底的利改税，即根据实现利润，按老 8 级超额累进税率交纳所得税，税后由企业自负盈亏，国家不再拨款。大中型国营企业实行税利并存。为了配合这一改革，1983 年 7 月开始，改变了企业流动资金的管理办法，除按原来的体制由财政拨付企业的定额流动资金仍留作企业的"自有流动资金"外，需要增加的流动资金除企业自筹外，由银行贷款解决。这就是所谓的第一步"利改税"改革。第一步利改税比较好地处理了国家、企业和职工个人的利益关系，调动了企业的积极性。但是，对税后利润的分配，企业还要与国家争基数、争比例，国家同企业的分配关系还难以完全稳定下来。

第二步，由"利税并存"过渡到全部"以税代利"。1984 年 7 月，国家发出通知，规定各级政府不再批准实行利润递增包干办法，原来实行这种办法的，在到期后要改行依法缴税，税后利润归企业支配。1984 年 9 月国务院又批转了财政部《关于在国营企业执行利改税第二步改革的报告的通知》，第二步利改税从 1984 年 10 月 1 日起执行。第二步利改税主要内容是对国营企业设置了 11 种税。实行改革以后，国有企业的税后利润全部留给企业，由企业自负盈亏。但是在价格改革没有到位前，对于适用不同定价方式的企业来说，就不可能做到按相同的税率缴税。于是在第二步"利改税"方案中，设置了基本上是一户一率的"调节税"，许多省份调节税按利润比例的 18% 上缴。调节税的设置违反了市场经济中公平税负的原则。

3. 承包经营责任制阶段

企业承包经营责任制实际上是在坚持企业的社会主义全民所有制的基础上，搞"两权（国有企业所有权和经营权）分离"，以承包经营合同形式确定国家与企业的责权利关系，使企业做到自主经营、自负盈亏的经营管理制度。使国有企业成为商品生产者和经营者，这一目的是通过承包制和租赁制来落实的。在小企业中主要搞租赁，在大中型企业中主要搞承包，实行承包经营责任制。

1986 年 12 月，国务院发出《关于深化企业改革增强企业活力的若干规定》（以下简称《规定》）。《规定》根据《中共中央关于经济体制改革的决定》的精神，提出"推行多种形式的经营承包责任制，给经营者以充分的经营自主权"。这表明，国家实际上已经停止实现第二步利改税，又回到了实现经营承包责任制了。1987 年 5 月在全国开始全面推行承包经营责任制，其基本形式有：上缴利润递增包干；上缴利润基数包干；超收分成；微利企业上缴利润定额包干等多种形式。承包经营的办法是：包死基数、确保上缴、超收多留、欠收自补，其基本内容是"双保一挂"。双保，指企业保证完成承包基数，确保税利上缴；保证以自留资金完成国家确定的技术改造任务。一挂，指工资总额与企业经济效益挂钩。承包经营发展得很快，到 1987 年底，全国预算内企业的承包面已达到 78%，大中型企业达 80%，1988 年底达到 90% 和 95%。1990 年第一轮承包到期，接着又开始了第二轮承包，到1991 年第一季度末，90% 以上的到期企业签订了第二轮承包合同，基本上完成了两轮承包的衔接工作。[①]

承包经营责任制虽然一度调动了承包者的积极性，增强了企业活力，促进了企业的技术改造，稳定了财政收入，取得了一些成效，但其制度变迁效应却呈现出递减的结果，随着时间的推移，其制度性缺陷越来越明显，例如承包基数不规范，难以避免企业之间苦乐不均；确定承包基数形成国家与企业一对一讨价还价，财政约束软化；企业行为短期化，尤其表现为技术、装备型企业短期化行为严重；工资总额如何与企业经济效益挂钩等。1988 年企业实现利税增长 12.6%，但当时的通货膨胀率是 18.5%，实际

---

① 张卓元、黄范章、利广安：《20 年经济改革：回顾与展望》，中国计划出版社 1998 年版。

利税下降了 1.1%。

4. 转机建制阶段

转变国有企业经营机制，一直是国有企业改革的重点，早在 1988 年 4 月，第七届全国人民代表大会通过的《中华人民共和国全民所有制工业企业法》中，对扩大企业自主权，转变企业经营机制，已经作了若干规定。但落实情况并不理想。改革进入 20 世纪 90 年代，人们认识到了过去的改革偏重于单纯扩权让利，承包经营责任制实质上也未能走出这一根本思路，未能以转换企业经营机制为中心，因而难以塑造出真正的自主经营、自负盈亏、自我约束、自我发展的商品生产经营主体，完成国有企业改革的任务。1991 年 9 月，党中央工作会议集中讨论了国有大中型企业活力问题，全面分析了搞活国有企业的内部因素，强调要转换企业经营机制。1992 年 7 月国务院公布了《全民所有制工业企业转换经营机制条例》，条例明确界定了企业经营权、企业自负盈亏责任、企业和政府的关系、企业和政府的法律责任等内容。赋予企业享有经营决策权，产品、劳务定价权，产品销售权，进出口权等 14 项自主权。同时，还进行了利税分流和股份制的试点。

1992 年 10 月，中共十四大明确提出，我国经济体制改革的目标是建立社会主义市场经济体制，并要求围绕社会主义市场经济体制的建立，加快经济建设步伐。1993 年 11 月，中共十四届三中全会通过了《关于建立社会主义市场经济若干问题的决定》，提出了我国国有企业改革的目标是建立现代企业制度，并把现代企业制度概括为适应市场经济和社会化大生产要求的产权清晰、权责明确、政企分开、管理科学的公司制度。要求通过建立现代企业制度，使企业成为自主经营、自负盈亏、自我发展、自我约束的法人实体和市场竞争主体。此后，中国国有企业改革进入了一个新的阶段。1993 年 11 月发布、1994 年 7 月 1 日正式实施的《公司法》为国有企业的股份制改造提供了法律基础。从此，我国开始了以公司制改建为形式、以建立现代企业制度为目标的新的历史时期，国有企业的改制操作进入了比较成熟的时期。

三、价格体制改革

改革以前，我国实行的是高度集中的计划经济体制，实行指令性计划价格和指导性计划价格相结合的价格体制，绝大多数商品的价格由政府决定。由于价格管理体制过于集中僵化，造成了价格体系的严重扭曲。不少商品的价格既不反映其价值，也不反映其供求关系，突出表现在：①主要农产品收购价格严重偏低，且购销价格倒挂，致使国家财政补贴过多，而且年年增加；②不同产品之间的比价不合理，主要是矿产品、原材料等基础工业品与加工工业品之间的比价不合理；③同类商品之间的比价没有拉开，优质不优价，劣质不低价；④服务收费不合理，价格偏低，并带有计划经济下福利分配的性质。这种违背市场经济要求和违背经济规律的状况，成为导致经济系统中生产结构、技术结构、流通结构不合理的重要原因。为了改变这种状况，1980 年前后我国开始进行了价格调整等改革，整个价格改革可以分为以下四个阶段。

1. "调放结合，以调为主"的价格改革阶段（1979~1983 年）

这一阶段价格改革的思路是"调放结合，以调为主"，即以政府有计划地调整价格为主要改革方式，先后进行了 6 次较大规模的价格调整。具体包括：①大幅度提高农产品收购价格，主要是粮食、猪肉等食品、副食品价格；②提高 8 类副食品零售价格并对职工实施价格补贴；③提高统配煤矿产销价格，同时陆续提高焦炭、钢材等原材料和农业生产资料价格；④提高烟酒价格和部分进口轻工产品价格；⑤有升有降地调整纺织品价格，主要是提高纯棉类纺织品价格，降低化纤类纺织品价格，降低部分轻工业品价格；⑥提高铁路货物运价和水运客货价格。并于 1982 年在广东试点放开了两水（水果、水产）的价格。同时，对价格形成机制也做了尝试性改革，下放了部分价格权限，放开了小商品价格，部分机电产品实行浮动价格。这一阶段是价格改革的起步阶段，对原有的计划价格体制没有根本的触动。

2. "调放结合，以放为主"的价格改革阶段（1984~1991 年）

这一阶段改革的思路是"调放结合，以放为主"，进一步明确了价格体系改革的重要性，突破了着重完善计划体制的框框。1985 年 1 月，国家物价局和国家物资局下发《关于放开工业生产资料超产自销产品价格的通知》，正式宣布对国有企业实行生产资料定价"双轨制"，这标志着价格双轨制在我国开始形成。1984 年开始，在全国大中城市逐步进行了蔬菜价格的改革，副食品价格逐步放开，食品价格放开，价格改革大步迈进，逐步放开了大部分农副产品价格，取消了粮食统购统销制度，实行了合同订购和市场调节相结合的制度；工业生产资料的双轨价格制度全面推行；大量重要的工业消费品价格逐步被放开，市场价格开始发挥重要的调节作用。但价格双轨制本身有着严重的缺陷，在物资短缺的情况下，市场价格远远高于计划价格，这一方面导致了企业千方百计地少生产价格较低的计划内产品，多生产价格较高的计划外产品，还想方设法将计划内产品拿到市场上卖高价，因此，一些计划范围内的合同不能完成。作为用户，就千方百计地多买计划内的商品，少买计划外商品，还会通过各种手段去套购计划内的商品。这期间出现了大量的"倒爷"，这些人都是些有权势的人，导致了人们的不满，迫切要求改变价格双轨制。

1988 年，鉴于价格双轨制本身的缺陷和民众的压力，领导人下决心要闯过价格这一关。国务院于 4 月 5 日发出通知：猪肉、鲜蛋、食糖、大路菜 4 种副食品的价格补贴由暗补改为明补，同时把价格放开。结果，猪肉价格上涨了 50% ~60%，鲜菜价格上涨了 31.7%。之后，其他商品的价格也随之上涨，随之而来的是全国各地出现的抢购风波，价格闯关暂告失败。风波平息以后的 1989~1991 年，国家对经济进行了整顿，调整了一些不合理的物价，通过调整，市场的供求关系发生了变化，由供小于求变为供大于求。"双轨价"中计划价格和市场价格之间在差额已经大大缩小，个别产品还出现市场价格低于计划价格的现象。这些都为计划价格并入市场价格创造了条件。这一阶段将粮食价格也放开了，这标志着价格改革取得了根本性突破。通过这一阶段的改革，传统的计划价格开始被打破，形成了计划价格与市场价格两分天下的局面。

3. 建立社会主义市场价格体制阶段（1992~2002 年）

这一阶段，改革的思路是逐步形成"政府调控市场，市场形成价格，价格引导企业"的运行机制，使市场在政府宏观调控下发挥配置资源的基础性作用。

1992 年 10 月，中共十四大确立了我国经济体制改革的目标是建立社会主义市场经济新体制，明确提出要建立起以市场形成价格为主的价格机制。这一阶段社会主义市场经济体制最终确立并居主导地位，价格改革全面展开。改革的重点是从中央到地方都大面积地放开一批商品劳务的价格。对粮食、大宗生产资料等重点产品的价格进行结构性调整，对大部分工业生产资料实现单一市场价。同时逐步把价格改革引入城市公共交通、房租、自来水、民用燃料、教育、医疗等领域，促进公用事业的发展，从而确立了市场形成价格的主体地位。在价格宏观调控基础上，充分运用经济调节手段，建立中观调控体系并加强法制建设，在此阶段我国开始探索要素价格改革，这也标志着我国价格改革从狭义改革转向广义改革。

4. 完善社会主义市场价格体制阶段（2003 年至今）

2001 年 11 月 11 日我国正式加入 WTO，标志着我国对外开放进入了一个新的阶段，价格体制与机制逐步与国际接轨。这一阶段，价格改革的主导思路是"完善市场形成价格机制"，重点是按照科学发展观的要求和参与全球化的需要，进一步完善市场形成价格的体制和政府对价格的管理调控体系，同时继续对极少数重要商品和服务价格进行调整；价格改革的方式是调放结合，继续放开价格，有升有降地调整政府管制的商品和政务价格，继续理顺价格体系。本阶段价格改革的主要内容包括：（1）提高部分进口产品和资源类产品价格；（2）降低多种加工产品价格；（3）2003 年以来多次提高天然气价格，对成品油价格进行多次调整；（4）取消部分公益性服务收费项目。

我国价格体制的改革虽然已经取得了很大进展，但是价格体制改革的任务依然很艰巨，主要表现在：垄断价格（未开放的价格包括水电价格、烟草的批发价格等）、事业单位收费价格（尤其是教育的价格等）、大宗生产资料（大型钢铁、石油等）价格仍未放开。

四、流通体制改革

流通体制，即商品流通体制，是指从事商品流通的主体体系、结构、经营形式，以及政府为管理商品流通而设立的各种机构、制度、政策的总和。由于历史原因和对马克思主义思想的误解，我国传统流通体制是以计划调节为中心的统包统配、统购统销、政企不分、国营商业一统天下的计划流通体制。这种体制具有封闭式、多环节、少渠道的特点。封闭式是指，当时整个流通体系分为 5 个部门，商业部门主管日用百货、针织纺织、五金、交通电器、食品和副食品；物资部门主管生产资料、机电、设备、金属、非金属；

粮食部门主管粮食、油料、饲料；供销部门主管化肥、农药、农业、机械；石油部门主管石油及制品。多环节是指，流通体系层级过多，以北京、上海、天津为一级批发市场，各省市为二级批发市场，各市县为三级批发及零售市场。少渠道是指，当时的商品流通一般都只是国有企业在经营，并实行专项经营。

在当时短缺经济现象十分严重的情况下，计划流通体制有稳定市场和稳定经济的作用，对于刚刚从战争废墟中走出来的新中国来说也是十分必要的，这种体制也与整个宏观计划体制相配套。然而，高度集中的计划流通体制同商品交换和流通的市场化要求毕竟是相违背的。在生产能力和消费需求都已有很大提高的情况下，计划流通体制的各种弊端就明显地暴露出来，商品品种日新月异，种类越来越多，仅靠5个部门已经无法涵盖各种商品的经营，多个环节的流通也违背了商品快速流通的原理，流通体制的变革势在必行。我国流通体制改革大致可以分为以下三个阶段。

1. 流通体制改革的起步阶段（1979～1984年）

这个阶段按照计划与市场相结合的原则，改变了过去商品集中统一管理的格局，扩大了市场调节的范围。主要是调整了农副产品和日用工业品的计划管理体制，改革了商品的统购统销制度，发展了计划购销、市场购销等多种形式，并且打破了国有商业一统天下的局面，初步形成了多种流通渠道、多种经济成分和多种经营形式的流通格局。

在农副产品流通体制方面，主要包括：恢复农村集市贸易，开放城市农副产品市场。1979年农村集市贸易得到恢复和发展，同年，开放了城市农副产品市场，允许郊区社员进城出售自己的产品。1982年和1983年的两个中央"一号文件"进一步放宽了农产品流通方面的限制。此后，陆续恢复和发展了一批日用品、小商品市场和旧货市场。

在工业品批发体制方面，主要包括：第一，改革站点管理，改革日用工业品一、二、三级批发层次，将商业内部层次倒扣作价办法，改为以批发加成价作基础，按批量作价或协商作价。第二，着手创建贸易中心。1984年，各地积极学习重庆贸易中心经营经验，在所有城市逐步建立日用工业品贸易中心。到1984年末，共建立起城市贸易中心2248个，其中工业品贸易中心1254个，农副产品贸易中心753个，综合贸易中心241个。第三，调整物资部门部分商品的供应。发展了定量定点供应、配套承包供应、凭票供应等多种供应形式。1979～1984年，钢材统配比重由77%下降到62%，煤炭由58%下降到51%，木材由85%下降到44%，水泥由35%下降到24%，5种有色金属由68%下降到56%。[①]

2. 有计划的商品流通体制阶段（1985～1991年）

这个阶段围绕建立有计划商品经济体制，对流通领域的企业结构、批发体系、价格制度、经营机制等方面进行了全面改革，打破了传统体制的束缚，扩大了企业自主权，建立了多种形式的经营责任制，促进了流通体制向市场取向的改革进程，并积极发展了多层次、多形式、多功能的商品批发交易市场，初步形成了具有批发零售、期货现货、有形无形市场相结合的交易体系。同时，对生产资料的经营管理体制进行了全面改革，计划管理的品种、数量大幅度减少。物资企业开始以较快速度走向市场，正式形成了生产资料价格双轨制。

这一阶段的改革具体包括：第一，取消统购统销，1985年1月1日，中共中央、国务院发布《关于进一步活跃农村经济的十项政策》，实行双轨价格并行的制度。1985年1月开始，逐步取消生猪派购，实行自由买卖。1985年4月，取消粮食统购制度，改为合同订购制度。同时，棉花取消统购，改为合同订购。食油统销方面从1991年4月开始只保证城镇居民定量供油和军供用油。第二，改革多层次的批发体制。改革日用工业品一、二、三级批发层次。到1985年底，全国商业系统共有工业品批发站1177个，工业品基层批发机构（包括供销社）38527个。[②] 经过1986年以后的治理整顿和深化改革，打破了国营批发企业延续30多年的固定供应对象、固定货源、固定价格的批发模式以及一级、二级、三级批发站和零售企业的封闭式经营，形成了开放式、少环节、多渠道的流通体制。

3. 社会主义市场流通体制建立阶段（1992年至今）

1992年"社会主义市场经济体制"改革目标的提出，标志着中国改革开放和现代化建设进入了一个新的发展阶段。这一阶段流通领域的改革力度也进一步加强，特别是粮食、棉花、成品油等的流通体制改革，全面推进流通企业建立现代企业制度。这一时期各省市试点在国有流通体制开放经营的改

---

①② 邹东涛：《中国经济发展和体制改革报告 No.1：中国改革开放30年（1978～2008）》，社会科学文献出版社2008年版。

革，打破原有的封闭式、多环节、少渠道的流通格局，开始逐步改变为开放式、少环节、多渠道的流通格局，流通主体多元化得到进一步发展。流通领域发生了根本性变化，出现了多种所有制形式并存的局面，到 1999 年，在社会消费品零售总额中，公有制经济占 33.8%，个体及私营经济占 45.1%，外商投资及港澳台占 16%。在批发、零售和餐饮业的从业人员中，非公有制经济占 82%；在 2000 多万个商业网点中，非公有制经济占 94%。流通领域的更大变化是随着改革的深入、流通形式的多样化发展，大型超市、大型专卖店等新的流通形式取得更大的发展。

五、宏观调控体制改革

对于究竟什么是宏观调控这一问题，目前尚存争议。有的人认为宏观调控就是"总量控制"，有的人认为宏观调控还包括"结构调整"，也有的人把微观干预和政府的管理职能看做是政府的宏观调控的内容。不少人认为，宏观经济管理和宏观经济调控的含义基本上是一致的，管理也就是要对被管理的对象进行必要的调节，使之不至于失控。宏观经济管理是一个国家中央政府遵循自然规律和经济规律，运用经济、法律和必要的行政等手段，从系统、综合和全局的角度对现代市场经济的运行和发展的总体指导和调控。

改革开放以来，中国的宏观经济调控大致可以分为两个阶段。第一阶段为 20 世纪 70 年代末～90 年代初，中国处于计划经济和市场经济混合体制时期，计划经济仍居于主导地位，宏观调控主要是以计划调节为主、市场调节为辅，这个时期开始引进财政、货币政策的概念和做法。这一阶段经历了 1978～1981 年、1982～1986 年和 1987～1991 年三次经济波动，采取了 1980～1981 年的调整、1986 年试图"软着陆"以及 1989～1990 年的"治理整顿"和"双紧"政策。这一阶段的经济波动与经济体制改革有较大的经济关系，1978 年"拨乱反正"、1984 年信贷体制改革和 1988 年的价格改革闯关，都在一定程度上推动了经济增长和通货膨胀的发展。

第二阶段为 1993 年以后，我国确立社会主义市场经济体制目标以来，经济改革和发展进入了一个新阶段，经济进入了新的高速发展时期。政府的宏观经济管理由原来的以微观管理为主到宏观调节手段的应用，以直接的行政和计划手段为主，发展成为以经济、法律等间接手段为主，辅助以必要的行政、政府投资等直接手段，财政、货币政策的作用越来越大。期间经历了1993～1996年的高增长率和高通货膨胀并存，1997～1998年的东南亚金融危机，1999～2002年的通货紧缩，2003～2004年的局部过热。中央政府相继采取了1993～1997年的通货紧缩和适当从紧的财政政策和货币政策，1998～2004年的积极财政政策和稳健货币政策，以及2005～2007年的稳健的财政政策和稳健的货币政策。[①] 2008年华尔街金融危机至今才取得较宽松的财政政策和稳健的货币政策。

六、对外开放

党的十一届三中全会以来，中国经济的快速增长在很大程度上是实行对外开放的结果。早期对外开放主要包括对外贸易、利用外资、引进技术、对外投资、技术出口、劳务合作和对外承包工程等。改革开放以来，中国的对外开放经历了由点到线、由线到面、由面到片、由沿海到内地、由局部到全面的过程。我国加入世贸组织，标志着对外开放进入了新阶段。从整个对外开放的历程来看我们可以把中国的对外开放分成两个阶段：第一个阶段是加入世贸组织以前的阶段，这一阶段主要是以改革促开放的阶段。第二个阶段是加入世贸组织至今，这个阶段是以开放促改革的阶段。

1. 以改革促开放的阶段（1978～2001年）

1978年，党的十一届三中全会明确地提出，实行对外开放的政策，要求"在自力更生的基础上积极发展同世界各国平等互利的经济合作，努力采用世界先进技术和先进设备"这一历史的选择，标志着我国结束了多年闭关自守的状态，走上了对外开放的宽广大道。1978～2001年，这期间中国的对外开放程度越来越大，具体可分为以下两个时期。

（1）沿海省份开放阶段（1978～1991年）。

1978年，广东省深圳蛇口设立的出口加工试点主要是对香港、澳门来料加工、来件加工，并取得了成功。1979年6月6日，中共广东省委向中央递

[①] 邱东：《中国经济体制改革与发展研究》，中国人民大学出版社2009年版。

交了《关于发挥广东优越条件，扩大对外贸易，加快经济发展的报告》。6月9日，中共福建省委、省革委会向中央递交了《关于利用侨资、外资，发展对外贸易，加速福建社会主义建设的请示报告》。中共中央、国务院批准了两个省委关于对外经济活动实行特殊政策和灵活措施的报告，认为两省提出的初步规划设想是可行的。1979年底，广东申请设立出口加工区，福建也提出申请。1980年8月25日，五届全国人大常委会第15次会议决定：批准国务院提出的在广东省的深圳、珠海、汕头和福建省的厦门设置经济特区，并批准《广东省经济特区条例》。对经济特区在经济活动中实行特殊的管理政策和运行机制。[①] 1984年3月下旬召开的沿海部分城市座谈会决定开放大连、秦皇岛、天津、烟台、青岛、连云港、南通、上海、宁波、温州、福州、广州、湛江、北海14个沿海开放城市，同时扩大4个经济特区的面积。1985年2月，将长江三角洲，珠江三角洲，闽南厦、漳、泉三角洲开辟为沿海经济开放区；1986年，开放了山东半岛，辽东半岛。1988年，海南建省并成立特区，成为全国第5个经济特区。1990年4月中央决定以上海浦东新区的开发和开放为龙头，沿长江流域向内地延伸开放。1990年6月，成立浦东开发区，对外开放特区格局呈现出"5+1"的模式。当时的开放政策仅限于沿海省份。

（2）全方位开放阶段（1992～2001年）。

1992年，以邓小平同志"南方谈话"为标志，我国进入了扩大开放新阶段。先后开放"18个内陆省会城市、沿江6个城市、沿边13个城市"，先后批准了32个国家级的经济技术开发区，52个高新技术开发区，13个保税区，开放了34个口岸，形成了沿海、沿江、沿边和内陆地区多层次、全方位的开放新格局。这一时期，外商投资大规模流入，对外贸易持续增长，"走出去"战略开始实施，对外开放由沿海扩大到沿边、沿江和内陆省会城市，商业零售、银行、保险、证券、电信等也开始逐步对外开放。

2. 以开放促改革的阶段（2001年至今）

（1）中国加入世贸组织阶段。

以2001年我国加入世贸组织（WTO）为标志，对外开放进入了全方位开放阶段。推进全方位、多层次、宽领域的对外经济交流，在更大范围、更广领

---

① 苏星：《新中国经济史》，中共中央党校出版社1999年版。

域和更高层次上参与国际竞争与合作是本阶段开放的主要标志与任务。按照
WTO 规则，全面调整国内经济体制和政策。这一阶段，我国服务业开放水平明
显提高，对外贸易和利用外资迈上新台阶，"走出去"取得初步成效，积极参
与多哈回合谈判和区域经济合作，提出并实施互利共赢开放战略，国内经济与
世界经济的互动明显增强，全方位、宽领域、多层次的对外开放格局基本形成。

　　对外开放，极大地促进了对外经济贸易的发展。目前，我国已与 200 多
个国家和地区建立了贸易合作伙伴关系。1978 年我国进出口总额仅为 206.4
亿美元，1984 年达到 535.5 亿美元，1988 年首次突破 1000 亿美元，到 2011
年达到了 36418.6 亿美元，比 2001 年增加 6 倍还多。实际利用外资也迅速增
长，我国改革开放以来对外贸易的增长情况如表 1-2 所示。

表 1-2　　　　　　　　　我国改革开放以来对外贸易的增长情况　　　　　单位：亿美元

年份	外贸总额	实际利用外资	对外承包合同
1978	206.4	2.63	—
1980	381.4	6.17	1.85
1982	416.1	8.43	5.07
1984	535.5	27.05	17.37
1986	738.5	72.58	13.59
1988	1027.9	102.26	21.72
1990	1154.4	102.89	26.04
1992	1655.3	162.02	65.85
1994	2366.2	432.13	79.88
1996	2889.8	548.04	102.73
2001	5096.5	496.72	164.55
2003	8509.9	561.40	209.30
2005	14219.1	638.05	342.16
2007	21765.7	783.39	853.45
2009	22075.4	918.04	1336.82
2011	36418.6	1176.98	—
2013	40000.10	1175.86	1371.4
2015	39600.2	1262.7	1540.7

　　资料来源：国家统计局：《成就辉煌的 20 年》，中国统计出版社 1998 年版，第 410~412 页。部
分数据根据国家统计局网站《中国统计年鉴》各年统计数据整理而得。

（2）中国设立自贸区阶段。

2013 年 8 月，国务院正式批准设立中国（上海）自由贸易试点，上海自贸区范围涵盖了上海市外高桥保税区、外高桥保税物流园区、洋山保税港区和浦东机场保税区。自贸区实施"一线开放，二线管住，区内货物自由流动"的创新监管模式。2014 年 12 月国务院又决定设立中国（广东）自贸区、中国（天津）自贸区和中国（福建）自贸区。2016 年 8 月，国务院决定设立中国（辽宁）自贸区、中国（浙江）自贸区、中国（河南）自贸区、中国（湖北）自贸区、中国（重庆）自贸区、中国（四川）自贸区和中国（陕西）自贸区 7 个自贸区。自贸区对接高标准国际经贸规则，在更大领域、更大范围形成各具特色、各有侧重的试点格局，推动全面深化改革、扩大开放新阶段的形成。

第二章

中国同苏东经济改革的比较

第一节　南斯拉夫的经济改革

一、南斯拉夫经济改革的背景和基本过程

1945 年，南斯拉夫在领导人铁托的带领下终于获得了解放，在此后一段时间里南斯拉夫在经济上基本照搬苏联模式。1947 年，南斯拉夫开始实施发展国家经济的第一个五年计划，1948 年，由于苏南冲突，南斯拉夫被开除出共产党情报局，这一事件直接导致了南斯拉夫"一五计划"延迟 1 年才完成，在极端孤立和困难的情况下，南斯拉夫领导人开始积极探索符合本国国情的独立发展道路。1950 年，南斯拉夫首先打破了斯大林的社会主义模式，建立起"工人自治"的体制，后来又实行了所谓的"社会自治"，其经济模式被称为"市场社会主义"。从此，南斯拉夫开始走上了一条以"自治体制"为特色的社会主义的建设道路。

二、南斯拉夫经济改革的主要内容

1. 把国家所有制改变为社会所有制

"自治体制"的理论提出来自南共联盟中央执行委员、联盟政府副主席

卡德尔（Edvard kardelj），他是社会主义自治理论的主要设计师。他认为，这是南斯拉夫政治体制和经济体制的基础。卡德尔著有《社会主义自治政治制度的发展方向》《新南斯拉夫的道路》《战后社会主义建设问题（9 卷本）》等。在生产资料公有制实现形式问题上，南斯拉夫认为，马克思、恩格斯的社会主义生产资料公有制至少有两种基本形式：国家所有制和社会所有制。国家所有制是一种间接的、较为低级的社会主义公有制。在他的发展过程中，"本身孕育着一种基本矛盾的萌芽，他表现为工人及其劳动同社会资本和劳动的其他客观条件的直接管理相分离。"从而使劳动者处于受雇佣的地位。[①]并且在国家所有制的条件下，少数人代表国家行使管理职能，容易产生官僚主义，容易限制劳动者的主动性和积极性的充分发挥。社会所有制是社会主义公有制的较高级、较发达的一种形式。社会所有制就是生产资料既不属于国家也不属于集体，更不属于个人，而属于社会，为全体劳动者所有，并且由联合起来的劳动者直接管理。在社会所有制的条件下，劳动者与生产资料直接结合，排除了国家作为劳动者与生产资料之间的中介因素，使国家不再成为掌握生产资料的主体，有利于克服劳动者与生产资料的分离，有利于克服官僚主义，直接体现了劳动者是生产资料的主人。因此，社会所有制构成自治制度的经济基础。有鉴于此，南斯拉夫实行经济改革的第一步就是将生产资料国家所有制改变为社会所有制。

南斯拉夫社会所有制的改革进展得很快，到 1980 年社会所有制经济占到了南斯拉夫经济总量的 86.7%。社会所有制的生产率也很高，在农业方面社会所有制农业种植面积只占 16%，但其产值占到了农业产值的 26%。[②] 但是社会所有制本身有着产权关系不明晰的缺陷。

2. 把高度集权的体制改变为工人自治

第二次世界大战结束后，南斯拉夫面临着用什么方式来管理国家经济的问题。改革前，南斯拉夫实行的是模仿苏联的高度集中式管理体制，国家通过指令性计划来管理全国经济的生产、分配和交换过程。这一制度对于战后南斯拉夫经济的恢复和发展，起到了一定的积极作用。但是这一制度违背了经济规律，最终制约了该国经济的发展。南斯拉夫把联邦政府及

---

① 王爱珠：《苏联东欧经济改革概论》，复旦大学出版社 1989 年版。
② 许萌松：《苏联东欧经济与经济体制改革》，西北工业大学出版社 1989 年版。

其机构管辖的许多极其重要的经济部门下放给共和国各部管辖，此外还颁布了《关于劳动集体管理国营经济企业和高级经济联合组织基本法》，这项法律把国家机关管理经营经济企业的绝大多数职能交给了这些企业的全体职工。

具体来看，在计划决策方面，南斯拉夫扩大了工人的自主权和再生产的投资权。1951年12月29日，南斯拉夫颁布了《国民经济计划管理法》，取消指令性计划，改行指导性的社会计划。企业作为独立的商品生产者，根据市场情况，自己制订发展计划。但由于扩大再生产的投资权大部分还掌握在联邦手中，联邦的计划对企业仍有一定的约束力，但联邦计划不再具有指令性。20世纪60年代中期，南斯拉夫进一步下放计划权。1965年和1966年先后通过《企业基本法》和《劳动关系法》，国家取消了年度计划，只保留中期计划和长远计划，国家把生产项目的投资决策权均下放给企业。南斯拉夫企业成为"完全的"独立商品生产者，社会计划对企业、银行等经济组织不再具有法律和强制效力，仅仅作为经济组织"合理决策的基础"，成为一种预测性的参考指标。

在分配方式上，南斯拉夫1976年颁布劳动联合法后，劳动者在联合劳动和自治原则的基础上，直接支配所创造的劳动成果，独立决定收入的分配，形成了独特的收入分配制度。南斯拉夫联合劳动基层组织是创造收入和分配收入的基本单位，个人纯收入部分，由基层组织的工人委员会根据"按劳分配"原则分配到劳动者个人，这里的收入分配具有国民收入初次分配的性质。

3. 由计划调节转向市场调节

尊重市场的第一个表现是：给企业放权，使企业成为完全独立的商品生产者。南斯拉夫1951年12月颁布的《国民经济计划管理法》明确指出国家只对国民经济各部门的基本比例做出规定，如生产能力利用的最低限度、基本建设的投资规模、积累和消费的比例等。南斯拉夫国家计划的企业生产指标剩下5项：设备利用率、投资总额、工资总额、折旧率和预算所需的资金。企业可以根据自身的情况，制订自己的发展计划。这样给企业放权就使得南斯拉夫经济中的投资、生产、分配活动由计划调节转向市场调节，有利于商品、劳务、劳动力、资金的自由流通。

尊重市场的另一个表现是：重视价格杠杆在经济调节中的作用。南斯拉夫基于他们对商品经济规律的理解，认为价格杠杆作用是市场规律作用的主要表现，在价格职能中，调节职能是最基本的职能，即通过围绕着价值波动来自动调节市场的供求关系。因此，南斯拉夫把价格作为经济生活中一个极其重要的调节手段，通过充分发挥价格的市场机制的调节作用，来促进企业改善经营管理，提高经济效益。1985 年，南斯拉夫的自由价格约占 60%，协议价格约占 30%，国家确定的控制价格仅占 10%。

三、南斯拉夫经济改革的结果

自治制度的实行，使南斯拉夫在经济发展、社会生活等领域取得了显著的成就。工业生产平均年增长 8.6%，逐步建立了完整的工业体系，工业劳动生产率也不断提高。农业摆脱了落后状态，农业机械化程度和农作物单产面积有了很大提高，1980 年与 1950 年相比，农业总产量增加了两倍。社会生产总值 1950～1980 年平均增长 6.3%，按人口平均的国民收入，在 1980 年已经达到 2400 美元，人均工资在 1980 年为 7000 多第纳尔（约合人民币 400元），小汽车、电视机、电冰箱、洗衣机以及其他家用电器设备已普遍使用，人民生活水平有了很大提高。文教卫生事业发展也很快。到 1978 年，已经有 320 所大学，在校人数 40 万，是 1939 年的 24 倍，医疗卫生条件明显改善，有 77% 的居民能享受公费医疗，南斯拉夫已经由欧洲最贫穷的国家，进入到中等发达国家的行列。

但南斯拉夫经济改革也存在不可忽视的问题。"社会所有制"的产权制度安排仍然是不清晰的，社会所有制实际上是一种"企业所有制"，财产属于所有人，又不属于任何人。实际上，它是企业在职职工在职期间收入的最大化，这就容易导致包括"举债投资""追求投资的高技术构成"等短期行为的发生。最严重的缺陷是，南斯拉夫的经济改革并没有从根本上解决南斯拉夫的经济问题，到 1989 年，南斯拉夫出现了严重的通货膨胀，1990 年，南斯拉夫采用了所谓的"休克疗法"，但改革的效果并不好。

第二节 波兰的经济改革

一、波兰经济改革的背景和基本过程

波兰是在遭受到第二次世界大战严重创伤之后开始社会主义建设的，经过 1950～1955 年的 6 年经济发展计划，到 20 世纪 50 年代中期，波兰完成了工业化和农业集体化。但是，由于中央集权式的计划经济管理体制，国家规定的计划指标不切合实际，造成了投资增长速度和消费水平提高之间比例失调，国民经济各部门之间发展的比例失调。按 6 年计划的规定，投资占国民收入的 30%，而其中的绝大部分又用于重工业，片面发展重工业的结果，导致轻工业和农业发展缓慢，造成市场供应紧张，人们生活水平下降，社会与经济生活中的矛盾不断滋生和加剧，1956 年 6 月爆发了波兹南事件。[①]

从 1956 年起，波兰先后进行了 4 次经济改革，分别为：1957～1958 年，波兰进行了以放权让利为主的第一次改革，主要是调整了中央和地方与企业的部分权限。由于缺乏充分的思想准备和组织准备，改革在 1958 年陷于停顿状态。20 世纪 60 年代中期，苏联与东欧各国的改革进入高潮，波兰国内经济矛盾加剧，波兰统一工人党领导人哥穆尔卡部署了第二次改革，这次改革同样没有取得实质性的进展。1973 年，发动以"高速发展战略"为先导的第三次改革，这种服务于高速增长战略的改革，不但未能从根本上触动传统体制，反而使经济生活中的矛盾与日俱增。波兰统一工人党和政府在 1980 年秋组建了经济改革委员会，着手进行第四次改革的准备工作，但这次改革也未能绕过改革的许多险滩暗礁，未能挽回颓势。[②]

---

① 波兹南事件：是波兰第二次世界大战后第一次针对波兰统一工人党政府的大规模罢工事件，因发生在波兹南市而得名。事件爆发于 1956 年 6 月 28 日，于同年 6 月 30 日结束。该事件是波兰摆脱苏联控制的里程碑事件之一。

② 吴敬琏：《当代中国经济改革教程》，上海远东出版社 2010 年版。

二、波兰经济改革的主要内容

1. 取消指令性计划，利用市场杠杆

波兰著名的经济学家奥斯卡·兰格[1]历史上第一个提出了要把计划与市场结合起来的观点。在 1957～1959 年的第一次改革中，波兰调整了中央和地方与企业的部分权限，把中央下达的指令性指标由几十项减至 8 项。1966～1970 年的第二次改革进一步调整了投资过程中的指令性指标，扩大联合公司的自主权。1972～1976 年，第三次经济改革把中央指令性计划限定为：实行新体制单位的出口产品销售额、国内市场供应额和投资的最大限额三项。1980 年开始的第四次经济改革规定：由中央计划、地方自治计划、企业自治计划组成 3 级计划体制。国家计划对企业不再具有指令性作用，只具有指导性作用，这标志着指令性计划的彻底取消。

波兰的经济改革还十分注意利用市场杠杆的调节作用，严格贯彻按劳取酬的工资制度，进一步完善税收、价格和其他市场杠杆的调节职能；反对垄断，鼓励竞争；开放资金市场，促进资金横向流动；改革外贸体制，鼓励出口，改革银行体制，发挥信贷作用。

2. 政企分开，扩大企业自主权

企业实行"三自"原则，国家机构主要运用经济手段领导企业。波兰在第一次改革中，规定中央把部分工厂、企业的领导权下放给省市地方，扩大企业在经营方面的自主权；建立工厂基金体制，创建工人委员会，扩大职工参加企业管理的民主权利。第二次改革，波兰撤销了中央各主管部下设的管理局，设立联合公司作为自负盈亏的经济核算单位。联合公司根据中央的计划方针和本单位情况，有权改变企业的年度计划，有权调动所属企业的固定资金和流动资金，负责整个公司的产、供、销和采用新技术及与国外市场的直接联系扩大联合公司等经济单位在投资、工资、就业和定价等方面的自主权。在第四次改革中，波兰精简了政府机构和工作人员，

---

① 奥斯卡·兰格，波兰经济学家，1938 年在芝加哥大学任教，1943 年被该校聘为教授。1945 年回波兰，1957～1959 年担任联合国欧洲委员会主席。他的著作丰富，主要有《社会主义经济理论》《经济发展、计划与国际协作》《最优决策》等。

下放了经济方面的权利，改变国家行政首脑机构的职能和结构。中央主要负责制定国家的发展战略、执行政策，不干预企业的日常事务，减少上级机关对企业的检查监督权限。扩大企业自主权，发展自治，确保经济实体之间进行实物和财政资金的自由流动，完善经济机制，遵守企业的自负盈亏原则。

3. 各种成分平等发展，经营方式多样化

对国营企业、合作企业和私人企业三种经济成分，波兰一视同仁，同等对待。波兰国营企业继续起主导作用，创办合作社企业不必经政府许可。对私人企业，波兰政府给予更大支持，并鼓励其发展，保证其活动条件。推广作业队劳动体制，开展业余经济承包组活动，发展在商业、饮食业和小工业、服务行业以及部分建筑业的租赁制，发展私营—国营公司，建立股份公司，企业内部可以发行股票。

4. 国家投资实行拨款改贷款

在第一次改革中，波兰就采取了把国家对企业的财政拨款改为银行贷款的做法，对中央的投资项目银行给予无息贷款，企业的投资可向银行借用有息贷款。这一方面是为了减轻国家的财政压力；另一方面也是增加企业自主权的需要。同时还是发挥市场调节作用的要求，因为国家投资实行拨改贷有利于市场优胜劣汰。

三、波兰经济改革的结果

波兰经济改革虽然历经了曲折，但仍取得了一些成就，主要表现在：到1978年，波兰已经由一个落后的农业国变成了一个中等水平的工业国。工业发展迅速，平均增长速度达到10.6%，工业结构得到优化。城市化进程加快，到1988年，城市化率已经达到了60%。由于"三高"政策①的实行，人们的消费水平显著提高，特别是人均肉食消费量大增，1980年达到74公斤，比一些发达国家还要高。

---

① "三高"政策：盖莱克当政后，为了提高波兰人民的生活水平，积极推行国内改革，加快更新工业设备，推行闻名于世"高速度、高积累、高消费"三高政策，大量引进外资，大上建设项目，大幅度提高人民生活水平。政府各种补贴达到财政预算的40%，外债高达260亿美元。

波兰经济改革存在的问题主要有：首先，外债负担不断加剧，由于 20
世纪 70 年代推行了"三高"政策，大量举借外债。1976 年外债占当年外
汇收入的比例达 34%，高出国际警戒线 20%，到 1981 年更是达到 130%，
到 1986 年人均欠债 1000 美元。其次，国内通货膨胀严重，1982 年通货膨
胀率达到 100% 以上，在物价上涨的同时工资也在上涨，形成了典型的工
资—通胀螺旋。当时肉店的肉和肉制品价格提高 40% ~ 60%，导致持续时
间最长和规模最大的一次罢工运动，最终导致了国家全面的政治、社会、
经济危机。

第三节　匈牙利的经济改革

一、匈牙利经济改革的背景和基本过程

匈牙利在 1945 年解放以后的一段时间里，工农业发展缓慢。1950 年，
匈牙利的拉克西政府在经济建设方面，几乎照搬了苏联的模式，片面强调优
先发展重工业。这种盲目模仿苏联的做法，造成了经济比例的严重失调，给
匈牙利经济带来了严重的后果，导致 1956 年匈牙利事件①的发生。为了改变
这一局面，以卡达尔为首的匈牙利社会主义工人党，先后执行了三年计划
（1958 ~ 1960 年）和第二个五年计划（1961 ~ 1965 年），匈牙利的经济在这
段时期内呈现出稳步发展的态势，国民经济的一些主要指标逐年增长，工农
业比例失调问题得到初步改善。1966 年 5 月匈牙利党中央正式通过了《关于
经济体制改革的指导原则》和《关于经济体制改革的决议》，经过两年的实
践，相关措施收到了很好的效果。1968 年，匈牙利开始了被称为"新经济机
制"的全面经济改革。

---

① 匈牙利事件：1956 年 10 月 23 日，匈牙利布达佩斯爆发了声势浩大的群众示威游行，随后演
变为流血冲突。在苏联 10 月 24 日和 11 月 4 日的两次军事干预下，事件被平息。事件共造成 2700 匈
牙利人死亡。

二、匈牙利经济改革的主要内容

1. 扩大企业自主权

匈牙利经济学家把扩大企业自主权称为经济改革的"实质"或"最主要的原则"。他们认为扩大企业自主权是发挥市场机制和企业能动作用的前提条件。只有扩大了企业的自主权,才能使其他各项经济改革措施通过企业的活动发生作用。通过改革,匈牙利企业可以自行决定产品品种和数量,自行购买原材料和销售自己的产品,并可按国家统一的规章制度自行确定收入的分配方案等。国家则通过规定企业剩余产品的使用,规定劳动报酬,任免企业领导人等方式来实行对企业的支配权。

2. 取消指令性计划

在计划管理方面,匈牙利最大的改革是取消下达给企业的指令性计划,让企业自己制订计划。国家主要通过协商的办法或经济手段,以达到国家计划和企业计划相一致。其具体做法是国家和企业分别制订计划,国家制订计划时,要听取企业的意见,计划制订出来以后,只作为参考指标下达给企业。企业在制订计划时,既要根据本企业的经济利益和市场需要,也要参考国家计划。一般情况下,这种反复协商制订的企业计划,能够同国家计划统一起来。如果达不到统一,国家就可以通过各种经济手段以至行政手段,来保证国家计划实现。

匈牙利发挥市场作用的最重要的措施,是生产资料也作为商品直接进入市场进行交换,用市场贸易代替由中央统一调拨生产资料和统一分配产品的制度。就是说不仅消费资料在市场上自由流通,而且企业需要的生产资料和生产的产品,都是通过市场交换。但这种市场不是放任自流的,而是在中央计划指导和管理之下的市场。国家主要通过价格、强制性供货等措施加以控制。必须说明的是,20 世纪 50 年代,社会主义国家普遍认为生产资料不是商品,只能由政府统一调拨和分配。匈牙利是较早在生产资料作为商品流通方面进行改革的国家,也是较早认识到生产资料是商品的国家。

3. 实行企业民主管理

改革前，匈牙利的企业实行的是厂长负责制，企业的一切事务由厂长决定，职工很少有发言权。改革后，加强了企业的民主管理，实行经理个人负责和工人参加管理相结合的原则。匈牙利劳动法规定，企业经理必须吸收职工参加监督、管理，让职工按照有关规定参加企业的领导和监督工作。这种工作主要是通过各种民主讨论会制度而实现的。如职工会议，职工代表会议，行政、党团、工会和工人代表联席会议，技术人员会议，技术革新代表者会议等。此外，改革使工会组织的作用得到了强化，工会在属于企业支配的财权范围内，可以决定有关劳动者的福利、健康和文化等问题。

4. 贯彻物质利益原则

匈牙利的改革突出物质利益的激励作用，主要表现在两个方面：一是改变企业的收入分配方法。改革前，企业利润绝大部分上交国家财政，企业自己分配的部分很少。改革后，虽然国家仍然通过各种税收，如生产税、利润税、工资税、社会保险税、资产税等，来支配企业的一部分利润，但留归企业的利润大大增加了。而且在所留利润中，除扣除一部分后备基金外，企业有权决定发展基金和分红基金的比例。这一改变扩大了企业在收入分配方面的权利，把企业经营的好坏，同广大职工的切身利益联系起来。企业经营得好，利润多，职工们就可以多分红，使大家更加关心企业经营情况。二是改变固定工资制度。改革前，匈牙利企业工人的工资由国家统一规定。这种工资制度有平均主义倾向，不能很好地贯彻按劳分配原则。改革后，匈牙利根据企业经营的情况，只规定企业工资总额和增长幅度的办法。这样，每个职工实际工资的多少，每年能提高多少，都是不固定的，而是随着自己劳动贡献的大小和企业经营的好坏而经常发生变化，这不仅能充分体现按劳分配的原则，更能提高职工的生产积极性。

三、匈牙利经济改革的结果

匈牙利自20世纪60年代实行经济改革以来，在发展生产、改善人民生活水平方面取得了明显的成效，具体如表2-1所示。

表 2 - 1　　　　　　　　　　匈牙利经济改革的成就

经济指标	1960 年	1965 年	1970 年	1975 年	1980 年
国民生产总值（亿福林）	4050	5258	6814	10510	16987
国民收入（亿福林）	1531	1868	2755	3940	5810
每千人拥有电冰箱（台）	3.8	—	103	220	293
每千人拥有洗衣机（台）	45.2	—	170	228	300
每千人拥有小汽车（台）	3.1	—	23	55	85
每千人拥有电视机（台）	10.4	—	171	226	258
每万人中大学生人数（人）	4.5	9.4	8.1	10.8	10.1
每万居民拥有病床数（张）	71.1	76.6	83.1	85.3	89.2

　　资料来源：中国社会科学院编辑部：《匈牙利经济改革》，中国展望出版社 1983 年版，第 217 ~ 256 页。

　　匈牙利经济改革也存在一些问题。首先，财政赤字大，外债多，到 1978 年累计财政赤字已经达到 333 亿福林，为了弥补财政赤字，匈牙利不得不举借外债，1980 年外债总额高达 80 亿美元。其次，通货膨胀严重，1971 ~ 1975 年匈牙利物价平均上涨 2.8%，1976 ~ 1980 年平均上涨 6.3%，"新经济体制"的改革最终没能克服原有体制缺陷，也未能防止建立在这种经济体制基础上的政治体制的崩溃。

第四节　苏联的经济改革

一、苏联经济改革的背景和基本过程

　　苏联是一个社会主义国家。第二次世界大战胜利后，大多数的社会主义国家都效仿苏联模式建立起社会主义经济制度，盲目学习苏联的经验，苏联国内也感到了这种僵化体制存在严重弊端。

　　1953 年斯大林逝世后，赫鲁晓夫当选为苏共中央总书记开始掌握苏联领导权。当时苏联经济面临着严峻的问题：国民经济管理权限过分集中，机构臃肿，官僚主义严重，经济领导机关不能有效地指挥生产，部门领导原则导致本位主义,阻碍地方和企业积极性的发挥。赫鲁晓夫想通过权力下放,精简中央管理机构、人员,用地方管理原则代替部门管理原则,着手对传统经济进行改革。苏联的经济改革起步于赫鲁晓夫时期,经历了如下四个阶段:1953~1964年,赫鲁晓夫时期的经济改革;1965~1981年,勃列日涅夫时期的改革停滞;1982~1985年,安德罗波夫、契尔年科时期短暂的改革;1985~1991年,戈尔巴乔夫时期的改革。由于安德罗波夫、契尔年科当政时期很短,本书只介绍赫鲁晓夫时期的改革和戈尔巴乔夫时期的改革。

二、赫鲁晓夫时期经济改革的主要内容

1. 实行收购制,放宽个人副业政策

斯大林时期对农业采取了"竭泽而渔"的政策,把农民挖得很苦,打击了农民的生产积极性。工农业发展的比例严重失调,使国内经济潜伏着危机。鉴于斯大林时期农业特别落后的情况,赫鲁晓夫时期的经济改革首先是从农业开始的,一方面增加对农业的投资,并在东部地区大量开垦荒地,大力推进种植玉米运动,发展畜牧业;另一方面取消义务交售制,实行收购制。1957年7月4日,苏共中央和苏联部长会议通过决议,规定从1958年1月1日起,完全取消集体农庄庄员等个人义务向国家交售一切农产品的制度,改由国营和集体农庄合作社商业系统来购买集体农庄庄员等个人手中多余的农产品。并且提高了农产品的收购价格,鼓励家庭副业等刺激农业生产的物质利益措施,以促进农业生产的发展。

2. 权力下放给加盟共和国

赫鲁晓夫把主要按部门管理企业的原则改为主要按地区管理企业的原则。具体做法是:撤销中央和加盟共和国的绝大多数部,把其管理权移交给加盟共和国及105个经济行政区国民经济委员会,在各区国民经济委员会下设立各种公司、托拉斯等经济联合组织,对企业实行具体领导;把中央各部管理企业下放到各加盟共和国和经济行政区管理,各加盟共和国的许多企业则下放到经济行政区和地方苏维埃政府管理。经过几年改革,到1959年,按经济行政区成立的国民经济委员会管辖的工业占全苏工业总产值的72%,地方管辖的工业占22%,中央管辖的工业产值在全苏工业总产值中的比重下降到只

占 6%。但是，这些政策导致了严重的地方主义和分散主义，迫使赫鲁晓夫不得不再次设立若干个各工业部门委员会，加强中央集权。

3. 企业奖金与利润挂钩

1958 年，苏联经济学教授列科别尔曼认为企业活动应该以比较高的资金利润率为目的，应该根据企业所达到的利润率水平来对其进行评价和奖励，应该根据利润率（利润与生产基金之比）设立各种物质奖励的统一基金，利润率越高，奖金越多。赫鲁晓夫在 1962 年 11 月的苏共全会的报告中肯定了科别尔曼的建议，并于 1964 年 1 月在"女布尔什维克"和"灯塔"两家缝纫联合公司进行试点。这一举措在一定程度上承认了企业和个人的物质利益，调动了生产者的积极性。

赫鲁晓夫时期的经济改革还包括灵活定价政策等内容，但是赫鲁晓夫时期的经济改革只是局部的改革，改革的动作并不大，仅是在政府部门上下级之间的权力变更，改革并没能够改变国家与企业的关系，企业的权限没有扩大，只是用一种行政手段代替了另一种行政手段；改革只承认生活资料是商品，可以自由交换，但并没有承认生产资料是商品，生产资料仍然采取调拨和无偿分配的手段，因此改革是不完整的。

三、戈尔巴乔夫时期经济改革的主要内容

1985 年戈尔巴乔夫上台，1987 年在其《改革与新思维》一书中，全面系统地阐明了自己关于改革的观点，其改革的主要思路是加速发展战略。1987 年 6 月苏共全会制订出了一套完整的改革方案。新管理体制的主要内容包括以下几个方面。

1. 扩大企业自主权，实行经济核算制

企业可以依据不具有指令性质的"控制数字"和"经济定额"等，自行制定并批准五年计划与年度计划；企业有权按规定的价格形式自主地销售产品；有权确定人员编制、职工劳动报酬和奖金。企业实行完全经济核算，自筹资金。企业向完全经济核算制过渡时可以根据生产活动的特点确定以定额分配利润为基础或以定额分配收入为基础。经济核算收入是企业的生产发展、社会发展和劳动报酬资金的来源，由企业使用，国家不再拨款，无法扭亏为

盈的企业改组或关闭。

2. 从官方价格到多种价格制度

戈尔巴乔夫在《改革与新思维》中认为，没有价格的改革"就不可能彻底地向新的机制过渡"。长期以来，苏联的商品价格都是由国家制定的，价格体系处于严重扭曲状态。这一方面导致了国家的补贴任务过重；另一方面导致企业的苦乐不均，经济核算制很难得到贯彻。为了提高价格在加速科学技术进步、提高产品质量、节约资源方面的刺激作用，减少不应有的国民收入再分配的过程和补贴，为各部门和企业实行完全经济核算创造条件，改变了国家统一定价过分集中的局面，实行国家价格、合同价格和自由价格三种形式，并逐步缩小国家价格的比重，扩大合同价格的运用范围。

3. 建立灵活有效的管理机制

苏共二十四大通过了《根本改革经济管理的基本原则》，指出根本改革国家经济管理的实质是：使各地由以行政领导方法为主转向经济领导方法，转向管理各种利益并通过利益进行管理，转向管理广泛民主化和大力调动人的因素。为了提高集中领导的效率，国家应当集中力量解决只能并且应当由中央解决的那些问题，即决定整个国民经济的战略、速度和比例以及国民经济平衡的主要过程，它主要是通过利用一切经济手段及其有机结合和统一管理各种利益来实现的，要坚决放弃中央对下级经济环节的日常工作进行干涉的做法。

戈尔巴乔夫认为，改革的成败在很大程度上将取决于对中央经济机关的改组。改革一方面是调整中央经济管理机关的职能和作用，使它摆脱日常经济问题，即不再具有对企业实行业务管理的职能，而成为国家的科学技术和计划经济的参谋部。也就是说，国家计委应该集中解决长远的、战略性的问题，保证经济按比例地、平衡地发展。另一方面建立综合性经济管理机关。随着社会分工的发展，部门越来越多，需要解决的跨部门问题也越来越多，为此，苏联建立了国家农工委员会、国家建设委员会、对外经济委员会等。提高地方政府在经济和社会发展中的作用，地方机关应对本地区的综合发展负责，以合理地利用各种地方资源。

4. 实行民主制度

戈尔巴乔夫在其《改革与新思维》中提到，新体制的目标模式是：保障在以后 2 ~ 3 年内从过分集中的指令性管理体制过渡到以集中和自治的民主结合原则为基础的民主管理体制。在改革中广泛发展民主原则是顺利实现根本改革经济管理和使新的经营机制有效发挥作用的必不可少的条件。

在 1987 年苏共全会上，戈尔巴乔夫强调指出，保证劳动人民无论是在自己的工作岗位上，还是在集体中，或者在整个社会中真正的主人翁地位，是建立一个提高生产效率的有效刺激因素的关键。而要使劳动者成为公有财产的真正的和积极的主人翁，就要切实保证最广大的劳动群众参加各级经济管理——从作业队到国民经济管理。广泛发扬民主，实行公开性，是克服群众日益增长的积极性同各领域中还存在的官僚主义作风和阻挠改革的企图之间的这个当前主要矛盾的有效手段。

5. 打破平均主义分配

戈尔巴乔夫强调贯彻按劳分配，改革不合理的工资制度。他认为社会公正的实质就在于社会主义"各尽所能，按劳分配"的基本原则。在苏共二十七大上，戈尔巴乔夫批评了对一个好的工作人员和一个懒散的工作人员的劳动所得报酬一样的粗暴违背按劳分配原则的现象。他提议，"应当使国家的工资政策保障工资严格取决于劳动的数量"。在苏联"十二五"规划期间，提高了生产部门职工的工资，第一次实现分配主要依靠本企业自己所挣的资金和在这些资金范围内进行。在 1987 年苏共一月全会上，进一步强调按劳分配的重要性，并把其上升到政治的高度。

四、苏联经济改革的结果

苏联的经济改革取得了一定的成就。苏联从 20 世纪 50 年代以来，经济上长期处于稳定发展的时期。同资本主义国家相比，苏联经济增长的速度是快的。30 多年来，苏联的主要经济指标的增长速度均比美国高一倍到两倍。1951 ~ 1982 年，苏联国民收入的平均增长速度为 7.2%，美国为 3.2%；苏联工业产值平均增长速度为 8.4%，美国为 3.6%；农业产值，苏联为 3.0%，美国为 1.8%；社会劳动生产率，苏联为 6.8%，美国为 2.3%；工业劳动生产率，苏联为 5.5%，美国为 2.7%。由于苏联经济发展速度高于美国，苏联与美国的差距到 20 世纪 70 年代中期日益缩小。1960 年苏联的国民收入相当于美国的58%，1970年苏联国民收入已为美国的65%以上，1981年为美国的67%；并且苏联主要的工业品产量迅速增加，石油、煤、钢、生铁、水泥、拖拉机等的产量都超过了美国。人民的生活水平也得到了改善。1950～1980年，职工的月平均工资增长了1.63倍，这一时期物价保持稳定。电视、电冰箱、洗衣机等生活耐用品的使用越来越普及，全体居民都能享受公费医疗的待遇。同时也要看到，虽然苏联的经济增长速度是快的，生产的产品数量超过了美国，但是，苏联的产业结构不合理，产品质量不高的问题也尤为明显。

苏联的经济改革仍然存在许多问题。经济增长的速度主要是依靠粗放经营来取得的，苏联经济中存在着经济发展速度下降、经济效益不高、产品质量差、浪费严重和消费品短缺等问题。20世纪50年代前5年，国民收入的年平均增长率为11.5%，后5年为9.2%；60年代前5年为6.6%，后5年提高为7.7%，70年代前5年为5.7%，后5年为4.4%，这一时期苏联的经济发展已经丧失了对美国的速度优势。特别是到了80年代前5年经济增长率仅为3.1%。1979年苏联生产每单位国民收入所需投资比美国多50%，用电量多20%，石油消耗量多100%，用钢量多70%，用水泥量多60%。苏联经济在很大程度上是一种浪费经济。此外，苏联长期以来消费品生产不足，市场供应紧张。据统计，1984年苏联居民用于排队购物花费的时间多达370亿小时，严重影响了人们的生活质量。1991年苏联解体，这和苏联经济改革的失败不无关系。

第五节　中国与苏东改革的比较

尽管苏东各国的经济改革在具体政策上有差异，但是各国在改革过程中又有明显的共同点，主要表现在以下四个方面：一是扩大地方和企业自主权；二是取消或缩减指令性计划；三是有限度地将计划和市场结合起来，利用市场机制、价格规律；四是打破平均大锅饭分配制度。中国的经济改革与苏东各国的经济改革既有共同点，更有明显的区别。

一、中国同苏东改革的共同点

中国与苏东经济改革的共同点概括起来主要有以下几个方面:

（1）改革理论准备不足。中国以及苏东各国的经济改革大多是在原有经济体制已经无法运行时开始改革的。战后社会主义各国基本上是模仿苏联的僵化体制构建的，运行一段时间后，相似的问题相继出现。各国的改革开始并没有设定目标，因为在当时条件下不可能按照西方国家的模式进行改革，也就是不能走市场化的道路。各国都是在改革理论准备不足的情况下启动的，照搬经典作家的理论没有起到应有的先导作用。因此，导致了早期各国改革目标不明确，改革的总体框架和改革的步骤并没有设计好，甚至有不少相互冲突、相互矛盾的现象，当改革遇到困难时，甚至出现了退回到原有体制的情况。在改革实践中出现的大量问题没有现成的理论作指导和必要的理论相配合，使得经济改革失去了坚强的理论支点。许多重大理论问题也没能得到及时解决。

（2）改革的具体内容和做法异曲同工:"放权、让利、搞活"。中国和苏联东欧的经济改革都是从下放权力开始，将原来高度集权的僵化体制的权力下放到地方或企业。权力下放到地方的哪一层级还是下放到企业也经历了一个长期的探索过程。权力集中在中央，地方没有权力不行；权力下放到地方省一级，结果企业被管得更死，甚至还不如由中央集权管理，到了20世纪80年代，人们才认识到，改革的中心是搞活企业，权力要下放到企业才能搞活经济。

（3）改革方向路径基本相似，改革的方向都是由计划经济向市场经济的转变，尊重市场的作用。市场经济的选择是改革的结果，不是改革的初衷。各国在改革中都朝着放权、搞活企业的方向，尊重价值规律，按照经济规律办事。最后不约而同地朝着市场化的方向改革，当然中国与苏东改革还存在着差异。

二、中国同苏东改革的区别

1. 改革面临的经济状况不同

经济改革前，中国是一个落后的农业国家，而苏联及东欧国家的工业化有了一定程度的发展。这就决定了中国的经济改革首先面临的是一个发展的问题，而苏联、东欧国家的经济改革面临的是结构调整的问题。在改革过程中，中国经济的发展速度一直保持高速增长，改革也伴随着中国人民生活水平的较快提高；苏东则相反，改革总是伴随着经济发展速度的放慢，甚至停滞不前或负增加，他们的几次改革都是如此。

2. 改革方式不同

苏东改革采取的是激进的、全面的，选择核心部分开始进行改革。中国经济体制改革是渐进的、连续的、稳定的。我们没有一步求成，在改革的过程中不断总结经验。20世纪80年代后期的改革实行体制内改革与体制外改革相结合的双轨制改革，先试点而后推广。这种渐进式改革坚持从实际出发、先易后难的原则，由浅入深，循序渐进，把改革的力度、发展的速度和社会可承受的协调统一起来，避免了社会的大的动荡。

3. 改革难度不同

在改革前，由于中国经济发展水平总体比较低，人们的生活水平也很低，社会主义的优越性远未发挥出来，人们希望早日富裕起来，都迫切地想要改变当时的生活状况，因此改革可谓顺应民意，所以改革的阻力较小。而苏东国家由于工业化水平较高，在改革前人们的生活水平已经较高，因此人们没有迫切改变的愿望，进行改革的阻力较大。

4. 改革结局不同

苏东的经济改革虽然都在不同程度上刺激了经济的短暂复苏，但是最终都经历了全面的衰退，伴随着物价持续上涨，生活水平大幅度下降，外债不断上升等一系列恶果。中国的改革是在政府强有力调控下循序渐进进行的，"摸着石头过河"，是一个最形象的表述。改革也付出了一定代价，例如，双轨制改革一度造成了市场的混乱，直接加剧了寻租问题，导致了市场一时混乱，政府管制导致的行业垄断和机会不均等，虽然也有问题但整体来说改革成效显著，无论是社会生产力和国家综合实力，还是人民生活水平都有显著提高。中国改革仍然坚持社会主义制度未变，坚持公有制为主体未变。

|第三章|
对坚定社会主义市场经济改革的思考

社会主义市场经济体制改革，是中国共产党人在实践中不断探索与创新得出的重要结论。坚定社会主义市场经济体制改革，不仅能通过深度挖掘市场经济作用有效提升社会主义制度的优越性，而且更将引领整个国家真正走向伟大的民族复兴。党的十八届三中全会强调："经济体制改革是全面深化改革的重点，核心问题是处理好政府和市场的关系，使市场在资源配置中起决定性作用和更好发挥政府作用。"① 中国经济进入新常态后，一方面经济向结构更合理、形态更高级、分工更复杂深化转变；另一方面也面临着经济下行趋势、增长动力不足等新困难和挑战。如何在新的起点上，推进经济体制改革，发挥社会主义制度与市场在资源配置方面的双向优势，放大两种优势的同向共振效应，有必要在错综复杂的环境下，保持清醒头脑，对社会主义市场经济体制改革必然性进行再认识，梳理经验，坚定社会主义市场经济改革。

第一节　中国市场经济改革成功的原因

与苏东各国的经济改革相比较，中国的经济体制改革取得了世人瞩目的成绩，究其原因，本书认为主要包括以下几个方面。

---

① 《中共中央关于全面深化改革若干重大问题的决定》，人民出版社 2013 年版。

一、中国计划水平不高，容易产生商品经济因素

改革前中国政府的中央计划程度和中央管理程度远低于苏东各国政府，国家计划本身并不完善，达不到百分之百的国家计划，地方政府和企业均享有一定的自主权。中国进入中央计划的商品种类远低于苏联进入中央计划的商品种类，并且中国的各级地方政府被给予了在中央计划之外的自主权。中国计划经济的发展水平和效率也远远低于苏联与东欧各国。这些源于中国的生产力水平远低于苏东国家，然而计划经济发育不足正是市场发育的优势。中国的计划经济本身存在着许多漏洞和不足，因而一旦政府放松控制，市场经济就会像雨后春笋一样破土而出。相反，在计划经济发展得比较成熟的国家里，旧体制的因素根深蒂固，新体制的因素便很难发展壮大。苏东计划经济根深蒂固，市场的因素在旧体制中很难成长。这是中国改革比较苏东改革成功的因素之一。

二、中国公有化程度较低，容易打破旧体制

有一种传统观点认为，在社会主义制度的条件下，公有化的程度越高，越有利于经济的发展。其实不然，公有化的程度要与生产力的发展水平相适应，并不是越高越好，这一观点在中国和苏东的经济改革过程的实践中已被证明。改革前，苏东国家的公有化程度明显比中国高，这就导致了这些国家在国有部门就业的人员的比重较高，改革就会导致大量的失业，因而改革的难度就更大，这说明，公有化程度越高，人们享受公有化的好处越多，反而改革的难度越大。而在中国，情况则刚好相反。

三、中国走渐进式改革道路，避免走弯路

苏联及东欧在变革前也进行过各种类似于中国的渐进式改革，甚至在变革初期，部分国家仍然进行了渐进式改革，但都失败了，最终导致苏联及东欧实行了"休克疗法"，这种激进式改革，并没有挽救他们，反而使这些国

家一时陷入混乱之中。而中国的经济改革走的是一条渐进式的道路。在存量改不动的时候，先通过增量改革来发展新体制，随着增量改革的积累，逐步改革整个经济的体制结构，为"存量"的最终改革创造条件。渐进式的改革使我国经济改革取得了很大的突破，但是随着改革的深化，改革进入攻坚阶段，是否还应该继续进行渐进式的改革是值得商榷的。

四、中国走"双轨制"改革路径

中国渐进式改革采取的基本形式是"双轨制"过渡，所谓"双轨制"就是在所有制、经济体制、价格、工资、用工制度、营销体制等多方面实行两种制度改革，既保留计划体制的一面，又实行市场体制的一面。其中最重要，影响最大、最深远的是所有制结构中的"双轨制"，即国有制与非国有制、公有制和非公有制构成的"双轨制"并存局面，"双轨制"改革有一个过程，从卡死一轨、放活一轨到并轨的过程。渐进式改革的优点是能在不发生大的社会动荡、国民收入保持不断增长的过程中，逐步实现改革的目标。但由于其没有或很少触及真正的既得利益，许多深层次的问题与矛盾至今仍未得到彻底解决，由此也产生了许多问题。这些问题是我们进一步深化改革必须解决的。

五、中国对"计划经济"与"公有制"从未丧失信心

中国始终对社会主义公有制和计划经济没有放弃，坚持公有制为主体，坚持实行五年发展规划。始终坚持社会主义方向。苏东国家在经济改革的初期也坚持社会主义，但在改革受到挫折时接受西方的改革方案，后期实行了所谓的"休克疗法"，目的是要建立资本主义自由市场经济体制，全面否定社会主义，认为社会主义与市场经济不具有兼容性，也就否定了计划的作用。中国经济体制改革是建立社会主义市场经济体制。社会主义市场经济就是有计划的市场经济，在所有制方面，中国坚持以公有制为主体，多种所有制经济共同发展的原则。中国的这种体制有利于国家政策的执行，提高政府改革的效率，也有利于集中力量办大事。

六、中国改革中始终保持国内政局稳定

改革是社会各阶层利益的巨大调整，不可能不引起社会的波动。但中国共产党在改革初期就强调稳定是改革的前提。邓小平强调，中国的问题，压倒一切的是稳定，没有稳定的环境，什么都搞不成，已经取得的成果也会失掉。中国十几亿人口，乱不得。尤其是 1989 年后，更加强调改革、发展、稳定的关系，维护安定团结的局面。由于我们很好地处理了这三者的关系，所以中国的改革没有造成大的社会波动，一直平稳进行。苏东国家在改革的过程中都不同程度地出现了政局不稳的情况。特别是苏联改革后期社会动荡，派别林立，使改革无法进行下去。戈尔巴乔夫将经济改革引向政治领域，推行民主化、公开化、多党制，使全社会的兴奋点和注意力都集中到政治诉求、街头政治上，加上日益高涨的民族分立势力，反对派的推波助澜，使社会陷入罢工风潮、游行示威、党派争斗、清算历史旧账的混乱之中，经济改革的失败在很大程度上是由于政治的不稳定造成的。

第二节　中国市场经济改革成功的经验

中国的社会主义市场经济改革，使中国经济总量跃居世界前列，综合国力和国际影响力显著提升，改革的成功引发国外学者关注"中国模式""中国道路"的研究，成功的经验将更加坚定社会主义市场经济改革。[①]

一、坚持社会主义与市场经济的有机结合

社会主义市场经济改革能取得成功，最重要的一条经验就是将改革的基点定位在社会主义基本经济制度之上，实现了社会主义制度与市场经济的有机结合。党的十八届三中全会指出："公有制为主体、多种所有制经济共同

[①] 王立荣、王国武：《对坚定社会主义市场经济改革的思考》，载《思想理论教育导刊》2015 年第 5 期。

发展的基本经济制度，是中国特色社会主义制度的重要支柱，也是社会主义市场经济体制的根基。公有制经济和非公有制经济都是社会主义市场经济的重要组成部分，都是我国经济社会发展的重要基础。"① 强调公有制为主体体现了社会主义经济发展的趋势与规律，生产的社会化程度越高，越要求全社会共同占有生产资料，公有制为主体是社会主义制度属性决定的。非公有制经济很好地提供了市场经济改革中多元化的市场主体，通过激发非公有制经济的活力，使公有制经济和非公有制经济共同发挥作用，其共同目的就是要不断发展社会生产力。从这个意义上说，改革就是要深入挖掘市场经济潜力，完善社会主义制度，赋予社会主义制度更多的生机与活力。因此，在社会主义市场经济体制的建设中，始终植根于社会主义基本经济制度推进改革。突出表现在：一是坚持了社会主义生产资料公有制为主体，全体劳动者在生产资料面前的平等地位，决定人民当家做主的政治地位和国家政权的性质，也更决定了全体人民在经济建设中有共同的理想和道德准则，对社会主义市场经济改革具有积极推动作用。二是有效发挥多种所有制经济功能，运用市场经济提高劳动生产率，体现了社会主义的本质要求。三是追求共同富裕目标。邓小平曾对外国记者谈及："我们讲的致富不是你们讲的致富。社会主义财富属于人民，社会主义的致富是全民共同致富。"② 改革中尊重了人民的主体地位，依靠人民的力量推进改革。事实上，改革的每一次突破与发展，都凝结着人民群众的实践与智慧。

二、坚持由市场决定资源配置

发挥市场在资源配置中的决定性作用，是中国共产党在理论上的重大创新成果，对市场经济作用认识的升华就是要实现资源配置效率最优化和效益最大化。党的十一届三中全会以来，我国经济体制改革一直是围绕调整政府与市场关系进行的，从计划经济到计划与市场结合的有计划的商品经济，再到建立社会主义市场经济体制，市场的力量一步步得到释放，凝结着执政党对经济规律和价值规律的遵循，也体现着执政党对市场经济作用认识的不断

---

① 《中共中央关于全面深化改革若干重大问题的决定》，人民出版社 2013 年版。
② 《邓小平文选》（第 3 卷），人民出版社 1993 年版。

深化。市场在资源配置中的决定性作用主要体现在两方面：一是表明市场在所有社会生产领域的资源配置中处于主导地位；二是直接决定着生产、流通、消费等各环节的商品价格。从发挥市场在资源配置中的基础性作用到决定性作用的转变，就是要进一步推动资源配置通过公开透明的市场规则、市场价格、市场竞争来进行，通过有效转变经济发展方式，提高整个社会的劳动生产率，完善产权保护制度，健全现代市场体系。在实践中更加注重发挥市场的决定性作用，搭建使市场机制充分发挥作用的平台，让企业在公平市场竞争环境下自主经营，让消费者能够自主选择和自主消费，使各种商品要素更有效地自由流动和平等交换，注重发挥市场形成价格的作用，凡是能由市场形成价格的都需要交给市场，政府不进行不当干预。由市场决定资源配置是市场经济的一般规律，健全社会主义市场经济体制必须遵循这条规律，紧紧围绕使市场在资源配置中起决定性作用来推进经济体制改革，能有效保证改革的协同性、系统性和整体性，将带动全面改革走向深化。如果市场在资源配置中的决定性作用发挥不好，经济体制改革也就失去其应有的牵引作用，更不能有效推动经济社会持续健康发展。实践证明，在市场经济体制下，其他任何力量都不能代替市场的作用，市场比其他任何力量作用都更广泛、更有效和更可持续。只要实行市场经济体制，就必须遵循和发挥市场在资源配置中的决定性作用。

三、坚持政府的宏观调控作用

有效地发挥政府的作用，也是我们在改革中又一重大创新成果。建立社会主义市场经济体制，既要发挥市场的作用，也要发挥政府调控作用，但市场作用和政府作用又各有侧重。党的十八届三中全会明确强调："政府的职责和作用主要是保持宏观经济稳定，加强和优化公共服务，保障公平竞争，加强市场监管，维护市场秩序，推动可持续发展，促进共同富裕，弥补市场失灵。"① 强调政府进行有效而科学的宏观调控，是发挥社会主义市场经济体制优势的内在要求。而发挥社会主义市场经济的内在优势，强调市场在资源

---

① 《中共中央关于全面深化改革若干重大问题的决定》，人民出版社 2013 年版。

配置中的决定性作用，绝不是说政府就无所作为，而是政府必须坚持有所为、有所不为，进一步简政放权，最大限度地减少政府对微观事务的管理，以国家的整体发展战略和规划为导向，在完善社会主义市场经济体制方面做好"顶层设计"和"制度供给"，增强宏观调控的针对性、有效性和前瞻性。在建设统一开放、竞争有序的市场体系方面发挥好主导作用，推进市场体系的发育与完善。在市场机制运行的合理范围内发挥有效作用，切实提高宏观调控和科学管理的水平。在推进社会主义市场经济改革中，坚持公有制为主体和共同富裕的原则，确保社会主义市场经济改革的正确方向。社会主义国家的政府是由马克思主义政党领导的为人民服务的政府，政府宏观调控的目的，就是要克服社会主义市场经济发展中的盲点，实现经济和社会效益的最大化。政府的职能就是站在维护最广大人民根本利益的立场上，充分尊重和保障社会成员的个人权利，调动一切有效的社会资源，动员一切有利的社会能量，从而激发全社会发展经济的合力，体现了社会主义政府对市场经济调节作用的全局性和能动性，与资本主义政府在经济调控中被动地发挥作用有根本不同。既要发挥市场在资源配置中的决定性作用，但市场不能有效发挥作用的，政府一定要主动补位，该管的管住，该放的放开，既要管出水平，又要放的彻底，既要激发社会主义市场经济的内在活力，又要为经济发展真正保驾护航，做到简政放权与加强监管同步推进，要寻找市场与政府的最佳平衡点，切实把市场和政府的优势都充分发挥出来，更好地体现社会主义市场经济体制的优势。

第三节　当前深化改革中的几个问题

新时期继续深化经济改革，将遇到一些深层次的新矛盾和新问题，改革中要注意始终坚持社会主义市场经济方向，妥善处理好效率与公平、政府与市场关系等问题，更要强化国有经济发展，警惕新自由主义干扰，依法推进社会主义市场经济改革。[①] 面对新形势、新任务、新要求，我们需要研究一

---

① 王立荣、王国武：《对坚定社会主义市场经济改革的思考》，载《思想理论教育导刊》2015年第5期。

系列深层次改革问题。

一、关于深化国有经济的改革

1. 继续做强做大国有经济

新时期要全面深化社会主义市场经济改革，最重要的是坚定社会主义方向。体现在要毫不动摇地巩固和发展公有制经济，因为公有制体现了社会主义生产关系与资本主义生产关系的本质区别，是社会化大生产的客观需要，更是全体人民当家做主的重要经济基础。坚持公有制为主体的地位，特别要强化国有经济发展，做强做大国有经济。国有经济是我国国民经济的重要支柱，只有国有经济在国民经济的重要行业和关键领域控制力增强，国有经济的主导作用才能更加突出，才能更好地完善社会主义市场经济体制和社会主义制度。也只有国有经济强大了，才能真正成为国家应对突发事件和重大经济风险的可靠力量，才能有效保障我国经济社会全面、协调和可持续发展。以往改革实践表明，国有经济走向市场的过程中，国有企业的股份制改革已经在总体上同市场经济相融合，一批国有企业成长为世界知名企业。但深化改革的任务依然艰巨，国有经济布局需进一步优化，国有资产的监管体系需进一步完善，国有资本的合理流动机制需进一步健全。因此，继续做强做大国有经济，关键是"完善国有资产管理体制，以管资本为主，加强国有资产监管，改革国有资本授权经营体制，组建若干国有资本运营公司，支持有条件的国有企业改组为国有资本投资公司，是使国有资本的投资运营服务于国家整体发展战略目标，"① 在关乎国家安全及国民经济命脉的行业与领域，要更多注入国有资本，加大国有企业体制机制创新与管理创新的力度，突出国有企业在自主创新中的主体作用，在核心技术、关键技术和共性技术方面实现集中突破，使国有经济既能提供公共服务，又能保障国家安全，既能保护生态环境，又能支持科技进步，发展战略性产业。继续拓展多样化的资产组织形式和经营方式，使国有经济在更大范围获得更加广阔的发展空间，最大限度地促进生产力发展。

---

① 十八届三中全会公报《中共中央关于深化改革若干重大问题的决定》，人民出版社 2013
年版。

2. 积极发展混合所有制经济

中国经过 30 多年的改革开放，伴随着经济的高速增长，国有资本、集体资本、非公有资本都呈现几十倍上百倍增长，居民储蓄存款也大量增加。在这种情况下，发展混合所有制经济，有利于国有资本放大功能、保值增值、提高竞争力，也有利于各种所有制资本取长补短、相互促进、共同发展。混合所有制经济可以说是股份制经济的升级版。股份制经济不一定是混合所有制经济，如一些发达国家的股份公司一般是私人资本的集合而不是不同所有制资本的集合，但混合所有制经济肯定是股份制经济。发展混合所有制经济，允许更多的国有经济和其他所有制经济发展成为混合所有经济，为深化国有企业改革进一步指明了方向。有数据表明，混合所有制经济比国有经济资产营运效率更高、创新能力更强。由于允许混合所有制经济实行企业员工持股，形成资本所有者和劳动者利益共同体，使企业职工更关注企业的经营活动，更有利于调动各方面积极性，增强企业活力和竞争力。混合所有制经济既可以国有资本控股，也可以非公有资本控股。与此同时，也要防止在混合所有制改革中出现国有资产流失。有专家估计，目前混合所有制经济总体上占我国经济的比重为 1/3 左右。按现在改革快速发展势头，我国混合所有制经济总体上占我国经济的比重有可能占比更高。可以想象，随着经济发展和改革深化，产权多元、自主经营、治理规范的混合所有制经济，将会有长足的发展，成为社会主义市场经济的主要微观主体。因此，我们需要加强对混合所有制经济的研究，包括如何完善法规、政策，健全法人治理结构，真正做到在一个经济单位内部各类资本能得到同等保护产权、同等使用生产要素、同等受益，从而促进混合所有制经济健康发展。

3. 国有资产监管职能的转变

当前，国有企业和国有资产管理体制改革进入一个新的阶段。国资委主要职能从管企业向主要管资本转变，也是同积极发展混合所有制经济相适应的，因为国资委要逐步致力于国有资本的优化配置，也就要求更好地发展混合所有制经济。我们需要很好地界定各类国有资本的职能。总的来说，国有资本可以分为公益性和经营性两大类。公益性资本主要投资于提供公共服务和保障领域，包括基础设施、基础产业普遍服务部分等；经营性资本主要投资于重要竞争性产业和技术创新等领域，包括投资于引领科技进步具有国际竞争力进入世界 500 强的大型企业和跨国公司。与上述资本职能相适应，组建若干国有资本运营公司、投资公司，分别制定不同类公司对各个企业的出资和投资方式，确定它们的经营目标和考核体系。对于公益性资本运营公司，应着重在成本控制、服务质量等方面提出要求。对于经营性的资本既要考虑企业成本控制、服务质量，也要考核盈利等方面要求。这些都需要在不断总结实践经验的基础上认真研究和逐步完善。

二、关于坚持与发展社会主义市场经济理论

强调市场机制的自发调节作用是新自由主义经济理论观点，无论是科斯还是哈耶克极力主张政府对市场的任何调控都是无效率的，反对政府对经济的干预。实践中主张以彻底的私有化为前提，鼓吹"国退民进"，反对任何形式的公有制。新自由主义经济思潮在影响我国国有企业改革时，主张将国有企业卖光，似乎国有企业只有为民营或外资所把握，才是根本出路。实质上就是宣扬只有实行全盘私有化，中国国有企业改革的一切困境才会迎刃而解，结果不仅没有解决企业的难题，反而造成了中国证券市场的波动和国有资产的流失。尽管如此，仍有不少人认同西方的产权理论，但我国建立的现代产权制度却不同于西方的产权理论，在产权制度建立过程中，部分国有企业经过改革已经成为以股份制为基础的混合所有制经济，现代企业治理结构表现为股东会、董事会和经营层之间的相互制衡。由国有资本、集体资本、非公有资本等交叉持股、相互融合的混合所有制经济，是我国基本经济制度的重要实现形式。许多在国内外股市上市的企业，实际上是公众持股公司，其利润分配要面向不同所有者，其经营行为更要接受监督，可见，我国所实行的混合所有制改革并不等于私有化，更多是通过国有经济的控股权，放大国有资本经济功能，提高竞争力。同时也有助于各种所有制资本取长补短、相互促进、共同发展。为此，深化社会主义市场经济改革，必须将一些问题清晰地区分开来。首先，明晰社会主义市场经济理论与新自由主义的市场化、自由化资源配置理论之间的本质区别。社会主义市场经济中的所有制结构、分配制度和国家的宏观调控，都明显体现出社会主义的制度属性，体现了社会主义市场经济的本质特征。其次，从理论上厘清我国的产权改革与新自由

主义产权理论的本质区别，明确我国国有企业改革与西方产权理论所追求目标的根本不同。只有明确这些本质区别，才能真正坚定社会主义市场经济体制改革。

1. 激发非公有制经济活力和创造力

公有制经济和非公有制经济都是社会主义市场经济的重要组成部分，都是我国经济社会发展的重要基础；公有制经济财产权不可侵犯，非公有制经济财产权同样不可侵犯。改革开放特别是 1992 年以来，我国个体私营等非公有制经济迅速发展。2015 年，全国个体经济已从 1978 年的 15 万户发展为 5156.2 万户，从业人数达 2.6 亿人，注册资金达 2 万多亿元；全国私营经济则从 1988 年的 4 万户发展到 1684 万户，从业人数达 1.2 亿人，注册资金 31 万亿元。现在，个体私营等非公经济对 GDP 的贡献已超过 60%，对国家税收的贡献已超过 70%，对就业岗位的贡献已超过 80%，占投资比重超过 60%，对促进经济增长、增加就业岗位、活跃经济生活、满足人民群众多方面的需要起着不可替代的作用。我们要坚持权利平等、机会平等、规则平等，废除对非公有制经济各种形式的不合理规定，消除各种隐性壁垒，制定非公有制企业进入特许经营领域的具体办法。鼓励非公有制企业参与国有企业改革，鼓励发展非公有资本控股的混合所有制企业。同时，推进工商注册制度便利化，削减资质认定项目，由先证后照改为先照后证，把注册资本实缴登记制逐步改为认缴登记制。这些都将极大地激发市场活力和非公经济活力。

2. 建设统一开放、竞争有序的市场体系

建立和健全现代市场体系，是推动资源配置依据市场规则、市场价格、市场竞争实现效益最大化和效率最优化的根本前提。为此，要建立公平开放透明的市场规则，要推进水、石油、天然气、电力、交通、电信等领域价格改革，完善主要由市场决定价格的机制。同时，实行统一的市场监管，清理和废除妨碍全国统一市场和公平竞争的各种规定和做法，严禁和惩处各类违法实行优惠政策的行为，反对地方保护，反对垄断和不正当竞争，以及建立健全社会征信体系等，都是建立和健全现代市场体系的路径。值得一提的是，上海、福建等自贸区试点的改革证明，实行负面清单管理办法，是投资准入和市场监管的重大制度性改革。按照这一制度，各类市场主体可依法平等进入清单之外的领域，也就是"非禁即入"。这就意味着将实现由"严进宽管"

的审批制度向"宽进严管"的备案制度的转变，市场监管由事前监管为主转向事中和事后监管为主。这是我国加快现代市场体系建设迈出的实质性步伐。实行负面清单制度，是市场经济国家的通行做法，可以提高市场监管的透明度和法治化水平，较好解决对非公有制经济的歧视性问题，极大地调动了不同资本投资创业的积极性。我们需要研究的是负面清单如何切合我国实际，如何随着经济发展改革深化逐渐缩减，如何借鉴国外一些成功做法和经验为我所用等。

3. 赋予农民更多财产权利

党的十八届三中全会指出："保障农民集体经济组织成员权利，积极发展农民股份合作，赋予农民对集体资产股份占有、收益、有偿退出及抵押、担保、继承权。"① 保障农户宅基地用益物权，改革完善农村宅基地制度，选择若干试点，慎重稳妥推进农民住房财产权抵押、担保、转让，探索农民增加财产性收入渠道。这是很重要的改革举措。目前农民财产性收入少得可怜，近两年农民财产性纯收入只占到他们人均纯收入的 2% ~ 3%，其原因，是因为农民最大的财产权——土地收益权累遭侵犯，没有保障。要赋予农民更多财产权利，最主要的是尊重和保障农民的土地权益，要使农民住房财产抵押、担保、转让能获得合理的收益，建立农村产权流转交易市场，推动农村产权流转交易公正、公开规范运行，改变地方政府对土地财政的依赖惯性，切实落实农民的财产权利，这对逐步缩小城乡居民收入差距也能起重要作用。

三、关于依法推进市场经济体制改革

市场经济本质上是法治经济，若要有效发挥市场在资源配置中的决定性作用和更好发挥政府作用，必须依靠法治。党的十八届四中全会强调："必须以保护产权、维护契约、统一市场、平等交换、公平竞争、有效监管为基本导向，完善社会主义市场经济法律制度。"② 通过完善法律制度依法规范市场秩序，只有坚持在党的领导下依法推进社会主义市场经济改革，才能真正实现人民当家做主。目前，在社会主义市场经济运行中，还不同程度存在市

---

① 《中共中央关于全面深化改革若干重大问题的决定》，人民出版社 2013 年版。
② 《中共中央关于全面推进依法治国若干重大问题的决定》，人民出版社 2014 年版。

场秩序不规范、市场规则不统一等问题，仍然有以不正当手段谋取经济利益、部门保护主义和地方保护主义等不良现象出现，监管不力和审批过多并存，执法不严、司法不公、权大于法等情况依然不同程度地存在，导致资源配置混乱和经济低效，直接制约着市场决定性作用的发挥。我们需要通过强有力的法治手段进一步加以规范。我国宪法明确确立了中国共产党的领导地位，坚持中国共产党领导更是全国各族人民的根本利益所系。在党的领导下依法推进经济体制改革：一是坚持社会主义市场经济改革方向，凝聚改革共识。坚定在党的领导下走中国特色社会主义道路，通过深化改革进一步促进社会公平正义，不断增进人民福祉。二是完善依法推进社会主义市场经济改革的各项机制，切实履行对社会主义市场经济改革的领导责任，把各项经济改革的举措落到实处。通过法治手段确保市场主体的平等性和独立性，规范市场竞争规则，真正使法治成为宏观调控的重要手段。三是营造依法推进社会主义市场经济改革的良好社会环境，引导和调动市场主体的积极性、主动性和创造性。运用法治手段完善和创新产权保护制度，保障公民的权利公平、机会公平和规则公平，切实维护公民各项权利不受侵犯。充分释放改革红利，激发各类市场主体的活力，用法治推进社会主义市场经济改革。

1. 市场起决定性作用下政府职能的转换

市场在资源配置中起决定性作用，进一步强调了市场机制在资源配置中的支配作用，进一步从广度和深度上深化了市场化改革，着力解决政府对资源的直接配置过多、对微观经济活动干预过多和审批过多；政府对市场监管不到位、影响公平竞争环境的形成和健全；政府公共服务和社会管理也不到位或缺位，远不能满足老百姓的需求；政府没有很好地依法打破各种形式的行政垄断，甚至采取一些歧视性政策妨碍非公有制经济的发展等问题。这就要求政府转型，从越位领域退出，填补和做好原来缺位和不到位的工作，实现政府职能的转换，以便更好地发挥政府的作用。要落实市场在资源配置中起决定性作用，关键要推进政府改革，划清政府和市场的边界。政府要从多年来介入过深的经济活动中逐步退出，大幅度减少对资源的直接配置，最大限度减少政府对微观事务的管理，市场机制能有效调节的经济活动，一律取消审批，对保留的行政审批事项要规范管理，提高效率。同时，加强服务职能，即从无所不能型政府转变为有限政府、服务政府、法治政府。近年来，中央政府在改革审批体制方面动作很大，相对而言，地方政府改革特别强调改变政府直接配置资源过多和对微观经济活动干预过多、改变政府软预算约束和依赖土地财政等方面的改革。政府改革，肯定会触及一些政府官员的利益，需要中央全面深化改革领导小组强有力的推动才能迈步，同时也要不断研究和总结改革实践经验，寻找和推广好的做法和经验，以便更好地推进政府改革和职能转换。

2. 构建和完善地方税体系

我国目前地方税税种少，税收少得可怜，有的地区80%的政府支出靠中央财政的转移支付，这在一定程度上刺激了地方政府拼资源、拼环境，并违规实行优惠电价、地价等发展高耗能、高污染行业和产能过剩行业，以便得到更多的增值税分成，形成恶性竞争和加重产能过剩。完善中央财政转移支付制度、构建和完善地方税体系成为加快转变经济发展方式和调整经济结构的当务之急。发达的市场经济国家的地方税有两个重要税种，一为房产税，二为消费税（价外税）。我国将来也许要参考这种税制。加快房地产税立法并适时推进改革；调整消费税征收范围、环节、税率，把高耗能、高污染产品及部分高档消费品纳入征收范围，这是非常重要的改革举措。但需要认真研究在中国如何开征房地产税问题，立好法，适时开征，并要考虑如何逐步完善，使其逐渐成为地方税的一个主要税种。消费税的问题也要认真研究，包括研究如何使消费税逐渐成为覆盖全部消费品的价外税，并转变成为地方税的另一个主要税种，与此同时要适当降低增值税税率。①

---

① 张卓元：《当前需要深入研究的十个重大经济改革议题》，载《中国特色社会主义研究》2014年第3期。

第二篇

改革探索

有人说，中国的改革开放是逼出来的，这个说法有一定道理。改革开放初期，安徽凤阳农民在全国率先搞大包干，就是因贫困和饥饿所迫。人还是那些人，地还是那些地，体制一改就大变样，温饱问题迅速得到解决。我们党尊重群众首创精神，及时在全国农村推开这项改革，随后又在城市和其他领域进行改革，极大地解放和发展了社会生产力，极大地改善和提高了人民生活。实践证明，只要紧紧依靠改革，坚持破除不合理的体制机制障碍，不断释放改革红利，就能激发人民群众中蕴藏的无限创造活力，勤劳智慧的中国人民就能创造巨大的社会财富，持续推动我国经济社会发展。[①]

——李克强

　　我国改革开放的重点是经济体制的改革，而经济体制的改革又是以市场为取向的改革，建立了社会主义市场经济体制，形成了中国特色的社会主义理论，其中包括社会主义市场经济理论。社会主义市场经济理论既具有丰富的内容和理论创造性，又具有广泛的实践性，是马克思主义政治经济学和科学社会主义理论的新发展，为我国经济体制改革和社会主义现代化建设指明了方向，对世界其他国家和地区的经济发展具有广泛的借鉴意义，它引起的观念革命对中国现代思维方式的变革产生了深远影响。在新时期、新阶段，加强对社会主义市场经济体制改革实践的研究、提高对社会主义市场经济理论历史地位的认识有着重要的理论和现实意义。

　　本篇结合中国改革开放以来的实践，从理论上和实践上阐述我国经济体制改革的相关内容，如农村经济体制改革、市场体系建设、国有企业改革、所有制改革与分配制度改革等，分析我国经济体制改革所存在的问题和缺陷、难点和障碍，针对我国经济体制改革中的问题和缺陷，提出了经济体制改革深化的相关措施建议，希望可以借此促进中国经济稳定、持续、快速的增长，提高我国人民的生活水平，实现共同富裕的目标和中华民族振兴的愿望。

---

　　① 李克强：《关于深化经济体制改革的若干问题》，载《求是》2014 年第 9 期。

| 第四章 |
城乡二元结构与中国"三农"问题

城乡二元结构问题是很多发展中国家在发展过程中都遇到过的，中国的现代化在很大程度上就是实现从城乡二元结构走向城乡一体化的过程。在中国存在着较严重的城乡差异，许多城市已经与发达国家相差无几，而广大农村地区至今还欠发达，如何实现农村的发展，解决好"三农"问题，成为中国未来经济能否持续、健康发展的关键环节。

第一节　二元经济理论概述

一、二元经济理论的提出

"二元结构"这一概念是由荷兰经济学家 J. H. 伯克于 1953 年在其《二元社会的经济学和经济政策》一书中首次提出的。J. H. 伯克认为，摆脱荷兰殖民统治的印度尼西亚社会，是一个典型的二元结构社会。一方面，广大农村依然是工业革命以前的没有实现工业化的传统社会，农业部门主要依赖土地、使用手工劳动生产；另一方面，为数不多的城市却是殖民主义输入以后逐步进行西方工业化的现代社会，工业部门主要依赖资本、使用机器和技术生产。

在书中①，他描述了典型的"二元结构"社会存续状态：传统农业部门与资本主义现代部门并存，且二者在文化和经济制度方面存在巨大差别。他主张社会特征由相互依存的社会精神、组织形式和技术共同决定，当具有特定社会精神、组织形式和技术的不发达国家，引进资本主义社会精神、组织形式和技术时，社会结构呈现出二元性。在这种二元社会中，社会矛盾的实质不在于外国和本国之间的民族冲突，而在于资本主义与传统社会之间的两种文化冲突。严格地说，J. H. 伯克的二元概念是一个比较宽泛的二元社会概念，因而对研究二元经济结构的影响并不是很大。

二、刘易斯的"二元经济"理论

1954 年，美国著名经济学家阿瑟·刘易斯在《曼彻斯特学报》上发表题为《劳动力无限供给条件下的经济发展》的论文，提出了二元经济理论，并赋予其明确的定义，即一国经济体系中不同性质的制度、技术、机制等并存，最常见的是传统农业部门与现代工业部门（维持生计部门和资本主义部门）并存。

刘易斯建立的"二元经济"理论模型有以下三个前提条件。第一，在发展中国家存在着性质不同的两个部门，即城市中以工业为主的现代经济部门和农村中以农业生产为主的传统经济部门。两者在资本来源、生产方式、生产率、收入水平等方面存在较大差异，如表 4 - 1 所示。第二，相对于资本和自然资源，传统部门存在着无限供给的劳动力。这是由于人口存量大，造成了劳动的边际效率较低，因而在传统部门中存在着大量的隐蔽失业者。第三，工资水平不变。由于存在无限供给的劳动力，因此大量劳动力就会进入工业部门，决定了工业部门的工资水平在一个相当长的时期内保持不变，也不会造成劳动力短缺，直到工业部门完全吸收农业剩余劳动力为止。

---

① J. H. 伯克：《二元社会经济学和经济政策》，参见阿瑟·刘易斯《二元经济论》，北京经济学院出版社1991 年版。

表 4 – 1　　　　　　　　　　现代工业部门与传统农业部门的区别

	现代工业部门	传统农业部门
资本来源	自身资本结构及资本积累	无资本积累
生产方式	大规模机器生产	小规模手工劳动
生产率	高	低
收入水平	高	低

　　刘易斯认为，"二元经济"的解决办法是持续扩大现代工业部门，不断吸收剩余劳动力，直到剩余劳动力消失。这一办法能够实现由农业向工业的转移，即传统经济向现代经济的转移。传统部门与现代部门现实收入的差别是刺激剩余劳动力从农业流入工业的经济动因。工业部门迅速的资本积累引起的产出和就业不断增长是工业化成功的关键，经济发展的核心是现代工业部门资本积累的速度。工业部门能在现行的、不变的工资水平上获得无限的劳动供给，即存在一条无限弹性的劳动供给曲线是二元经济成功转变的前提。这一过程可以用图 4 – 1 来说明。

　　如图 4 – 1 所示，OA 表示农业部门维持最低生活水平的实际收入，OW 表示工业部门的实际工资。WSS^* 是工业部门的劳动供给曲线，D_1K_1、D_2K_2、D_3K_3 分别为不同资本量下工业部门的劳动需求曲线。对工业部门来说，在 OW 工资水平下，来自农村的劳动力供给是无限的、具有完全弹性的，即不必提高工资，就能不断地得到来自农村的劳动力的源源供给，所以劳动供给曲线 WS 段是一条完全水平的直线。假定工业部门在初始阶段的资本量为 K_1，当资本固定在这个水平上而逐渐增加劳动投入时，按边际报酬递减规律，劳动的边际产品逐渐减少，如曲线 D_1K_1 所示。这条曲线也正是工业部门的劳动需求曲线。工业部门雇佣工人的数量由劳动供给曲线和劳动需求曲线的交点决定，此时，在 K_1 的资本量下，雇佣的劳动力数量是 OL。工业部门的总产量为 OD_1FL_1，付出的工资总量为 $OWFL_1$，剩余产出即利润量为 D_1FW。因为一部分剩余产出要用于再投资，所以固定资本量就会增加，边际劳动生产率线也会提高，达到 D_2K_2 的水平，此时的剩余产出和资本主义就业也都更大了。继续再投资就会把边际劳动生产率线提高到 D_3K_3，而且只要有劳动力剩余，这个过程就会继续下去。"一旦存在一个资本主义部门，它的壮大就只是时间问题"。这样使得工业部门的资本量继续增加，雇佣的劳动力数量随之增加，利润额不断扩大，工业生产规模不断扩张。这个阶段是刘易斯剩余劳动力转移模型的第一阶段。这个阶段中劳动力无限供给，资本相对稀缺，工业工资不变，利润额不断增加。

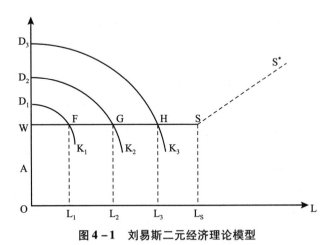

图 4-1　刘易斯二元经济理论模型

资料来源：陈广汉：《刘易斯的经济思想研究》，中山大学出版社 2000 年版，第 44 页。

当工业部门雇佣的劳动力增加到一定限度后，经济中的剩余劳动力消失，劳动与其他生产要素一样成为稀缺的生产要素，现代部门的经济增长和劳动力需求的增加将会拉动工资上升（图中虚线表示的部分），这时劳动无限供给的前提条件已经不存在了，进入刘易斯剩余劳动力转移模型的第二阶段。这个阶段中，劳动力不再是无限供给，资本和劳动都是稀缺的，工业工资上升，利润额不一定不断增加。农业部门的剩余劳动力已全部转移到工业部门，农业中的劳动边际生产率将提高，农业的劳动力收入也将提高。此时，工业部门要得到更多的劳动力，就不得不提高工资水平。在图 4-1 中，农业剩余劳动力数量为 OL_S，超过这个数量，工业部门的劳动供给曲线将向右上方上升，成为 SS^*，图中的 S 点被称为"刘易斯拐点"。[1] 在刘易斯模型中，这标志着二元经济转型的结束。

①　刘易斯拐点：由于存在无限供给的劳动，大量劳动力进入工业部门，决定了工业部门的工资水平在一个相当长时间内不变，但不会造成劳动力短缺，直到工业部门完全吸收农业剩余劳动力为止。（又称为刘易斯拐点一）

但是，刘易斯的 "二元经济" 理论也存在缺陷，即忽视了农业部门自身的作用，仅把传统部门看做完全被动的、单纯的剩余劳动力的提供者，而未看见其自身的进步作用，也未重视农业对工业增长的重要性。在这一方面，刘易斯的观点同美国经济学家舒尔茨的观点不谋而合。舒尔茨认为可以通过工业发展及传统农业改造来发展现代农业。后来美国耶鲁大学经济学家费景汉和拉尼斯对二元经济理论进行了改进，在考虑工农业两部门平衡增长的基础上，完善了剩余劳动力转移的二元经济发展思想。这样，刘易斯—费景汉—拉尼斯模型就成为分析二元经济问题的经典模型。

总之，从人类发展的历史来看，任何国家的发展都必须经历三个阶段，即单一农业阶段、二元经济阶段及现代经济阶段。各个国家之间的发展历程不同主要在于其处于二元经济阶段的时间长短不同。发达国家处于二元经济阶段的时间较短，而发展中国家处于这一阶段的时间则相对较长。

三、中国理论界对二元经济的研究

我国经济体系的一个特征是存在着农业和非农产业的二元经济反差，因此对二元经济问题的研究就成为理论探讨的一个热点。这些研究以刘—费—拉模型为出发点，从我国经济发展的现状出发，形成了互有联系又有区别的观点。其中，比较有代表性的观点有以下四种。[1]

1. 二元经济结构论

这种观点以刘—费—拉理论为依据，强调工业化就是农村剩余劳动力向城市工业部门不断转移的过程。[2] 改革开放以来，尽管我国的产业结构变化已经出现了新的态势，但是城乡关系仍然处于失衡状态，农村发展落后于城市地区，农业和农村在新时期的经济发展中又付出了太大的牺牲。[3] 更重要的是，我国农村的确存在着大量生产率水平极低的剩余劳动力，这点和刘—费—拉模型极其吻合。改革开放以来，城乡居民收入差距的拉大不仅证实了

---

① 孙凯、高帆：《我国对二元经济问题的研究：一个文献综述》，载《人文杂志》2005 年第 3 期。
② 柳士发：《中国经济现代化的三重二元结构》，载《人文杂志》1999 年第 5 期。
③ 城乡二元结构下经济社会协调发展课题组：《中国城乡经济及社会的协调发展》，载《管理世界》1996 年第 3 期。

二元经济结构的存在性，而且也说明我国的二元经济结构具有"高强度和超稳态的特征"①。二元经济结构的存在性和严重性不仅会导致资源配置效率低下、经济结构转化迟缓、收入分配差距拉大，而且也由于农村市场难以启动而使整个经济陷入内需不足的境地。② 针对这种情况，必须通过多项措施来促进工农产业和城乡经济的协调发展，例如，调整农业产业结构，加快农业发展速度；疏通城乡资源流动，提高资源配置效率；推进城乡体制改革，协调城乡社会关系等。

这种观点是在整体上把握我国产业结构和城乡结构的现状，并在一个较长的时期中探索二元经济结构的转化方案，这种努力对于人们在宏观上认识经济结构问题是有益的。但是此观点直接运用发展经济学中经典的二元经济理论，没有区别我国经济发展与刘—费—拉模型的不同之处，这样就影响到这种观点对于我国经济结构现状的解释力。

2. 三元经济结构论

随着我国市场化进程的深入推进，乡镇企业等农村工业得到了迅速发展，这在很大程度上改变了工农产业结构的刚性格局。由此出发，许多学者指出"随着农村工业的发展，我国自近代开始形成的二元经济结构已不复存在"③。同时，"把以农村工业为主体的乡镇企业经济作为与农业经济及城市工业经济相并列的国民经济中的一元独立经济形式，不仅毫不过分，而且可以说是对我国现实经济结构的确切描述"。④ 因此，我国出现的并不是其他发展中国家所存在的二元经济结构，而是一种特殊的"三元经济格局"，即由农业部门、农村工业和城市部门所构成的经济体系。针对这种情况，我国应该将经济结构转化的基点放在农村工业的发展上，以此来带动整个产业结构的转型和国民经济的发展。⑤⑥ 特别是，在"离农不离乡"的原则下，大力发展乡镇

---

① 郭剑雄：《二元经济与中国农业发展》，经济管理出版社 1999 年版。

② 王检贵：《劳动与资本双重过剩下的经济发展》，上海三联书店、上海人民出版社 2002 年版。

③ 张朝尊、韩太祥：《中国农民的伟大创造：三元经济结构的形成和意义》，载《经济理论与经济管理》1995 年第 1 期。

④ 陈吉元、胡必亮：《中国的三元经济结构与农业剩余劳动力转移》，载《经济研究》1994 年第 4 期。

⑤ 李克强：《论我国经济的三元结构》，载《中国社会科学》1991 年第 3 期。

⑥ 赵勇：《城镇化：中国经济三元结构发展与转化的战略选择》，载《经济研究》1996 年第 3 期。

企业等农村非农产业，会对农村剩余劳动力的非农化转移起到重要作用。

三元经济结构论在理论界具有较大的影响，它注意到我国经济结构中出现的特殊成分——以乡镇企业为代表的农村工业。但这种理解面临的挑战是：现代工业和传统农业是从产业发展的角度区分的，城市工业和农村工业则是以空间不同作为区分的依据，划分标准的不统一将使这三个概念在理论层面上难以并列。况且，由于缺乏工业发展所必需的聚集效应，因此分散的农村工业注定具有高成本、低效率的特征，它对于促进农村经济发展和吸纳剩余劳动力而言不具有持续性，我国近年来乡镇企业的发展速度回落、就业增长回落就是例证。

3. 四元经济结构论

这种观点结合我国的现状进一步修正了刘—费—拉模型，认为我国的经济体系存在的是四元经济结构或双重二元经济结构：城市现代部门、城市传统部门、乡镇企业部门和农村传统部门。[1][2] 一般来说，城市现代部门主要指产权清晰、机制灵活的民营企业和部分经过现代企业制度改造的国有企业；城市传统部门主要指机制不活、效益不高、负担过重的国有企业及大部分城市集体、私营和个体企业；乡镇企业部门主要指农村乡镇、村或村民小组、农户或联户等兴办的各类企业；农村传统部门主要是以传统生产方式进行生产的农村种植业和养殖业。这种观点认为，在四元经济结构中工资线的斜率并不相等，而是呈现出依次递减的格局。这样劳动力在工资率的差异下就会由低效率部门转向高效率部门。

四元经济结构论是在工农二元经济结构的基础上对地域继续分拆的结果，换言之，它是按照先产业后地域的原则来区分经济结构的，这种思路可能更加接近于我国的经济现实，同时也能够更为细致地描述结构转化的轨迹。但问题在于，将农村工业和城市工业相互并列，有可能在分析的过程中抹杀掉它们内部存在的均质性。

4. 环二元经济结构论

这种观点观察到我国在改革开放以来，一方面出现了城乡分割和工农分化的二元经济格局；另一方面在地区之间、社区之间、产业及企业之间也出

---

① 徐庆：《四元经济发展模型与城乡收入差距扩大》，载《经济科学》1997年第2期。
② 陈宗胜：《改革、发展与收入分配》，复旦大学出版社1999年版。

现了二元化的现象。因此，我国经济不仅仅是一般的二元经济结构，而是一种比较特殊的环二元经济结构。[①] 也就说，我国经济在总体上存在着城市及工业和农村及农业这样两个相互区别的"经济元"，而各个"经济元"内部也存在着两个相互区别的"微经济元"，并且还可以将"微经济元"再按照优势与落后的方法细分，整个国民经济形成了大小不等的二元的环的重叠。与单纯的二元经济结构相比，环二元经济结构更加复杂，顺利转化的任务更加艰巨。为此，就不仅要大力发展城市工业及发达地区的经济，而且更应发展农村非农产业、改造传统农业和加快落后地区的经济发展。

与二元经济结构论相比，环二元经济结构论更好地揭示了我国经济结构的复杂性，与三元经济结构论和四元经济结构论相比，环二元经济结构论具有更强的涵盖性。尽管如此，环二元经济结构论本身也有其缺陷和不足，例如，它没有探究这种特殊的经济结构的形成原因，也没有说明环二元经济结构转化的动力机制。

第二节　中国二元经济结构变迁

一、中国二元经济结构的形成

中国二元经济结构的形成较为复杂。中国在明朝末期就出现了资本主义萌芽，且按照历史学家的分析，若无西方帝国主义侵略，中国会逐渐走向资本主义，但这一过程在 1840 年被西方列强的炮舰中断了。这种观点并不一定正确，因为当时的中国社会实际上还是以手工生产为主，有一些手工作坊已经采用了替代手工劳动的机械，但机器并没有出现，即使是规模较大的作坊，也没有使用机器，当时的中国社会，并不存在发明机器的基础，因而还谈不上建立现代工业。鸦片战争之后，中国的社会结构并没有马上发生改变，因为西方列强对于中国主要采取贸易的策略，并没有在中国建立现代工业。西

---

① 吴天然、胡怀邦、俞海、陈伟明：《二元经济结构理论与我国的发展道路》，载《经济理论和经济管理》1993 年第 4 期。

方列强真正在中国建立现代工业是在 1895 年，即甲午战争之后。中国工人阶级的出现早于中国的民族资本家，因为中国无产阶级是伴随着帝国主义在华创办的企业而产生的。

毛泽东同志在 1927 年发表的《中国社会各阶级分析》一文中提及，中国无产阶级具有世界无产阶级的优点外还有一个优点就是中国无产阶级与中国农民有着天然的联系。因为中国的资产阶级发展现代工业是在第一次世界大战之后，而第一次世界大战之前的中国现代工业主要是靠西方列强的外国资本发展起来的。不可否认的是，在这些工厂中已经有了最初的中国无产阶级。因此，中国二元经济结构的形成是随着外国资本的进入而形成的，即在 19 世纪末 20 世纪初。

但是，1949 年我国已经取得了新民主主义革命的胜利，无产阶级的地位发生了变化，二元经济结构理应有所改变。但直到 1978 年，我国的二元经济结构非但没有改观，反而不断固化。计划经济便是使其固化的一个原因。1949～1952 年是我国国民经济的恢复和调整时期，我国经济处于几十年战争后的经济恢复阶段。1953 年，我国开始实行第一个五年计划，也是这一年实行计划经济，迫于当时的国内外严峻情况，国家采取了重化工业优先发展的战略，从而固化了二元经济结构。当时的中国人普遍希望通过优先发展重化工业可以在短时间内实现国家工业化，解决发展工业化的资金不足问题。我国开始学苏联的做法，通过剥夺农民来进行工业化建设。当时解决工业化资本不足的手段主要包括以下两个方面。

第一，对农产品的流通实行统购统销的政策。由于流通对农产品的生产、供给有着非常重要的影响，流通反映了农产品的价格和市场供求变化，当时，政府对农产品流通采取一系列严格的措施进行调控。我国于 1953 年开始推出粮食等主要农副产品实行统购统销政策。所谓的统购统销就是规定粮食等农副产品必须由国家统一收购和统一销售，任何其他部门、单位和个人不得收购和销售粮食等农副产品。

第二，在价格方面采取工农业产品剪刀差，即国家规定的工业品价格高于其价值，农产品价格低于其价值。将工业品以高价卖给农民，又以低价从农民手中收购农副产品，这其中产生的大量剩余部分就转化为工业积累。根据专家估算，以当时的货币为基准，在 1949～1978 年 30 年间，政府通过工农业产品剪刀差方法从农民手中获得了大约 6000 亿元资本剩余积累。因此，我国的工业发展在很大程度上是与农业提供的剩余积累息息相关的。

此外，从 20 世纪 50 年代开始，我国实行了城乡分离的户籍政策。这一政策强化了城市居民与农民的差异，等同于将农民永远地拴在了土地上。现如今已很难考证当时为何要实行即便在全世界都极为少见的城乡分离的户籍政策，但根据专家推测，国家很可能是出于管理方面的考虑。因为在解放初期，一个农民进了城，国家就要考虑粮食、猪肉、蔬菜等的供应，因此国家尽可能不让农民进城以减少城市食品供应压力。这一政策到目前仍深深地影响着中国城乡人民的生活，户籍制度改革是突破城乡二元结构必须解决的一个重大课题。

二、改革开放与中国二元结构变迁

在传统的经济发展战略和计划经济体制的作用下，到 20 世纪 70 年代末，我国工农业之间的矛盾已相当突出，农业劳动生产率的长期停滞，使传统的工业化发展战略无法继续进行。从 1978 年开始的战略调整和体制改革，使我国经济运行机制发生了深刻的质的变化，结构变动逐步由政府指令转为市场导向，推动着我国二元经济结构在波动中艰难调整。[①]

1. 1978 ~ 1984 年：二元经济结构弱化阶段（改革开放初期）

在改革开放初期，农村的产权制度改革迈出了很大的一步，联产承包责任制极大地调动了农民的积极性，从而加速了农村的经济发展。当时的农村，配合改革农产品价格不断调整，农民的收入不断提高，工农业产品剪刀差、城乡差别逐步缩小，乡镇企业也逐渐发展起来。

农业改革的实施，不仅大幅度提高了农业生产率，而且还为农村居民提供了较为平等的发展机会，因而绝大多数农民从农业的快速增长中受益，农民人均收入迅速增加，1978 ~ 1984 年农村居民人均纯收入年均增长达到 16.5%；而与此同时，由于城市经济中的传统分配机制还没有根本性改变，使得城镇居民人均收入的增长幅度远远低于农村居民，年均增长率仅为

---

① 高翔：《我国二元经济结构的形成与演化》，厦门大学博士学位论文，2007 年。

7.9%。结果使我国城乡居民收入比率呈现明显的下降趋势，由 1978 年的 2.57 降至 1984 年的 1.84，如表 4－2 所示。

表 4－2　　　　　　中国城乡居民的人均收入（1978～2012）

年份	城镇人均收入（元）	农村人均收入（元）	城乡收入比率
1978	343.4	133.6	2.57
1979	405.0	160.2	2.53
1980	477.6	191.3	2.50
1981	500.4	223.4	2.24
1982	535.3	270.1	1.98
1983	564.6	309.8	1.82
1984	652.1	355.3	1.84
1985	739.1	397.6	1.86
1986	900.9	423.8	2.13
1987	1002.1	462.6	2.17
1988	1180.2	544.9	2.17
1989	1373.9	601.5	2.28
1990	1510.2	686.3	2.20
1991	1700.6	708.6	2.40
1992	2026.6	784.0	2.58
1993	2577.4	921.6	2.80
1994	3496.2	1221.0	2.86
1995	4283.0	1577.7	2.71
1996	4838.9	1926.1	2.51
1997	5160.3	2090.1	2.47
1998	5425.1	2162.0	2.51
1999	5854.0	2210.3	2.65
2000	6280.0	2253.4	2.79
2001	6859.6	2366.4	2.90
2002	7702.8	2475.6	3.11
2003	8472.2	2622.2	3.23
2004	9421.6	2936.4	3.21
2005	10493.0	3254.9	3.22
2006	11759.5	3587.0	3.28

续表

年份	城镇人均收入（元）	农村人均收入（元）	城乡收入比率
2007	13785.8	4140.4	3.33
2008	15780.8	4760.6	3.31
2009	17174.7	5153.2	3.33
2010	19109.4	5919.0	3.23
2011	21809.8	6977.3	3.13
2012	24564.7	7916.6	3.10

资料来源：根据《中国统计年鉴（2013）》整理得到。

2. 1985～1993 年：二元经济结构复杂化阶段

由于农民进入工业、乡镇企业的比例不断增加，且农产品价格调整造成大量工业品价格的迅速提高，从而导致工农业产品剪刀差又开始逐步扩大，因此这一阶段的二元经济结构趋于复杂。

从 1984 年开始，我国改革的重点由农村转移到城市。从整体看，城市经济体制改革主要在两个层次上逐步推进：第一个层次是国有企业改革，主要经历了 20 世纪 80 年代初的放权让利、80 年代后期的承包经营责任制以及 90 年代早期的现代企业制度等；第二个层次是促进个体和私营经济等非国有部门的发展。由此诱发了工业部门连续数年的高增长，1984～1993 年工业增加值的平均增长率达到 13.2%。与此同时，农业的发展再次受到一些政策性的制约，在农业资金净流向城市工业的同时，农业劳动力向城市的流动则比较缓慢。[1]

在这种情况下，两部门的生产率差距开始逐步拉大：一方面，农业部门的比较劳动生产率由上升转为下降，从 1984 年的 0.5 下降到 1993 年的 0.35；另一方面，非农产业部门的比较劳动生产率则止住下降势头，呈现小幅波动态势。由此导致二元对比系数从 1984 年的 0.27 下降到 1993 年的 0.19。与此相对应，城乡居民收入差距也呈现扩大趋势，城乡收入比率重新超过了改革初期的水平，上升到 1993 年的 2.8。总体看来，这段时期二元经济结构特征

---

[1] 高翔：《我国二元经济结构的形成与演化》，厦门大学博士学位论文，2007 年。

呈现出了变强的趋势。

3. 1994 年至今：市场经济体制建立对二元结构形成冲击

理论上市场经济遵循市场规律，市场的作用促使城乡差别应当有所缩小，但遗憾的是，城乡差别不仅没有缩小，反而有扩大的趋势，尤其是在近 20 年，特别体现在公共资源的配置上，即城市的道路、交通、网络、教育、医疗、环境等都越建越好，越来越完善，而农民却享受不到改革开放以来的城市变化。当然，这也与政府更加偏重于发展城市有关。

在这一阶段的开始几年里，也出现过二元结构弱化的现象。那时，由于经济增速过猛以及宏观调控经验不足，我国出现了高通货膨胀的局面，局部领域形成了经济泡沫。为化解经济领域的风险和隐患，从 1994 年开始我国采取了经济"软着陆"措施。由此投资增长开始放缓，工业部门的扩张势头受到遏制。与此同时，一些扶持农业的措施相继推出，农业生产率得到一定的恢复。在此情况下，两部门生产率和城乡居民收入差距都呈现出缩小的迹象。其中，农业比较劳动生产率从 1993 年的 0.35 上升到 1996 年的 0.39；而非农产业劳动生产率同期则从 1.84 降至 1.62；城乡对比系数也相应从 0.19 提高到 0.24；而城乡收入比率出现了 20 世纪 80 年代中期以来少有的下降情况，由 1993 年的 2.8 降到 1996 年的 2.51。但是我们可以看到，这段时期二元经济特征的暂时缓和，是与特定的宏观政策背景相联系的，因此持续的时间很短。

1996 年以来，大量前期改革中的遗留问题开始逐步显现，中国经济改革进入了攻坚阶段，加上 1997 年的亚洲金融危机的冲击，我国宏观经济形势发生了重大转变，改革开放以来罕见的物价连续下跌和相对生产过剩现象开始出现。经济增长速度的下滑使城市下岗失业人员增多等矛盾日益突出起来，出于维护社会稳定等多方面的考虑，宏观调控明显加大了对城市经济的扶持力度，各种社会保障制度也明显向城市倾斜。[1]

在此推动下，我国二元经济结构不仅未能好转，相反又有进一步强化的倾向。从 20 世纪 90 年代后期以来，我国两部门生产率和城乡居民收入差距再次呈现逐年拉大的态势，如表 4 - 3 所示。1996～2003 年，农业比较劳动

---

① 高翔：《我国二元经济结构的形成与演化》，厦门大学博士学位论文，2007 年。

生产率持续下降，从 0.39 降至 0.26，达到历史最低点；而非农产业比较劳动生产率则从 1.62 提高到 1.71；相应地，二元对比系数从 0.24 降到 0.15，基本上又回到了改革开放初期的水平。1997 年以来，城乡收入比率也重新出现逐年扩大的势头，由 1997 年的 2.47 提高到 2003 年的 3.23，上升到改革开放以来的最高点。

2004 年以来，政府部门相继出台了旨在缩小城乡发展差距的各种措施，我国二元性特征开始有所缓和。但是仍存在很多问题，这个缓和仅仅是从收入增长速度上来看，但从绝对数来看城乡收入差距依旧很大，从基本公共服务来看，城乡差距依旧很大。

表 4-3 　　　中国农业和非农业的比较劳动生产率（1978~2012）

年份	农业比较劳动生产率	非农业比较劳动生产率	二元对比系数	二元反差系数
1978	0.40	2.44	0.16	0.42
1979	0.45	2.28	0.20	0.39
1980	0.44	2.23	0.20	0.39
1981	0.47	2.14	0.22	0.36
1982	0.49	2.09	0.23	0.35
1983	0.49	2.03	0.24	0.34
1984	0.50	1.89	0.27	0.32
1985	0.46	1.90	0.24	0.34
1986	0.45	1.87	0.24	0.34
1987	0.45	1.83	0.24	0.33
1988	0.43	1.83	0.24	0.34
1989	0.42	1.87	0.22	0.35
1990	0.45	1.83	0.25	0.33
1991	0.41	1.87	0.22	0.35
1992	0.37	1.88	0.20	0.37
1993	0.35	1.84	0.19	0.37
1994	0.37	1.75	0.21	0.34
1995	0.38	1.67	0.23	0.32

续表

年份	农业比较劳动生产率	非农业比较劳动生产率	二元对比系数	二元反差系数
1996	0.39	1.62	0.24	0.31
1997	0.37	1.63	0.22	0.32
1998	0.35	1.64	0.21	0.32
1999	0.33	1.67	0.20	0.34
2000	0.30	1.70	0.18	0.35
2001	0.29	1.71	0.17	0.36
2002	0.27	1.73	0.16	0.36
2003	0.26	1.71	0.15	0.36
2004	0.29	1.63	0.18	0.34
2005	0.27	1.59	0.17	0.33
2006	0.26	1.55	0.17	0.31
2007	0.26	1.51	0.18	0.30
2008	0.27	1.48	0.18	0.29
2009	0.27	1.45	0.19	0.28
2010	0.28	1.42	0.19	0.27
2011	0.29	1.38	0.21	0.25
2012	0.30	1.35	0.22	0.24

注：农业部门的比较劳动生产率 = 农业部门的产值比重/农业部门的劳动力比重

非农部门的比较劳动生产率 = 非农部门的产值比重/非农部门的劳动力比重

二元对比系数 = 农业部门的比较劳动生产率/非农部门的比较劳动生产率

二元反差系数 = （｜农业部门产值比重－农业部门劳动力比重｜＋｜非农部门产值比重－非农部门劳动力比重｜）×1/2

资料来源：根据《中国统计年鉴（2013）》相关数据计算得到。

第三节　超强二元经济结构与"三农"问题

一、"三农"问题的内涵

"三农"问题在我国是一个特定的含义。"三农"作为一个概念是由经济学家温铁军博士于 1996 年正式提出的。"三农"问题是指农民、农业和农村问题，这是一个主体身份、从事行业和居住地域的"三位一体"的问题，其中的核心是农民问题。

1. 农民问题

农民问题主要体现在其收入增长慢、利益得不到保障以及享受不到公共财政等几个方面。虽然温家宝总理在 2006 年宣布取消农业税征收，且近几年来中央对农民的补贴也实现较大幅度增长，但由于农民收入同农产品价格密切相关，而我国的农产品价格仍保持在较低水平，加上人多地少，农业效率提高缓慢，农民增收困难。而在利益保障方面，由于农民是农产品价格的被动接受者，农业的自然风险和市场风险主要由农民承担，且农民普遍缺少必要的社会保障，因此农民利益保障明显不如城市居民。在公共财政方面，由于政府偏重于城市建设，在城市道路、环境及教育、医疗等投入上都将大多数资金投向城市，农民能够获得的资金十分有限。

2. 农业问题

我国的农业面临土地资源有限，部分耕地退化，农业生产效率低、投入不足及农产品结构与市场结构不适应等问题。目前，我国在农业方面的基本国情是耕地资源少、人均耕地面积小（全国农民人均耕地不足 1.3 亩，且部分农田土质退化）、农业的生产规模偏小、农产品的价格偏低等，以上原因导致我国的农业生产效率普遍低下。在农业投入方面，由于农业是一个低利润的产业，且农村一直未能形成一个足以有效保证农业发展需要的金融服务体系，再加之国家财政支出压力逐年增大，不得不把主要精力放在加强财税来源多的工业建设上，因此农业投入明显不足。此外，由于与市场缺乏有效联系手段，农业难以避免农产品种植结构调整的盲目性。产品结构不合理、不适应市场对农产品需求多样化、优质化和精细化的需求，导致农业发展长期滞后。

3. 农村问题

农村问题主要体现在经济、社会、文化及农村面貌等方面。由于我国农村的经济基础较为薄弱，服务农村的各项事业及体系尚未建立完善，同时，缺乏文化、教育、医疗等方面的合理投入导致农村文化缺失，农村的基础设施建设不足，教育、医疗水平远远落后于城市。在村容村貌方面，由于资金短缺及政府职能错位的问题，农村规划落后或是基本没有规划，使得目前大多数农村面貌仍然落后。

二、超强的二元经济结构对"三农"的影响

第一，农业人口就业压力大。到2015年，我国农业产值只占到总产值的9.6%，而农业就业人口却占到就业总量的33.6%。这一方面是由于我国农业的机械化水平不高，农业以家庭小规模经营为主。另一方面也说明农村还存在着潜在的剩余劳动力。这些人由于缺乏相应专业知识和劳动技能，很难在城市找到一份比较稳定的工作，因此收入水平也不高。再加上目前我国相应的社会保障机制不健全，导致他们很难在城市站稳脚跟。

第二，农业资源相对短缺，工业对农业投入不足。由于建设用地的需求不断增加，我国的耕地面积逐年减少。中国是一个人口大国，人口总量庞大，一旦出现粮食短缺是不可能依靠国际市场进行调节，因此在2006年，我国政府提出"保护耕地的18亿亩耕地红线"。但近几年，由于经济建设用地增加，这一耕地红线面临严峻挑战。此外，理论上一个国家工业化后工业应当支持农业发展，但在现实中，我国工业的发展还在不断侵蚀农民的土地，且工业对农业的投入不足。虽然在近几年状况有所改善，工业部门每年都出资数千亿元支持农业发展，但这还远远不够补偿农业的付出，仅土地一项，工业占用了几亿亩耕地就价值数万亿元。

第三，农业生产率及商品率低下。由于农业商品率不到40%，导致农业的生产率也较低。农业科技投入及机械化水平低，与工业相比，农业比较劳动生产率远远低于工业劳动生产率。尽管近年来，农业劳动生产率与工业劳动生产率的差距有所缩小，但到2012年，农业比较劳动生产率还不到工业的1/4，传统的农业是自给自足的农业，农产品的商品化率很低。

第四，农民收入增长缓慢。如图4-2所示，根据国家统计局的数据，近几年来，我国城乡收入较为稳定，基本维持在3∶1的比例。但若是考虑福利待遇方面，例如城市环境、交通、医疗、教育等，城乡收入比则远不止3∶1的比例。

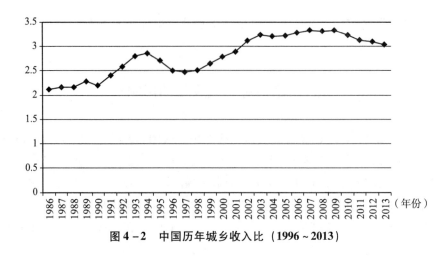

图 4 - 2　中国历年城乡收入比（1996～2013）

三、农业滞后对二元经济结构转换的影响

　　理论上，农业应当而且可以为工业做出贡献。第一，农业要为工业提供农副产品，包括食品、工业原材料等。第二，农业要为城市市场做出两方面贡献，一个是提高农产品商品率，更重要的是农村要为城市的工业品提供广阔的消费市场。第三，农业能够为工业提供资本与劳动力。第四，农产品出口为国家的外汇储备做贡献。但就现实情况而言，这四方面的贡献都没有完全做到。首先，我国的农业商品率低，农民自身满足需要无法为城市提供大量食品与工业原材料，导致工业需要的部分原材料需要大量进口。其次，由于农村大多数农民收入水平不高，农村的消费水平仍然较低，很难为城市工业品做出市场贡献。目前，我国工业产能全面过剩，但农民家中彩电、冰箱、洗衣机的普及率却并没有显著提高。此外，农业虽然能够为工业提供劳动力，但近些年，劳动力也开始出现短缺问题，尤其是沿海劳动力紧张，但农村能转移出来的劳动力已经十分有限。

第四节 解决"三农"问题的思考

一、发展"农业三化"

"农业三化"是指农村工业化、城市化和农业现代化。它是一个国家农业发展的基本道路，也是解决"三农"问题的一条极为重要的道路。

1. 工业化

工业化通常被定义为工业（主要是其中的制造业）或第二产业产值（或收入）在国民生产总值（或国民收入）中比重不断上升的过程，以及工业就业人数在总就业人数中比重不断上升的过程。工业发展是工业化的显著特征之一，农村工业化是指在以市场需求为导向的前提下，用工业技术手段，或者工业设备，对农村的初级农副产品进行深加工，用工业手段发展农产品加工业，同时，不能将农村工业化狭隘地理解为工业发展，而是与农业现代化和服务业发展相辅相成的。当前，中国的工业化主要是指城市工业化与农村工业化并举的问题，是两个轮子同时转动，城乡工业同时发展的问题。1974年，中国政府就提出了"四个现代化"，即农业、工业、国防、科学技术现代化。当时提出时，农业现代化有一个基本思想，就是农业的工业化问题。因此，改革开放早期就开始发展乡镇企业，我国农村工业化从此起步。

目前，我国工业化已处于中期阶段，工业化任务还没有完成。突出表现在：农业现代化和农村城镇化水平较低，农村人口在全社会劳动力和总人口中占40%左右；产业结构层次低，竞争力不强，工业特别是制造业的技术水平还不高，服务业的比重和水平同已经实现工业化的发达国家相比还有相当大的差距。农村工业化的任务远未完成，农业现代化就难以实现。因此，继续完成工业化，仍然是我国现代化进程中重要而艰巨的历史任务。

2. 城市化

城市化是指一个国家或地区的农业人口转化为非农业人口、农村地域转化为非农业地域、农业活动转化为非农业活动的过程。城市化对于中国而言主要是农业人口进城问题，也就是所谓的农民的城镇化。我国目前将城市分为四个层次：小城镇、中小城市、大城市、特大城市。其中特大城市采取控制人口的策略，其他三个层次应尽量吸收农业人口。要实现现代化必须实现人口转移，但具体转移到何处，中小城市抑或大城市，是从 20 世纪 80 年代开始一直处于争论状态的一个问题，最近国家相关部门已经出台了相应政策。2013 年全国人大第十二届常委会上，国家发改委主任徐绍史作了《国务院关于城镇化建设工作情况报告》中称，我国将全面放开小城镇和小城市落户限制，有序放开中等城市落户限制，逐步放宽大城市落户条件，合理设定特大城市落户条件，逐步把符合条件的农业转移人口转为城镇居民。

目前，我国的城镇化发展水平依旧不高，《2012 年中国新型城市化报告》指出，中国城市化率突破 50%。这意味着中国城镇人口首次超过农村人口，中国城市化进入关键发展阶段。而户籍城镇化率则仅为 35% 左右。城镇化成为我国目前经济发展的重要动力，也是突破城乡二元结构的关键。

3. 农业现代化

农业现代化包括两个方面，一方面是农业科技现代化，另一方面是农业经营现代化。农业科技现代化主要从科学技术角度出发，例如农产品的品种更新、农业机械化与电器化程度的提高等，这是农业发展的必由之路。就目前情况来看，我国在农业科技现代化这一方面取得了长足进步，例如粮食产量逐年递增。农业经营现代化有多种实现形式，其一是"公司 + 合作社 + 农户"的形式。在早期探索时，我国采取的是"公司 + 农户"的形式，如案例 4-1，但由于公司占据主导地位，而农户则处于劣势，导致公司依靠其强势地位侵害农户的权益。因此，现在我国采取国际上发达国家的形式，即由农户成立合作社，以合作社形式来与公司签约，这样能够相对保障农民的权益。当然，这仅仅是一种形式。另一种形式是将"产前、产中、产后"分别交由专门的公司来负责。

案例 4-1

福建南平山鹰集团"公司 + 农户"模式的成功与失败

南平市山鹰集团是福建省一家比较有名的养殖企业。该集团专门供应养猪的农民，给他们提供猪的种苗及统一饲料配给，当猪养殖达到一定重量后就进行统一回收。在早期，农民欣然接受，因为种苗由公司提供意味着节省了购买小猪的成本，且饲料只需支付部分现金，并且集团以卖出价给付农民现金。开始时猪肉供不应求，因为随着肉票的放开，人民群众对于猪肉的需求与日俱增，但市场上的猪肉数量在短期内却无法快速提高。长期而言，随着市场上猪肉供应不断增加，发展到一定规模后必然产生猪肉过剩的问题，由于猪肉价格下跌，导致该集团不再继续收购农民饲养的生猪，这种合作模式一度陷入困境。同一时期，光泽圣农集团、福建长富集团等利用"公司＋农户"的模式取得了比较成功的经验。

二、新农村建设

2005 年 10 月，中国共产党十六届五中全会通过《"十一五"规划纲要建议》，提出要按照"生产发展、生活宽裕、乡风文明、村容整洁、管理民主"的要求，扎实推进社会主义新农村建设。我们理解，这 20 个字分为三个层次，"生产发展、生活宽裕"属于经济范畴，"乡风文明、村容整洁"属于社会范畴，"管理民主"属于政治范畴。社会主义新农村建设是一个综合改革，涉及到农村物质文明、精神文明和政治文明等多方面的建设，所以新农村建设围绕以上 20 个字要做好以下五个方面，即设计先行、搞好规划、加强公共基础设施建设、把握两大原则、争取多元筹资以及与城市化、工业化并进。

1. 设计先行，搞好规划

设计先行，搞好规划包括以下内容：第一，在基础设施方面，希望条件较好的农村在建设新农村时首先完善基础设施，例如路、桥、地下排水、管、线等。第二，在村容村貌方面，要对农村的村容村貌进行整顿，保持村容整洁。第三，在民房设计方面，避免出现部分农村进行新农村建设就是统一建筑式样，这样做虽然能够节约土地，但是建筑外形单一，不利于体现我国农村民居的多样性和特色。如果农村民居建筑外形各有特色，便会增添更多的美感。

2. 加强公共基础设施建设

农村公共基础设施建设是社会主义新农村建设的重要内容之一，直接关系到农业生产条件的改善和农民生活质量的提高。加强公共基础设施建设，需要高标准建设农田和水利基础设施，加强农村公路的建设和养护工作，建立科学合理、功能完善的农村公路网络。加快农村的电视、网络等户户通建设，加大农村生活设施建设力度，例如垃圾回收处理系统等。此外，还要加强农村教育、文化、卫生基础设施建设。

3. 把握两大原则

推进新农村建设必须牢牢把握两大重要原则，那就是"从各地实际出发，尊重农民意愿"和"通过农民辛勤劳动和国家政策扶持"。要充分发挥国家政策的引导作用，通过多种形式和办法，引导和支持农民积极建设好自己的幸福家园。目前，基层干部和农民对新农村建设表现出了极大的热情和积极性，这是推进新农村建设的根本保障。如何充分发挥他们的积极性，是新农村建设中的关键问题。激发和保护农民自己的积极性，关键要坚持以下几条。

一是要坚持以人为本，充分体现农民的主体地位。农民知道自己需要解决什么问题，在建设新农村过程中，必须始终尊重农民群众的主体地位。只有这样，才能让农民得到实实在在的好处，才能激发农民群众的积极性，才能避免喊空口号。

二是要发展基层民主，真正让农民当家做主。要通过完善"一事一议"和村务公开等制度，保障农民依法行使民主权利，健全村党组织领导的充满活力的村民自治机制，为建设社会主义新农村的宏伟事业提供可靠的组织保障。

三是要加强宣传教育，提高农民的思想认识水平。要通过发展农村教育事业，活跃农村健康的文化体育活动，加强农村精神文明建设，完善农民职业技能培训制度等措施，提高农民参与新农村建设的觉悟水平和积极性。

4. 争取多元筹资

争取多元筹资是在新农村建设中建立一种长久稳定的投资机制，新农村建设仅仅依靠政府投入是远远不够的，农民家庭的资金也十分有限，所以，资金的来源要多元化，不仅包括农民、政府能提供的资金，还要广泛地筹措社会上的资金并适当引进外国资金，保证新农村建设的需要。

5. 与城市化、工业化并进

新农村建设是一个系统工程不仅考虑农村本身的发展，还要考虑将来农民如何向城市转移的问题，要考虑城乡建设的统筹问题。在新农村建设中浙江省提出一条发展思路，即将边远地区和山上的农民迁移进靠近城市周边的乡镇。考虑到生活成本及交通问题，农村人口的适当集中居住更有利于新农村建设。在边远地区或是山区搞新农村建设投入太多。浙江的思路是将分散的农户集中居住，组成大的集镇，形成小城市。这种做法既有利于新农村的建设，又有利于今后城乡统一，消灭城乡差别。

三、小城镇建设——以福建省为例

1. 推进小城镇综合改革建设试点的总体要求

小城镇是实现农村工业化和农业产业化的载体，城镇化是现代化的一个标志。小城镇是区域经济的增长点，小城镇建设和发展将给农村劳动力转移和就业提供广阔空间。同时，小城镇建设可以辐射农村经济的发展。也是我国解决"三农"问题的根本途径。

（1）指导思想。

以科学规划为前提，坚持以人为本，突出资源优势，凸显特色功能，强化产业支撑，优化空间布局，创新体制机制，实施综合开发，增强集聚能力，探索解决"三农"问题和城乡结构矛盾的途径，为统筹城乡协调发展、缩小城乡差距提供示范作用，通过典型带动，加快城镇化进程，逐步实现城乡基础设施、公共服务、就业和社会保障的一体化，建成一批"规划先行、功能齐备、设施完善、生活便利、环境优美、保障一体"的宜居城市综合体。

（2）发展目标——以福建省为例。

福建省在小城镇建设中根据经济社会基础良好、区位优势明显、交通设施便利、人口聚集度高、资源环境承载力强等标准和要求，选择了第一批小城镇试点镇，确定上杭县古田镇等 22 个试点小城镇，第二批又增加 20 个试点小城镇①。试点小城镇的选择，既考虑到了区域之间的相对平衡性，又注重区域内小城镇带动城乡发展可行性。通过试点探索，力争在 3～5 年内，布局合理、特色明显、生态优美的小城镇发展格局和配套保障政策基本形成。农村人口稳步有序地向镇区集中；基础设施和公共服务设施更加完善，并向相邻地带的农村延伸；各具特色的产业基础初步建立，市场发育比较健全；小城镇居民基本享有与城市居民均等化的公共服务和社会保障；有利于发挥小城镇特色优势的体制机制基本建立；生态环境优美、辐射带动能力较强的宜居城市综合体基本建成。

（3）基本原则。

福建小城镇发展，注重把握以下基本原则。

一是规划先行。以规划统筹各种要素，优化资源配置，合理谋划空间布局，注重发挥优势和突出特色，处理好生产、生活、休闲、交通四大要素关系，明确功能定位。二是功能齐备。以设施齐全配套、功能完善为基本要求，构建集行政、工业、教育、医疗、金融、商业、文娱、休闲、居住等为一体、与中心城市连接便利的城市综合体。三是设施完善。以改善居民生产、生活质量为重心，按照适度超前的原则，加快推进基础设施和公共服务设施建设，促进土地、基础设施、公共服务设施等资源合理配置、集约利用。四是生活便利。以高效、便捷为目标，着力引进和培育各具特色的商业形态，完善市场建设，规范生产、生活秩序，营造优雅、祥和的生活消费氛围。五是环境优美。以打造宜居环境为核心，强化城镇规划建设管理，围绕城镇绿化、净化、亮化、美化，加强环境保护和综合治理，发展循环经济、绿色经济和低碳经济，营造生态优良、清洁舒适、风貌各异的宜居城镇。六是保障一体。

---

① 第一批试点小城镇包括：福州市：闽侯县青口镇、荆溪镇、福清市龙田镇；泉州市：晋江市金井镇，南安市水头镇，安溪县龙门镇；厦门市：同安区汀溪镇，翔安区新圩镇；漳洲市：龙海市角美镇，长泰县岩溪镇；莆田市：荔城区西天尾镇，涵江区江口镇；三明市：永安市小陶真，龙溪县洋中镇；南平市：建阳市将口镇，武夷山市兴田镇；龙岩市：上杭县古田镇，永定县高陂镇，新罗区白沙镇；宁德市：福安市赛岐镇，福鼎市秦屿镇。

第二批试点小城镇包括：福州市：福清市高山镇、长乐市江田镇、连江县琯头镇；厦门市：集美区灌口市、海沧区东孚镇；漳州市：漳浦县社浔镇（古雷新港城）、南靖县靖城镇；泉州市：惠安县黄塘镇、安溪县湖头镇、晋江市东石镇；莆田市：仙游县枫亭镇、秀屿区埭头镇；三明市：梅列区陈大镇、三元区岩前镇；南平市：建阳市水吉镇、邵武市和平镇；龙岩市：漳平市永福镇、上杭县才溪镇；宁德市：蕉城区飞鸾镇、霞浦县牙城镇。

以强化公共管理和服务为重点，提升小城镇居民各类保障水平，加快建立适应小城镇特点的住房、医疗、就业、就学、养老、生活保障等制度，促进公共服务均等化，确保保障有效、保障到位。

2. 小城镇综合改革建设试点的主要任务

进行小城镇综合改革建设试点任务十分艰巨，要有长远眼光，本着高起点的精神，综合考虑城乡发展的各个方面。小城镇综合改革建设的主要任务如下：

（1）高起点编制规划。

坚持高起点、高标准、高质量编制好试点镇总体规划和专项规划，突出综合配套、科学合理、各具特色，经得起历史检验。试点镇要完成镇区总体发展规划的调整或修编，并与相关规划做好协调衔接。

一是制定试点镇规划。积极借鉴国内外小城镇规划建设的成功经验，立足于中心城市长远发展的需要和功能配套的总体考虑，组织相关力量，根据不同特色类别，制定试点乡镇规划编制，提高规划质量，提升规划统筹能力。二是实行分类指导。结合各地经济社会发展水平，发挥试点镇的区位、环境和资源优势，因地制宜，在规划的方向、布局和任务上各有侧重、突出重点。规划的编制应保持地域特色、文化特色、民俗特色，凸显建筑景观风格，探索形成各具特色的小城镇建设发展模式。三是加强规划管理和衔接。切实做好试点镇规划的编制、审批、修编、监督管理工作，严格依据规划指导各项经济社会活动，维护规划的严肃性和连续性。统筹编制经济社会发展规划、建设规划和土地利用总体规划，做到与基础设施、环境保护、社会事业发展等专项规划相协调。加强试点镇规划与县域规划、市域规划、省域规划的有机衔接。四是设立规划专项资金。各级财政要加大对试点镇规划编制的投入力度，把规划编制经费纳入各级财政预算，保证规划编制和实施工作的顺利推进。

（2）健全完善基础设施。

坚持区域统筹、合理布局、联建共享，根据每个试点乡镇的功能定位和发展规模，适度超前建设完善基础设施。

一是构建功能明确、等级结构协调、布局合理的试点镇道路网络，完善与周边高速公路、干线公路、铁路和港口的连接。二是按照"先地下、后地上"，不断完善地下管网、路面养护、路灯照明、公交站点、停车场等市政公用配套设施。三是参照城市电网标准并结合实际，按照适度超前的原则，加强供电设施的改造和建设，为试点镇发展及生产生活提供稳定可靠的电力保障。四是建设集中式供水系统，或通过与城市联网和区域联网的方式建设清洁可靠的饮用水保障设施，提高安全供水普及率。五是完善试点镇垃圾收集、清运、无害化处理体系，推广完善"户集、村收、镇运、县（市）处理"的城乡一体生活垃圾无害化处理运行机制或直接建设生活垃圾无害化处理设施，建设污水收集处理设施。六是推动试点镇的信息化建设，健全和完善广播、电视、互联网、通信等网络，建设电子政务、电子商务、电子金融等公共服务平台。七是结合各地自然灾害特点和发生频率，参照城市防范标准，加强防灾减灾设施建设。

（3）建立各具特色的产业支撑。

按照相对集中、资源优化配置和保护生态环境的要求，加快产业发展，壮大经济实力。

一是推进现代农业发展。发展特色优势农业，加强农业"五新"推广，用先进适用技术改造农业，促进农业产业化、种植规模化。发展农产品加工业，壮大农业产业化龙头企业，推动现代农业示范项目建设。建立一批特色农业产业基地。引导和扶持发展农民专业合作组织，提高农民的组织化程度和参与市场竞争的能力。二是培育壮大特色产业经济。充分发挥比较优势，根据区位、资源、交通和产业基础条件，培育壮大特色产业和主导产业，推进产业集聚和布局优化。着眼于未来产业竞争的需要，积极发展资源消耗低、带动系数大、综合效益好的战略性新兴产业。培育发展工矿型、商贸服务型、农产品加工型、交通枢纽型、旅游观光型等各具特色、各有侧重的经济强镇。加快发展面向生产和民生的服务业，促进现代服务业提高比重、提升水平。三是促进非公有制经济发展。创造条件，吸引更多的民营产业项目向试点镇聚集。鼓励农民进镇务工经商办企业。鼓励非公有制企业特别是科技型、创新型非公有制企业到试点镇落户。

（4）促进社会事业发展。

加大政府投入，加快教育、卫生、科技、公共文化、公共体育服务体系建设步伐，积极引导社会资金发展文化体育产业，提高试点镇的品位、层次和承载力。

一是调整优化教育布局，引入优质教育资源，全面提高教育质量。坚持初中向镇区集中，办好一所较高标准的中学；按照标准化要求建设中心小学，积极促进义务教育均衡发展；办好若干所优质幼儿园，方便学前教育；加强青少年校外活动场所建设。二是发展试点镇卫生事业，实施分类指导，按人口规模、分层级加强试点镇医疗机构建设，强化公共服务职能，提高综合服务能力，保证镇村居民享有基本医疗服务。三是鼓励、引导和发展新型社会化服务组织，推进以科学研究、技术推广、信息传递为主体的科技服务中心建设，健全农业技术推广、动植物疫病防控、农产品质量监管等服务体系。四是加快小城镇公共文化休闲设施建设，推进建设集文化站、图书馆、体育活动室等功能为一体的文体活动中心，具有游乐、举行文艺活动、集会等功能的中心广场，建设集娱乐、休闲、健身为一体的游乐公园。

（5）强化公共服务管理。

探索建立有利于城乡协调发展的经济调节制度、工作考评机制和目标管理体系，将政府工作重心转移到管理社会事业、维护社会安全稳定和提供公共服务上来，力争在转变政府职能上有新突破。

一是深化乡镇机构改革，加快建立行为规范、运转协调、公正透明、廉洁高效的乡镇行政管理体制和运作机制。探索推进小城镇综合执法管理。二是探索建立公共决策的民主参与机制，积极推行公推直选、镇务公开和民主选举制度。建立健全基层群众利益表述、诉求、协调机制和社会矛盾的预防、化解新机制。探索试行小城镇规划与建设项目公开征询意见制度。三是推进城市劳动就业制度和失业登记制度向试点镇延伸。以政府提供适当补贴的方式，根据城镇就业的实际需求有针对性地集中提供职业介绍、职业技能培训及劳务输出等相关服务。四是完善社会保障体系，探索建立符合试点乡镇特点、城乡衔接的养老保险制度、基本医疗保障制度和住房保障制度，大力发展以扶老、助残、济困、赈灾为重点的社会福利和慈善事业，建立健全新型社会救助体系。

（6）打造舒适的宜居环境。

注重试点镇发展与历史文化保护相结合，搞好环境整治与保护，加强环境监测和监督检查，努力建设资源节约型和环境友好型的新型小城镇。

一是建设低碳示范区。统筹协调好住宅小区、商贸街区、产业园区建设，科学设置工业生产环境功能区和居民生活环境功能区。严控高耗能、高污染、不具备安全生产条件的企业进入。推广节肥节药节水技术，实施保护性农业耕作。推广集约、高效、生态禽畜养殖技术。充分利用清洁能源，大力发展可再生能源，鼓励有条件的居民利用太阳能。二是加强环境综合整治。强化湖泊、水库和饮用水源地的水资源保护。有效控制工业、农业、生活造成的面源污染、大气污染和噪声污染。三是营造良好生态环境。做好天然植被的保护和恢复，落实绿化养护责任制。对重点资源开发活动制定强制性的保护措施，划定林木禁伐区、矿产资源禁采区、禁牧区等。加强风景名胜区、森林公园等资源的保护管理。四是做好历史文化保护。坚持"保护为主，抢救第一，合理利用，加强管理"，加强历史文化名镇保护，切实保护好古村落、古宅、特色民居和红色故居等文化遗产。重点做好文物修复、传统风貌街区整治等工程，不断提升试点乡镇文化品位。

（7）带动新农村建设。

小城镇建设和新农村建设同时并举，以小城镇建设带动新农村建设。大城市化带动农村经济发展。

发挥试点乡镇连接城市、辐射乡村的独特作用，带动周边农村发展，促进农民增收和生活质量的提升。

一是推动自然条件和生产生活条件差、分散且规模较小的村落向小城镇整体搬迁，积极探索农民安居、就业、失地补偿、社会保障的有效办法和途径。二是推进试点镇基础设施向周边乡村延伸，重点解决水、电、路和生活垃圾处理等问题，切实加强农村供电、通信、广播电视、路灯照明等设施建设，改善农村人居环境和村容村貌。三是促进公共服务向农村拓展。试点镇教育、文化、卫生、体育等设施与周边农村要实行资源共享，增强社会事业设施服务周边农村的能力，实现公共服务均等化。四是创造良好条件，推动周边农村人口向试点镇转移和集聚，促进农业的适度规模经营，增加农民收入。五是按照"生产发展、生活富裕、乡风文明、村容整洁、管理民主"的要求，指导推动辖区内新农村建设，科学规划村庄布局，有效整合空间资源，坚持"多予少取放活"，促进农村经济社会协调发展。

（8）创新开发机制。

围绕试点乡镇发展，积极稳妥地推进行政区划调整，完善领导体制和工作机制。鼓励试点镇创新投融资机制，按市场化模式筹措建设资金，形成多元投资主体，大力开展招商引资，走出一条在政府引导下主要依靠社会资金发展的路子。

一是探索组建政府主导的建设投资开发公司，统一负责基础设施和公共服务设施建设的投融资和经营管理，实行项目综合开发、滚动发展。二是积极培育和发展试点镇房地产市场，鼓励引进有实力的房地产开发企业，按照建设宜居城市综合体的要求，进行房地产成片综合开发。三是鼓励试点镇通过 BOT、BT、项目融资、经营权转让等方式，吸引社会资金参与试点镇公共基础设施和公共服务领域的建设和经营。积极探索部分公用设施逐步实行有偿使用制度。四是鼓励试点镇通过拍卖公共设施、公共场所、大型文化体育活动的冠名权、有限期承担企业广告等形式，增加试点镇建设的资金来源。五是坚持统筹规划，综合开发，加强配套建设，引导试点镇居民集中统一建设住宅，引导企业向工业园区集中，促进土地节约集约利用。

3. 小城镇综合改革建设试点的政策措施①

小城镇建设需要政府的支持，一方面依靠政府进行必要的投入；另一方面政府在政策服务等方面给予更多的支持。

（1）管理服务方面。

一是符合国家产业政策和省产业发展导向、符合城镇总体规划和产业布局的项目，各设区市政府要加强指导，特事特办，提供优质服务。二是对试点镇发展项目提供绿色审批通道，进一步规范审批行为，简化审批程序，减少审批环节，缩短审批时限，提高办事效率，促进建设项目早落地、早开工、早见效。

（2）财税方面。

一是完善试点乡镇财税管理体制，做到"一级政府一级财政"，健全试点乡镇财政管理机构。对试点镇新增地方级收入实行全留。二是支持企业在试点镇从事的公共基础设施项目和符合条件的环境保护、节能节水项目，其

---

① 《福建省人民政府关于开展小城镇综合改革建设试点的实旋意见》（闽政［2010］4号），2010年2月23日。

投资经营所得，自项目取得第一笔生产经营收入所属纳税年度起，第 1~3 年免征企业所得税，第 4~6 年减半征收企业所得税，按收入级次全额拨补前 3 年所取得的建筑安装业收入应缴纳的营业税。三是新入驻试点乡镇的大型商贸企业，自营业当年度起，其交纳的房产税、城镇土地使用税及企业所得税地方分成部分按收入级次 3 年内予以全额拨补。新入驻试点乡镇的金融保险企业，自营业当年度起，其缴纳的金融保险业营业税按收入级次 3 年内予以拨补 50%；自营业当年度起，其缴纳的房产税、城镇土地使用税按收入级次 3 年内予以全额拨补。

（3）土地方面。

一是试点镇的建设用地，在符合规划、项目落实、节约集约的情况下，国土资源部门在年度土地利用计划指标安排上予以优先保障，按批次报批农用地转用和土地征收的，在规模限制上适当放宽。因建设项目确需局部修改试点小城镇土地利用总体规划，规划控制指标在县域范围内平衡的。二是鼓励试点镇将农村建设用地整理复垦为耕地，通过城乡建设用地增减挂钩，相应增加城镇建设用地指标，并将城镇建设用地出让获得的部分收益，返回试点镇用于农村土地整治和新村、乡镇基础设施、公共设施建设。三是加强试点乡镇集体土地所有权、集体建设用地使用权和宅基地使用权登记发证工作。除宅基地之外，合法取得的集体建设用地使用权可以依法转让、出租和抵押。试点乡镇所在县、市（区）的有形土地市场应开展农村集体建设用地流转业务，通过公开规范的方式转让集体建设用地使用权，逐步建立城乡统一的建设用地市场。

（4）基础设施投资方面。

一是列入试点镇规划的供水、污水垃圾处理、公交场站、防洪排涝、义务教育、医疗和计生服务站、文体场馆、保障性安居工程等基础设施和公共服务设施建设项目，符合条件的，要列为各级政府重点建设项目。二是建立扶持和激励机制，通过贴息贷款、转移支付等方式支持试点镇公共服务设施建设。各县（市、区）每年要拿出一定数量的城市建设专项资金支持辖区内试点镇基础设施和公共服务设施的建设。三是试点镇建设用地的出让金，除按国家和省相关政策规定必须保证的支出外，全额用于试点乡镇的发展，优先支持基础设施建设。试点乡镇征收的城市维护建设税、基础设施配套费、污水垃圾处理费等税费，全部用于试点乡镇基础设施建设、维护和管理。

（5）房地产方面。

一是推进城市房产开发政策向试点镇延伸，切实保障试点镇房地产开发的用地供应，支持试点镇商品住房消费，因地制宜建设保障性安居工程，促进综合改革建设试点小城镇房地产市场健康发展。具体意见另行制定。二是减免房地产开发建设相关规费，降低房地产开发成本。对发展条件较差的乡镇，如山区试点镇可采取降低项目资本金比例等方式支持试点乡镇房地产开发项目建设。三是完善乡镇住房按揭和抵押贷款的各项配套政策，促进农民和农民工住房贷款业务的开展，方便农民转移就业。

（6）户籍和就业方面。

一是实行按居住地登记户口的户籍管理制度，居住在试点乡镇建成区内，有稳定职业或生活来源的人员，可申报城镇居民户口。二是选择在试点镇就业的农民，按本人意愿，其集体土地的承包经营权可以继续保留，也可有偿退还或转让。三是将试点镇纳入全省统筹城乡就业试点范围。整合"阳光工程"、劳动力转移、核心农户和农民创业等培训资金，建立试点镇公共就业服务体系。

（7）金融方面。

一是鼓励银行业金融机构向试点镇延伸分支机构。推动银行业金融机构之间加强同业合作，共同完善试点镇金融服务。支持试点镇发展新型农村金融组织。二是鼓励银行业金融机构在试点镇新吸收存款主要用于当地发放贷款。加快推进金融产品和服务方式创新，不断扩大有效担保物范围。支持试点镇发展多元化融资担保机构，积极推进金融机构与专业合作组织等中介机构合作。继续探索开展政策性农业保险工作。三是引导银行业金融机构有针对性地培育和巩固消费信贷的增长点。鼓励加强银商合作，推广银行卡使用。做好与惠农、惠民政策相关的配套金融服务工作。积极创新消费信贷产品，为试点镇居民扩大消费提供融资便利。四是扎实做好就业信贷支持工作，加大对试点镇具有比较优势的劳动密集型企业的信贷支持，发挥促就业小额担保贷款政策的积极作用，切实做好重点就业人群的金融帮扶工作。五是加大对自住型住房消费的信贷支持力度，鼓励普通商品住房消费。支持工业区和商业地产建设项目。

四、对十八届三中全会关于"三农"问题的理解

1. 建立城乡统一的建设用地市场

中共十八届三中全会通过的《中共中央关于全面深化改革若干重大问题的决定》（以下简称《决定》）明确指出：建立城乡统一的建设用地市场。在符合规划和用途管制前提下，允许农村集体经营性建设用地出让、租赁、入股，实行与国有土地同等入市、同权同价。缩小征地范围，规范征地程序，完善对被征地农民合理、规范、多元保障机制。扩大国有土地有偿使用范围，减少非公益性用地划拨。建立兼顾国家、集体、个人的土地增值收益分配机制，合理提高个人收益。完善土地租赁、转让、抵押二级市场。

长期以来，农村集体土地所有权与国有土地所有权地位不对等、集体建设用地产权不明晰、权能不完整、实现方式单一等问题已成为统筹城乡发展的制度性障碍。我国相关法律规定，农村集体所有土地的使用权不得出让、转让或者出租用于非农建设，农村集体建设用地不能单独设立抵押。除农村集体和村民用于兴办乡镇企业、村民建设住宅和乡（镇）村公共设施和公益事业外，其他任何建设不能直接使用集体土地，如要使用必须通过征收将集体土地变为国有建设用地。相关法律限制过多，导致农村集体建设用地财产权利实现渠道受阻，制约了农村集体建设用地市场建设，农民土地权益受到损害。有必要通过一定程序修改这些法律，盘活农村建设用地。

《决定》在以下几个方面的新提法有利于解决上述问题：首先，"同权同价"有利于实现农村与城市用地市场的统一，改变过去城市用地市场采用"招拍挂"制度，而农村用地市场则采用收购的方法，发挥市场在农村建设用地价格决定上应有的作用。其次，"多元保障机制"处于十分重要的地位。由于土地被征用之后，农民缺乏收入来源，而目前我国在征完地之后仅补偿宅基地上的房屋，导致农民养老负担加重。为解决这一问题，可将农民的土地收购与农民的就业结合起来，以福州大学城为例，被征用土地的农民安排进大学担任保安、保洁人员等，既能保障农民收入，又不致使其无所事事。再次，兼顾三者的土地收益分配机制有利于改变过去土地增值收益都归国家所有的状况，有利于失地农民的基本生活保障和土地收益权的实现。

总之，建立城乡统一的建设用地市场有利于健全要素市场，加快完善现代市场体系。有利于盘活农村集体建设用地，提高土地利用效率。有利于缩小城乡差距。有利于缓解城市建设用地供应紧张的局面，促进房地产价格逐步回归。

2. 健全城乡发展一体化体制机制

《决定》指出，城乡二元结构是制约城乡发展一体化的主要障碍。必须健全体制机制，形成以工促农、以城带乡、工农互惠、城乡一体的新型工农城乡关系，让广大农民平等参与现代化进程、共同分享现代化成果。

所谓城乡二元结构，就是在制度上把城镇居民和农村居民在身份上分为两个截然不同的社会群体，公共资源配置和基本公共服务等向城镇和城镇居民倾斜，农村得到的公共资源和农民享有的基本公共服务明显滞后于城镇和城镇居民，农民不能平等参与现代化进程、共同分享现代化成果。比如，在户籍制度方面，现行的二元户籍制度使得大量进城务工的农民无法在城市安家落户和融入城市生活，无法在就业、子女教育、医疗、社会保障、住房等公共服务领域享受同城镇居民相同的待遇。在基本公共服务制度方面，财政对农村公共设施建设、义务教育、公共文化服务、社会保障的投入明显低于城镇。

从理论上讲，农业和农村发展离不开工业和城市的辐射和带动；同样工业和城市的发展，也离不开农业和农村的支撑和促进。由于我国城乡二元结构的长期存在，导致城乡资源不能合理流动和优化组合，城乡要素不能平等交换，城乡公共资源配置严重不均衡，城乡基本公共服务严重不均等，使农村发展滞后、城乡差距拉大。因此，要实现城乡一体化发展就必须破除城乡二元结构。

3. 加快构建新型农业经营体系

坚持家庭经营在农业中的基础性地位，推进家庭经营、集体经营、合作经营、企业经营等共同发展的农业经营方式创新。在这一点上，我国仍然把握了改革开放以来的农业改革基本点，即家庭经营的基础性地位。如果改变这一基本点，意味着已分给农民的土地需要上交集体或国家，极有可能导致农民恐慌农业不稳。但是，若仅仅围绕农村家庭经营是远远不够的，毕竟现代化农业要追求规模效应，因此，需要发展集体规模、合作经营、企业经营等创新方式。

坚持农村土地集体所有权，依法维护农民土地承包经营权，发展壮大集

体经济。可以将承包经营权分为承包权和经营权两项权利。我国的土地权利
很特殊，没有私人土地权利，只将其分为两大类，一类是城市土地，归国家
所有，另一类是农村土地，在未被征购前全部归集体所有。但集体是一个很
模糊的概念，具体是归村、乡或是县并没有一个明确界定。正是因为不明确，
所以任何一级组织都可以做主。因此，土地公有制目前是不可以被打破的。
但对比西方国家在土地私有制的情况下，国家的建设发展效率偏低，土地公
有制仍有其优势。但权利得不到保障也是一个问题。农民在 20 世纪 80 年代
获得土地承包权，理论上说当时的承包权和经营权是同一种权利，但现在的
承包权和经营权可以适当分离。村若是将一块地分给某一农民，等同于这一
农民承包了这块地，且 30 年不变，这 30 年后再 30 年，再 30 年，当他的占
有权（即承包权）变成长期权利时，可以认为这种占有权变为变相所有权。
农民的长期承包权是不可能改变的，但经营权可以改变。当这一土地已无法
使用或是农民本人无法再继续经营时，经营权的转让可以避免土地荒废。因
此，就出现了如何能够使承包权和经营权分离的问题。

　　稳定农村土地承包关系并保持长久不变，在坚持和完善最严格的耕地保
护制度前提下，赋予农民对承包地占有、使用、收益、流转及承包经营权、
抵押担保权能，允许农民以承包经营权入股发展农业产业化经营。因为我国
暂不允许农民将土地进行抵押，农民的现有权利并不包括对外抵押、担保权
能，因此若农民在城市打工，土地荒废就成为必然。如果农民能够获得土地
的抵押、担保权能，那么农民土地的效率就能够提高，因此在这一方面放开
后，未来的局面会完全不同。

　　鼓励承包经营权在公开市场上向专业大户、家庭农场、农民合作社、农
业企业流转，发展多种形式规模经营。"流转"并未更换为"买卖"是由于
目前农民仍然只拥有土地的承包经营权。很多专家提出，若给农民确权就是
将土地所有权确权给农民，即农民有权进行土地买卖，将提高土地使用效率。
但这一重要建议应积极进行研究和探索。

　　鼓励农村发展合作经济，扶持发展规模化、专业化、现代化经营，允许
财政项目资金直接投向符合条件的合作社，允许财政补助形成的资产转交合
作社持有和管护，允许合作社开展信用合作。鼓励和引导工商资本到农村发
展适合企业化经营的现代种养业，向农业输入现代生产要素和经营模式。这

一条突出强调农村合作经营。规模化经营是农民未来富裕的必要条件，而规模化经营在体制上的一项改革就是合作经营。农民采取合作经营后，生产成本低，且产品隶属大宗商品，可以进行订单交易，使得卖出价更为理想。而单个农户只能随行随市，这对农民发展不利。

4. 赋予农民更多财产权利

保障农民集体经济组织成员权利，积极发展农民股份合作，赋予农民对集体资产股份占有、收益、有偿退出及抵押、担保、继承权。这里的集体资产严格意义上讲主要指土地资产，因为目前我国农村的土地资产仍是集体占有。可以赋予农民对土地资产的股份占有、收益、有偿退出及抵押、担保、继承权等权益。

保障农户宅基地用益物权，用益物权指的是非所有人对他人之物所享有的占有、使用、收益的排他性的权利，例如土地承包经营权、建设用地使用权、宅基地使用权等。农民目前最大的财产就是房子，但农村房子在银行是不可以抵押、担保的。改革完善农村宅基地制度，选择若干试点，慎重稳妥推进农民住房财产权抵押、担保、转让，探索农民增加财产性收入渠道。之所以要强调慎重稳妥推进农民住房财产权抵押、担保、转让，是由于农村现在的情况比较复杂。此前，中央文件规定一户农户能够获得一块宅基地，面积为 $100 \sim 120 \mathrm{m}^2$，但实际上由于农民多处占用或是将配套设施（例如厨房等）建在宅基地面积以外，农民实际占有的宅基地面积远超国家规定。因此，现在对所有宅基地确权就会破坏了整个国家的用地制度，需要对农户宅基地面积进行合格确权、分类，逐步完善农村土地制度。

建立农村产权流转交易市场，推动农村产权流转交易公开、公正、规范运行。实际上目前我国土地确权以后，一个完善的土地流转市场将成为农民土地财产权能否顺利实现的关键，也是提高农村土地使用效率的重要政策。目前，我国不少地方只有一个为土地流转服务的办公室或信息中心，或为土地流转双方提供信息服务的大厅，这远远不能满足以后土地大量流转的需要。至于农村产权交易市场，由于我国目前农村产权确权工作尚未完成，农村产权交易基本上是非法的隐性交易，健康有序的农村产权交易市场有待建立。为建立和活跃农村土地市场，完善土地交易二级市场、建立农村产权交易市场，应培育相关的中介公司，如土地交易所、土地信托公司、土地评估机构、土地整理公司等。

5. 推进城乡要素平等交换和公共资源均衡配置

维护农民生产要素权益，保障农民工同工同酬，保障农民公平分享土地增值收益，保障金融机构农村存款主要用于农业农村。现行的体制机制下，农民生产要素权益没有得到有效维护。劳动要素方面，进城务工农民没有实现同城镇职工的同工同酬，相同劳动岗位农民工所得收入只相当于城镇职工的一半左右。土地要素方面，城乡土地交换农民得到的补偿较少。统计显示，农民拿到的征地补偿款只占到整个土地增值收益的 5% ~ 10%。资金要素方面，农村存款资金大量流向非农产业和城市，农民长期面临"贷款难"。所以实现"三个保障"是维护农民生产要素权益的基本要求。

健全农业支持保护体系，改革农业补贴制度，完善粮食主产区利益补偿机制，完善农业保险制度。民以食为天，农业是安天下、稳民生的战略产业。但是，由于农产品特别是粮食的市场需求弹性和收入弹性不足，与工业品等其他产品相比缺乏市场价格优势，相同数量的土地和资金从事粮食等农业生产所能获得的收益要远远少于其他产业。因此，粮食生产大县、农业大县往往都是工业小县、财政穷县。因此，必须改革农业补贴制度，充分发挥农业补贴对提高农业特别是粮食生产能力的促进作用；完善粮食主产区利益补偿机制，通过财政转移支付等方式，加大对粮食主产区的支持力度，从根本上保护农民种粮和主产区发展粮食生产的积极性。

鼓励社会资本投向农村建设，允许企业和社会组织在农村兴办各类事业。社会资本投向农村建设，有利于弥补农村储蓄资金、劳动、土地等生产要素外流对农村发展的影响，有利于弥补公共资源配置的城乡不均衡对农村发展的影响。各行各业都要积极支持农村建设，企业和社会组织要采取投资筹资、捐款捐助、人才和技术支持等方式在农村兴办医疗卫生、教育培训、社会福利、社会服务、文化旅游、体育等各类事业，以多种投资方式建设农村生产生活基础设施，积极支持农村发展。

统筹城乡基础设施建设和社区建设，推进城乡基本公共服务均等化。这主要应该从以下几个方面入手：加大公共财政投入农村基础设施建设覆盖力度，统筹城乡义务教育资源均衡配置，健全农村三级医疗卫生服务体系，实施农村重点文化惠民工程，健全新型农村社会养老保险政策体系，加快农村社会养老服务体系建设，完善城乡均等的公共就业创业服务体系，整合城乡居民基本养老保险制度、基本医疗保险制度，推进城乡最低生活保障统筹发展，努力缩小城乡差距。

6. 推进农业转移人口市民化

创新人口管理，加快户籍制度改革，全面放开建制镇和小城市落户限制，有序放开中等城市落户限制，合理确定大城市落户条件，严格控制特大城市人口规模。稳步推进城镇基本公共服务常住人口全覆盖，把进城落户农民完全纳入城镇住房和社会保障体系，在农村参加的养老保险和医疗保险规范接入城镇社保体系。建立财政转移支付同农业转移人口市民化挂钩机制，从严合理供给城市建设用地，提高城市土地利用率。推进农业转移人口市民化，逐步把符合条件的农业转移人口转为城镇居民。

所谓的城镇化，就是伴随着工业化进程，农业人口不断向非农产业转移、向城镇转移，从而使城镇数量不断增加、城镇规模不断扩大、城镇人口比重不断提高的历史过程。发展经验表明，城镇化是现代化的重要内容和表现形式。目前，发达国家的城镇化率都超过了70%，美国、日本、德国的城镇化率分别达到82%、91%、74%。我国2012年按城镇常住人口计算的城镇化率为52.6%，按户籍人口计算的城镇化率仅为35.3%，大量农业转移人口处于半城镇化的状态，这不仅影响到了农业转移人口的合法权益，而且影响了社会阶层和谐与城镇化的质量。

推进农业转移人口市民化，必须建立完善相应的体制机制。过去我国的财政转移支付主要是按人口原居住地来支付的，重点转移西部。中共十八届三中全会提出建立财政转移支付同农业转移人口市民化挂钩的机制，这是中央提出的新精神。

7. 完善农村产权保护制度

产权制度是所有制的核心，产权是所有权的集中表现。健全归属清晰、权责明确、保护严格、流转顺畅的现代产权制度。公有制经济财产权不可侵犯，非公有制经济财产权同样不可侵犯。国家保护各种所有制经济权和合法利益，保证各种所有制经济依法平等使用生产要素、公开公平公正参与市场竞争、同等受到法律保护，依法监管各种所有制经济。

产权是以所有权为核心的一组权利，包括物权、债权、股权和知识产权等各类财产权。随着改革的深化和多种所有制经济的发展，不仅国有资本、集体资本不断壮大，个体、私营、外资等非公有资本和城乡居民私有财产迅速增加，各种资本流动、重组、融合日益频繁，投资主体多元化、各种所有制经济交叉持股的混合所有制经济已成为发展的必然趋势，各类财产权都要求有完善的财产保护制度作为保障。

就农村而言，2013 年 12 月 25 日召开的全国农业工作会议提出，力争用 5 年时间基本完成农村土地承包经营权确权登记颁证，因为承包经营的主体是农户，这也就意味着土地承包经营权将可以确权到农户，政策已经出台，关键就在于落实。但是目前关于宅基地和集体建设用地的使用权确权问题还没有相关的文件出台，我们建议尽早出台相关办法，把宅基地使用权以及农民房屋所有权确权到户，只有这样才能更好地保护农民的财产权利。

8. 推进城镇化健康发展体制机制

坚持走中国特色新型城镇化道路，推进以人为核心的城镇化，推动大中小城市和小城镇协调发展、产业和城镇融合发展，促进城镇化和新农村建设协调推进。优化城市空间结构和管理格局，增强城市综合承载能力。

我国城镇化过程中存在着诸多问题，突出表现在：首先，土地城镇化大大快于人口城镇化。2000～2010 年，全国城市建成区面积增长了 78.5%，而同期城镇人口只增长了 45.9%。这种大量占用土地的城镇化，给我国土地资源带来了严重的负担。其次，人口向少数特大城市集中的趋势越来越明显。特大城市人口过多造成了交通拥挤、空气污染、资源短缺、生态环境压力、生活成本过高等"城市病"。特别是一些高校毕业生不愿离开特大城市，相对数量的高校毕业生和其他年轻人居住在条件较差的城市边缘地区，形成大量"蚁族"，隐藏着很大的社会风险和隐患。

因此，要加快户籍制度的改革，推进以人为核心的城镇化。全面放开建制镇和小城市落户限制，有序放开中等城市落户限制，合理确定大城市落户条件，逐步把符合条件的农业转移人口转为城镇居民，稳步推进城镇基本公共服务常住人口全覆盖，让农业转移人口在城镇能够进得来、住得下、容得进、能就业、可创业。要严格控制特大城市的人口规模，提高中小城市对人口的吸纳能力。把培育和发展产业放在首位，以业立城、以业兴城、以产业带动就业，积极引导人口向中小城市流动，形成人口在各类城市和小城镇合理分布的良性格局。

| 第五章 |

国有企业改革

第一节　对我国国有企业的认识

　　对中国企业发展特别是国有企业发展的认识是研究中国企业发展的第一步。国有企业在 1992 年之前被称为国营企业，或者称全民所有制企业。中国的国有企业，不仅仅是指中央政府投资兴办的企业。包括省、市、县、区政府及国有事业单位投资兴办的企业，都属于国有企业。国有企业的资金来源，包括经政府批准从国有金融机构取得资金或者通过其他渠道筹集资金。也就是说，中央政府投资兴办的企业属于国有企业，地方政府包括市、县政府或城市的区政府投资兴办的企业也属于国有企业。由于国有企业实际上为不同层级的政府机构或各类国有单位投资兴办，所以国有企业实际上也由不同层级的政府部门进行日常管理，由中央政府部门管理的国有企业被称为中央国有企业，由地方政府部门管理的国有企业被称为地方国有企业。许多名义上的国有企业，实际上并不是由中央政府投资兴办，而且在日常生产经营方面和利益分配方面与中央政府并不发生联系。当然，在国有企业改革前，由于其性质是国家所有，上级政府有时会从下级政府上收一些国有企业的管理权或向下级政府下放一些国有企业的管理权，所以中央一级的国有企业可能变成地方国有企业，反之亦然。全面认识被称为"国有企业"这一企业群体，非常有助于人们理解国有企业改革的推进路径和推进方式。也正是因为当时国有企业的建立和管理体制的这种安排，使今天的国有企业改革并非一朝一夕能完成。

中国国有企业主要是1949年通过没收、赎买等形式建立起来的。中国的现代工业建立较晚，在1949年之前，我国现代工业形式包括：一是帝国主义在华资本，包括英国、日本、德国、俄国以及后来的美国，1895年之后，它们在中国建立了一些企业。这部分企业被称为帝国主义在华资本。二是官僚买办资本。中国的官僚买办资本形成于20世纪初，尤其是在1914~1918年第一次世界大战期间。由于帝国主义互相争战，没有时间顾虑中国，这时中国作为第一次世界大战的后方，官僚资本，尤其是以蒋介石为代表的"蒋宋孔陈"四大家族的财产迅速发展。三是极少数民族资本。我国的民族资本也是在20世纪初产生，但由于是在帝国主义和官僚买办资本的夹缝中生长，所以发展缓慢，只占了很小一部分的比重。可以这样说中国的无产阶级要比中国的资产阶级资格老的多，即中国是先有无产阶级，才有资产阶级，原因就在于中国自身的现代工业比外国资产在中国建立现代工业晚了将近20年。甲午战争之后，外国资本开始进入中国，而当时的中国还没有现代工业，中国的无产阶级是伴随着帝国主义在华资本的建立产生的。

新中国成立之后，对于这些旧工业，我国政府采取了两种办法，一是没收，主要没收的是官僚买办资本和帝国主义在华财产。这两部分资产的总量在100亿~200亿美元，规模并不是很大。二是赎买，即采取"公私合营"①的方式，付出一部分的利润和有偿的代价把整个民族资本赎买变为国有企业，实现从私人企业到国有企业的过渡。赎买在当时分为了两步，第一步是"四马分肥"，即将利润分为国家所得税、企业公积金、工人福利费、资方红利四个方面进行分配，资方红利大体只占$\frac{1}{4}$，企业利润的大部分均归国家和工人所有。到1957年，我国开始实行"定息制"，即以1957年核定的资产为准，之后每年企业主固定只能获得同1957年相同的利润，其余利润全部上缴国家，从而企业就逐渐变为国有企业。中国的国有企业主要是从这两个部分转化而来。此外，中国在战争年代也建立了一些规模不大的军工企业及其他

---

① "公私合营"：中国对民族资本主义工商业实行社会主义改造所采取的国家资本主义高级形式，大体上经过个别企业的公私合营和全行业公私合营两个阶段。

企业，它们在原来的解放区是公营企业，新中国成立后直接变成国有企业。因此，我国国有企业建立初期是通过没收、赎买、解放区内军工企业的转变三种方式来实现的。新中国成立之后，我国的国有企业得到了较大发展，1978 年前国有企业和集体企业这两种公有制企业占总企业数量接近 90%，那时的国有企业与计划经济紧密联系在一起，市场机制基本上不存在，企业不是根据市场信号而是根据政府的计划指标进行生产。同时，企业缺乏激励机制，导致国有企业员工普遍缺乏积极性，"企业吃国家的大锅饭，职工吃企业的大锅饭"的现象十分严重。因而，就提出了企业改革的问题。改革大致按利润分成、两步利改税、承包经营责任制、转机建制等四个步骤进行，其中的重点是转机建制。到了改革后期，特别是 20 世纪 90 年代后，我国找到了一个至今仍在沿用的改革方法，即建立现代企业制度。

第二节 1978 年以来的国有企业改革

1978 年以前，我国实行的是高度集中的计划经济体制，整个国民经济呈现出"行政性运行"的特点。在这种体制下，传统国有企业成了政府行政机构的附属物，整个国民经济机体相当于一个大企业，每个国有企业仅仅是这个大企业的车间或班组。1984 年党的十二届三中全会提出国有企业改革是我国经济体制改革的中心环节。1993 年党的十四届三中全会确立以建立现代企业制度作为改革目标以来，国有企业改革取得重大进展，取得了一系列成就和经验，但是国有企业改革的任务还远远没有完成，改革尚处在攻坚阶段。1978 年以来的国有企业改革实践大致可以分为以下六个阶段。

一、扩大企业自主权阶段

从党的十一届三中全会到十四大以前，国有企业改革一直在探索中前进，主要措施是放权让利，调整国家和企业的权责关系。从扩大企业自主权开始，使国有企业逐步成为真正意义上的企业。扩大企业自主权，一方面是将过去企业利润全部上缴改为利润分成，在利润分配上兼顾国家、地方、企业、个人的利益；另一方面是在统购统销、计划分配上打开缺口，允许企业在生产经营和管理上有更多的自主权，逐步发挥市场的调节作用。

1978年10月四川选择了宁江机床厂等6家企业进行扩权试点，取得了较好的效果，拉开了全国国有企业改革的序幕（见案例5-1）。1979年7月，国务院发布了扩大企业自主权、实行利润留成、开征固定资产税、提高折旧率和改进折旧费使用办法、实行流动资金全额信贷5个文件，并选择了首都钢铁公司等8家企业进行试点，随后试点范围进一步扩大，到1979年底，试点企业扩大到4200个，1980年又发展到6000个，约占全国预算内工业企业数的16%、产值的60%、利润的70%。[①]

案例5-1

四川宁江机床厂的放权让利和全国
第一份生产资料自销广告

宁江机床厂是四川省灌县的一个县办国有企业，其主要产品是机床，长期以来根据国家机械部下达的指令性计划组织生产，产品由政府物资局统购包销，企业不需要操心产品销路和原材料供应问题，也无权自行安排生产和销售产品。1976~1978年，该企业平均年产机床525台。1978年下半年，物资局通知企业将来年的生产量降到200台，但同时，企业却了解到许多地方买不到其生产的机床。经与省、市相关政府部门和国家机械部协调，宁江机床厂在保证优先完成国家下达的生产任务的前提下，可以根据市场需要自行安排生产和组织原材料供应，这部分产品由企业自行销售。1979年6月25日，宁江机床厂在《人民日报》刊登了国内第一份生产资料自行销售的广告，随后4个月就承接了国内外订货1400台，当年交货699台。宁江机床厂1981年的利润率比1979年增长77.8%，劳动生产率增长32.7%。

资料来源：张文魁、袁东明：《中国经济改革30年：国有企业卷》，重庆大学出版社2008年版，第8页。

[①]　张卓元、黄范章、利广安：《20年经济改革回顾与展望》，中国计划出版社1998年版。

早期的放权让利改革有力地促进了国有企业的生产积极性，但却使国家和国有企业的经济利益分配关系陷入困境，利润留成制度的实行，一方面促使企业不断向政府部门要求进一步扩大自主权以实现更多的产出和更多的留存利润；另一方面也会诱使企业就留成比例与财政部门进行讨价还价，甚至还会诱使企业虚构成本以隐匿利润，以尽量减少利润上交。实际结果是企业留存利润和职工奖金增加十分迅速，而上缴利润上升甚微，这就直接导致了国家财政在 1979 ~ 1980 年出现了约 300 亿元的财政赤字，这在当时是一个十分巨大的赤字。同时，企业之间出现了苦乐不均的现象，在价格体系未改革之前，企业的赢利水平与国家定价直接相关，对企业赢利水平影响甚大。

鉴于 1979 年、1980 年连续两年出现巨额财政赤字，以及受到中国农村普遍推行的各种形式的联产计酬责任制取得显著成效的启示。从 1981 年开始，国务院在扩权的基础上，对部分工业企业实行利润包干的经济责任制。到 1981 年底，全国实行工业经济责任制的企业达到 4.2 万多家。1982 年 4 月，全国工交工作会议肯定了经济责任制。经济责任制是扩权让利的继续和发展，它是在国家计划指导下，以提高社会经济效益为目的，实行责权利紧密结合的生产经营管理制度。

案例 5 - 2

福建省 55 位厂长发表公开信向
省委书记、省长"伸手要权"

1984 年 3 月 23 日，在福州东湖宾馆举行了福建省厂长经理研究会成立大会，在会上，55 位厂长经理给福建省委书记项南和省长胡平写了一封公开信，要求进一步扩大企业自主权。呼吁说，现行体制捆住了企业的手脚，企业处于只有压力、没有动力也没有活力的境地。国家放权不能只限于政府部门之间的权力转移，更重要的是把权力落实在基层企业。企业的潜力非常大，给一些自主权就可以发展得更快。省委书记给公开信加了标题"请给我们松绑"，并建议发表在《福建日报》上。公开信提出要给企业五项权力。第一，工厂正职由上级任命，副职由厂长提名上级考核任命，其余干部统统由企业自行任免，上面不要干预。第二，干部制度要破除终身制和铁交椅，实行职务浮动，做到能上能下。第三，企业提取的奖励基金，企业有权自行使用，上面不要干预。第四，在完成国家计划指标的情况下，企业自己组织原料生产的产品，允许企业自销。第五，改革企业领导制度，实行厂长负责制，扩大厂长权力。该文立即在全国各大报刊转载，被认为是拉开了国企改革的大幕。

二、两步利改税阶段

1983～1984年，国务院开始部署"利改税"改革。企业"利改税"改革大约走了两步。

第一步利改税从1983年4月开始，国务院批准了财政部的利改税办法，规定凡有盈利的国营大中型企业按实现利润的55%的税率交纳所得税，税后利润一部分上缴国家，一部分按国家核定的留利水平留给企业；1984年9月，国务院批准财政部试行第二步利改税办法，对原来的税制、税率进行了调整，并于1984年10月1日开始执行，改革的具体办法是：将工商税按纳税对象，划分为产品税、增值税、盐税和营业税，改进所得税和调节税，增加资源税、城建税、房产税、土地使用税和车船使用税。企业当年利润比核定的基数利润增长部分，减征70%的调节税，并由"环比"改为"定比"，一定7年不变。核定的基期利润扣除55%的所得税后，留利达不到1983年合理留利的大中型企业不征调节税，并在一定期限内经批准减征一定数额的所得税。国营小型盈利企业，按新的八级超额累进税率缴纳所得税后，一般由企业自负盈亏。①

第二步利改税使国营企业从"税利并存"过渡到完全的"以税代利"，税后利润由企业自行安排。这一时期的改革重点是"放权让利"。改革取得了一定的成效：一是政府把一部分权力放还企业，企业开始成为有一定经营自主权的实体，企业开始面向市场，以商品生产者和经营者的身份参与市场竞争。初步打破"大锅饭"，建立起劳动制度和分配制度方面的激励机制。但是，放权让利尚未触及旧制度的基本框架，企业作为政府部门附属物的地

---

① 张卓元、黄范章、利广安：《20年经济改革回顾与展望》，中国计划出版社1998年版。

位没有根本改观。让利政策的力度不大，企业仍然缺乏自我发展的能力。

三、承包经营责任制阶段

1984 年 10 月召开的党的十二届三中全会，提出要建立自觉运用价值规律的计划体制，发展社会主义商品经济。按照发展社会主义有计划商品经济的需要，决定全面推进以增强企业活力特别是增强国有大中型企业活力为中心的、以城市为重点的经济体制改革。并重新确立了国有企业改革的目标模式。这就是：要使企业成为相对独立的经济实体，成为自主经营、自负盈亏、自我约束的社会主义商品生产者和经营者，具有自我改造和自我发展能力，成为具有一定权利和义务的法人。围绕这一改革目标，从 1984 年底开始，我国国有企业改革进入了一个新的发展阶段，其主要特点就是提出了"两权分离"的改革原则，试图以此来促进实现政企职责分开和国有企业向市场主体的转变。

关于如何实现国企改革"两权分离"的目标，当时有种种不同的观点，最后确定通过承包租赁来促进改革。也就是在小企业主要搞租赁，在大中型企业中主要搞承包。1986 年 12 月，国务院颁发了《关于深化企业改革增强企业活力的若干规定》，强调深化改革要围绕企业经营机制进行，鼓励国企改革探索多种形式，主要包括股份制、租赁制、资产经济责任制、承包经营责任制等。承包经营责任制主要有以下五种形式："双保一挂"；上交利润递增包干；上交利润基数包干，超收分成；微利亏损企业的利润包干或亏损包干；行业投入产出总包干。

承包经营责任制的形式在开放的早期就试点过。1979 年 4 月，国家经委召集首都钢铁公司、天津自行车厂、上海柴油机厂等 8 家国营企业和有关部门负责人在北京召开座谈会，讨论国营企业管理体制改革问题，这次会议决定在 8 家企业进行扩大经营自主权改革试点。试点企业实行利润留成，开征固定资产税等改革。1981 年 7 月，在国务院和北京市政府的支持下，首钢改变了之前实行的国家与企业之间分成办法，实行承包制，即全年上缴利润 2.7 亿元定额包干，超过部分利润全部留给企业，并按照生产发展基金 60%、集体福利基金 20%、个人消费基金 20% 比例分配使用，1982 年经国务院批准，首钢开始实行"上缴利润递增包干"办法，即以1981年上缴利润2.7亿元为基数，每年递增6%，"包死基数，确保上缴，超包全留，欠收自补，国家不再给首钢投资"。这就是最早试点承包制的状况。

承包制是计划经济和市场经济双重体制下推行"两权分离"的一种既有效又简便易行的形式，承包制的基本原则是"包死基数、确保上交、超收分成、欠收自补"。在实践中没有改变企业的所有制，能实现与放权让利的平稳过渡，故得到了较快的发展。到1987年底，全国预算内国有企业已有78%实行了承包责任制，大中型企业达到了80%。1990年第一轮承包到期的预算内工业企业有3.3万多户，占承包企业总数的90%。① 接着又开始了第二轮承包责任制。与放权让利的改革相比，企业的自主权落实程度有所改进，政府的行政干预有所减少。在保证国家财政收入的前提下，企业获得了较高的利润留成率。调动了企业积极性，明显提高了管理效率和经济效应。但是，承包制没有涉及国有企业作为法人应有的法人财产权，并不能使国有企业成为自负盈亏的法人实体。承包制还导致了企业行为的短期化，企业只顾承包期出效益而忽视了中长期发展，易造成国有资产和利润流失。同时，在经济转轨时期，外部环境的不确定性造成了承包合同的约束软化，企业实际上负盈不负亏，国家仍然要承担亏损责任。承包制还有一个缺陷是每个企业承包的指标不同，甚至差别很大，无意中造成了企业之间的不公平现象。

为了促进企业经营机制转换，除了改进和完善企业承包经营责任制，还进行了税利分流和股份制的试点。税利分流最初于1988年在重庆试点。随后范围逐步扩大，1991年8月，财政部和国家体改委联合下发《国营企业实行"税利分流、税后还贷、税后承包"的试点办法》，对税利分流有进一步的促进作用。随后税利分流试点范围不断扩大，并取得了初步成效。我国的股份制改革试点开始于1984年，北京天桥商场率先成为股份公司，以后广州、上海等地也有少数企业进行股份制试点。股份制企业在当时主要有三种形式，一是以员工内部职工持股为主；二是以法人之间相互持股、参股为主；三是向社会公开发行股票。1992年5月公布了《股份制企业试点办法》等条例，促使股份制开始朝着规范化方向发展。②

---

①② 张卓元、黄范章、利广安：《20年经济改革回顾与展望》，中国计划出版社1998年版。

案例 5 - 3

厉 股 份

厉以宁是北京大学的经济学教授。从 20 世纪 80 年代后半期以来，他就大力倡导推行国家所有制改革，他认为，中国经济体制改革的成功必然取决于所有制改革的成功，应该用十几年的时间来完成所有制改革。改革国家所有制，主要方式是将国有企业改造成股份制企业。因此，中国必须大力发展股份制，只有通过股份制改造，才能使国有企业真正做到自主经营和自负盈亏，才能真正成为市场竞争主体。他因为当时大力倡导股份制，被外界称为"厉股份"。

资料来源：张文魁、袁东明：《中国经济改革 30 年：国有企业卷》，重庆大学出版社 2008 年版，第 52 页。

四、建立现代企业制度阶段

进入 20 世纪 90 年代，以邓小平"南方谈话"和党的十四大为标志，我国国有企业改革由放权让利、承包经营责任制进入了制度创新、机制转换，建立现代企业制度的新阶段。1993 年 11 月，党的十四届三中全会通过了《中共中央关于建立社会主义市场经济体制若干问题的决定》指出："继续深化企业改革，必须解决深层次矛盾，着力进行企业制度创新"。并且把现代企业制度概括为适应市场经济和社会化大生产要求的产权清晰、权责明确、政企分开、管理科学的企业制度，要求通过建立现代企业制度，使企业成为自主经营、自负盈亏、自我发展、自我约束的法人实体和市场竞争主体。[1]相应地，同年 12 月，第八届全国人大常委会第五次会议通过了《中华人民共和国公司法》，为建立现代企业制度确立了法律依据。

国有企业改革的实质，就是适应社会化大生产和市场经济的要求，寻找一条公有制与市场经济相结合的有效途径。建立现代企业制度，就是依照

---

[1] 张卓元、黄范章、利广安：《20 年经济改革回顾与展望》，中国计划出版社 1998 年版。

"产权清晰、权责明确、政企分开、管理科学"的原则，对国有企业进行股份制改造。在推进现代企业制度的工作中，产权清晰是基础，权责明确是关键，政企分开是保障，管理科学是重要着力点，使企业成为真正的市场竞争主体和法人实体是落脚点。四个方面是统一整体，缺一不可，他们构成了现代企业制度的基本特征。我国传统国有企业的根本制度缺陷是产权制度不合理。只要企业财产归全民所有，企业产权就无法人格化，财产的最终所有者就不能具体化。为了实现国有企业既保持国有制，又能自主经营的目标，国有企业的所有权和经营权必须分离，同时保持所有权对经营权的必要制约。股份制作为现代企业制度的典型形式，与其他企业组织形式相比，更能有效解决上述问题。首先，股份制可以引入多元投资主体，有利于所有权与经营权及最终所有权与法人财产权分离；其次，股份制企业通过建立规范的法人治理结构，能确保出资人到位，有助于克服"内部人控制"；再次，股市实行公开披露制度，股东和公众可以对上市公司的生产经营活动进行广泛的监督；最后，股份制可以使国有资本通过控股、参股等形式，将有限的国有资本集中到更重要的领域，用少量国有资本支配和带动更多的社会资本，扩大国有资本的控制力，对其他所有制经济的发展也有促进作用。

同时，把国有企业由过去的"只生不死"转变为"有生有死"，大力推行兼并、破产制度。破产制度是现代企业制度的重要内容之一。长期以来，我国的国有企业是负盈不负亏，在强调企业自主经营时忽视了由此造成的盈亏问题，当企业出现严重亏损，甚至资不抵债或丧失债务清偿能力时，国家依然采取财政扶持或关、停、并、转的方法，转嫁亏损或债务负担，造成国有企业"只生不死"。这种权责分离的状况，只会导致企业经营自主权的扭曲。允许企业破产是建立产权清晰、权责明确的现代企业运行机制的前提。1986 年 12 月，第六届全国人大常委会第十八次全会通过了《中华人民共和国企业破产法（试行）》。破产制度是促进商品经济活动健康运行的一种机制，为整个经济发展提供了一种淘汰落后的路径选择。党的十五大提出加快国有企业改革的一个重要环节就是"实行鼓励兼并、规范破产、下岗分流、减员增效和再就业工程，形成企业优胜劣汰的竞争机制"。可见，建立国有企业的破产、兼并机制要实现两个突破：一是国有企业职工下岗不再是禁区。二是债权人对自身利益的保护和追求。根据经济学剩余索取权和剩余控制权理论，企业在兼并和破产过程中的决策权应该由债权人主导。

总之，现代企业制度同传统的国有企业制度存在实质性的不同。通过建立和完善现代企业制度，国家依其出资额承担有限责任，企业依法支配法人财产，企业内部建立起由股东大会、董事会、经理层构成的相互制衡的治理结构；企业以生产经营为主要职责，有明确的盈利目标；企业按市场竞争的要求，合理划分企业边界，形成科学的企业组织形式和内部管理制度；企业的生产要素有足够的开放性和流动性，与外部的其他生产要素市场相配合，通过收购、兼并、联合、破产等资源的合理流动，优化企业结构，提升企业竞争力。但是，建立现代企业制度方面的进展还不能说是全局性和突破性的。国有资产"所有者缺位"，企业股权结构、治理结构不合理，企业办社会，职工"隐形负债"，融资渠道补偿以及企业组织形式和内部管理体制等方面的问题依然存在。

五、对国有经济实行结构性战略调整阶段

党的十五大提出了从战略上调整国有经济布局的任务，指出：国有经济起主导作用，主要体现在控制力上。对关系国民经济命脉的重要行业和关键领域，国有经济必须占支配地位。在其他领域，可以通过对资产重组和结构调整，以加强重点，提高国有资产的整体质量。这一理论创新说明，关于国有企业改革的指导思想发生了重大变化，摆脱了原来那种试图通过救活每一个国有企业来搞好国有经济的传统思维方式，把国有经济作为一个总体来考虑，着眼于从整体上搞好国有经济，提高国有资产整体素质。其中一个关键性举措就是：收缩国有经济战线，改组国有企业，调整国有经济的布局和结构。在传统计划经济体制下，国有经济的主导作用主要表现为国有企业在数量上占绝对优势，国有经济覆盖社会的每一个行业、每一个领域。因而发挥国有经济的主导作用与降低国有经济的数量比重，收缩国有经济战线是不能相容的。十五大提出的"国有经济控制力"这一概念，为在新的市场经济体制下认识和发挥国有经济的主导作用提供了全新的视角和判断标准，国有经济主导作用必须从单纯数量型向导向型转变，必须从提高质量和效益的角度加强国有经济。低质低效的数量对于发挥国有经济的主导作用没有实际意义。

收缩国有经济战线，正是要使国有经济向其优势领域集中，提高国有经济的控制力。从整体上搞活国有经济，不是指全部搞好搞活，整体搞活国有企业势必要求搞死部分在市场经济中生存无望的企业，要搞活国有企业和搞死国有企业并重。这是关系到能否真正搞好国有经济，搞活国有企业的思想解放问题。

在十五大的理论体系指导下，党的十五届四中全会通过的《中共中央关于国有企业改革和发展若干重大问题的决定》又进一步提出国有经济"有进有退，有所为有所不为"，作为国有经济布局战略性调整的指导方针。"进"和"退"的主体是国有资本，是产权。从这时起，国有企业改革的主流方式逐渐由过去的放权让利和法律形式调整转向了产权改革。"有进有退"是价值形态的退出与集中，这意味着，由国家或政府占有的那部分国民财富将从实物资产形态转变为价值属性的资本形态；"国有资产"产权的一般形态将首先表现为国有资本的产权，而不是国有企业的产权。在市场经济条件下，资本是一个可流动的概念。只有在资本形态上，国有资本才是一个不断流动着的财富量，国有资产才能完成自身的不断重组和不断优化配置。一方面，国有资本以利润最大化为目标，向真正需要其行使国有经济职能的领域集中；另一方面，国有企业产权结构，按照现代企业制度的要求走向多元化。

实践中，对国有经济进行战略调整，包括宏观和微观两个层面。一方面，宏观上减少国有经济的比例。《决定》明确了国有经济必须控制的四个行业和领域，即涉及国家安全的行业，自然垄断的行业，提供重要公共产品和服务的行业，以及支柱产业和高新技术产业中的重要骨干企业。这说明，今后国有经济将在这四大行业和领域中集中发展，控制这些命脉部门，在国民经济中发挥主导作用。在其他竞争性的行业和领域，国有经济可以适当退出，甚至不为，以便集中力量控制四大行业和领域。随着国有经济从非四大行业和领域逐步收缩和退出，国有资产在绝对量上有可能增加，但其相对量，即在经济总量中的比重将逐步降低。而非国有经济，特别是非公有制经济将获得更大发展空间，在经济总量中的比重将进一步扩大，非公有制经济可能占经济总量的30%或更多一些，这有助于进一步改善所有制结构。另一方面，在微观上减持国有股权的比重。《决定》提出除国有经济需要控制的具体领域之外，允许部分上市公司有条件地减持国有股。"退"在很大程度上有赖于国有股的减持。减持后的国有股逐渐进入流通领域，形成市场价值并真正反映企业的经营状况，使各生产要素的自由流动、优化资源配置成为可能。减持国有股作为深化企业改革的一项重要举措，其基本目的在于实现政企分开，转变企业的运行机制使其能够真正成为市场经济中的经济主体，为实现经济体制的根本转变奠定必要的微观基础。因此，减持国有股不能简单停留在减持上，而是从政企是否分开、企业运行机制是否转变的实效出发，具体讨论减持国有股的数量关系。减持是过程，退出是结果，只有着眼于企业运行机制和经济运行机制的转变，从这个角度出发来考虑国有股减持的问题，才能把"减持"与"转轨"协调和统一起来。

六、国有资产管理体制改革阶段

在原有的国有资产管理体制下，国有资产名义上归国家所有，实际上控制在各级政府各级主管部门手中，有的部门管企业职工调配（劳动人事部门），有的部门管企业管理层任免（组织部门、企业工委），有的部门管企业投资（计划部门），有的部门管企业技术改造（经贸委）等，他们直接占有和经营管理国有资产，被称为"五龙治水"。谁都想管，但如果企业出了问题，可能谁都想推卸责任。解决国有企业市场化问题的核心，在于政企分开，而政企分开的出路，在于改变政府作为国有资本所有权代表人的格局。一方面，政府不再承担监督和促进国有资本保值增值的责任，政府对企业只承担提供良好宏观经营环境的义务；另一方面，企业对政府的义务也简化为纳税和遵守行政法规，企业不再承担纯粹的社会功能。此外，政资不分也是阻碍国有企业市场化的重要原因。政府如果把大量精力用于国有资本管理，必然影响它的其他社会职能的发挥。中共十五届四中全会通过的《中共中央关于国有企业改革和发展若干重大问题的决定》提出："要按照国家所有、分级管理、授权经营、分工监督的原则，逐步建立国有资产管理、监督、营运体系和机制，建立与健全严格的责任制度""统一所有、分级行使、授权经营、严格监管"这一新型国有资产管理体制，由中央政府和省、市两级地方政府分别代表国家履行出资人职责、享受所有者权益。上述论述实际上提出了一个重大的理论命题，即谁是企业的"主人"。而企业的所有者是股东，所以股东是企业的主人。出资人拥有对企业及其资产的最终控制权，应当而且必须对自己的资产及其利用效率负责；企业运行要服从出资人的利益要求，维护出资人利益。市场经济下的企业，就第一位的经济动机而言，不是为了国家税赋增收，也不是为了职工就业，更不是为了替代政府职能来满足社会的福利要求，而是为了出资人的投资收益而办。出资人利益是企业利益的核心。这是市场经济条件下企业的运行之道，经营之道。从 20 世纪 80 年代初中期以来，国有企业实行"简政放权"、奖金"上不封顶、下不保底"，企业利润递增包干，拨改贷，厂长经理责任制以及让企业成为自主经营、自负盈亏的主体等种种改革尝试，实际上都是在试图搭建新的企业利益结构。但这一系列"微观主体改造"的努力之所以均未能取得预期的成功，根本缺陷就在于忽视了出资人利益，忽略了在出资人利益的基础上去强调企业利益的独立化。正是由于这些缺陷的存在，一段时间来，理论界一直为"所有者缺位"的难题所困扰。积累了诸多经验，现在我们终于确认了市场经济下的这一基本原则：出资人是企业的主人，企业是出资人的企业，经营者必须维护出资人的利益，处处为出资人着想，企业积累是出资人利益的一部分。

在政企分开后，要完善国有出资人到位制度首先必须坚持三个基本原则：一是充分发挥国有资产弥补市场缺陷的特定功能；二是充分实现国有资产的保值增值；三是坚持实行"统一所有、分级行使、授权经营、严格监管"，保证完善出资人到位制度的可操作性。在坚持三个基本原则的基础上，建立"三层次"的国有资产管理与运营新体制的基本框架，即在中央和地方各级人民代表大会下分别建立专职的国有资产管理监督机构，2003 年中央决定在国务院下专设国有资产监督管理委员会和各省市人民政府国有资产监督管理委员会。在中间层次组建国有资产投资运营机构，在基础层次对国有企业进行公司制改造，组建国有资产控股参股企业。从"五龙治水"管理格局改变为由政府下设的特设机构专司其职的模式，大大减少了各级政府对国有企业的干涉活动。

但要充分认识到，进行这次国有资产体制改革绝不仅仅是为了设立三级国资委，而是有两个更深层的目的。一是有进有退，"退"，即促使国资从分布过于广泛的领域中退出；二是改善需要留下来的国企的治理结构，这主要是建立比较规范有效的董事会制度并确立董事的受托责任体系。如果达不到这两个深层目的，国资体制改革就不能算成功。

第三节　对企业制度的认识

企业制度是在一定历史条件下形成的企业经济关系，是企业建立的制度构架，是指以产权制度为基础的企业组织制度和管理制度，是企业在运行中的一些重要规定、规程和行为准则。

企业制度有多种制度构架，个人业主制企业、合伙（合作）制企业、公司制企业等。

一、企业制度的类型

1. 个人业主制企业

个人业主制企业指的是由个人投资创办的企业，包括个体户、私营企业等。在中国，个人业主制企业的特点：个人投资创办、个人经营管理、个人承担经营风险、个人享有收益。例如小服装店、小食杂店等，都属于个人业主制企业，且其在企业数量上占绝对优势。

个人业主制企业是一种古老的企业形式，这一形式之所以能够生存数千年经久不衰主要是由于它具有以下三个优点。第一，决策快，效率高。由于该企业由个人创办、个人管理，企业的各项事务不需要与其他人商量，因而当遇到企业决策时能够在极短的时间内进行选择，省去了商量、讨论的过程，决策效率高。第二，规模较小，改变经营方式较易。个人业主制企业的规模一般不大，因而当企业经营困难或遇到更好的发展机会必须从某个行业跳到另一行业时相对比较容易，船小好调头。第三，经营灵活。由于个人业主制企业经营的商品一般较为简单，技术含量不高，不需要技术力量支撑，同时可以兼营许多业务，经营相对灵活。同时，个人业主制企业之所以能够长久生存是因为在实际经济活动中小规模有其客观适用性，因为并不是每一类型的企业都要做大规模，有时小企业规模往往就足够了。例如小服装店、小百货店、快餐店等的规模就不要太大，这样往往容易生存。

但是，个人业主制企业也有其缺点。首先，企业信誉度不高，对外筹资困难，因而当遇到个人资本不足时，难以扩大企业规模。因为个人业主制企业存在信息不透明的问题，因此当其需要扩大规模寻找合作伙伴时往往容易由于信誉度问题而受挫。企业要做强首先要做大，但是个人业主制这类小规模企业通常很难做大，因而也很难做强。其次，企业经营风险很高。因为这类企业主面临的是无限责任，一旦企业负债超过企业资产而面临破产时，企业主不得不使用家庭资产来清偿债务，甚至随时面临破产威胁。

2. 合伙（合作制）企业

合伙（合作制）企业指的是两人以上（含两人）的个人共同投资创办企业。合伙制企业的所有者是其合伙人。合伙（合作制）企业的特点可概括为四个"共同"：共同投资兴办、共同经营管理、共担风险、共享收益。

合伙（合作制）企业的优点主要是针对个人业主制企业而言，因为它能够部分克服个人业主制企业的缺点。在规模方面，虽然合伙（合作制）企业的规模仍旧较小，但相比个人业主制企业有所扩大，且信誉较高。此外，由于个人业主制企业是个人决策，而合伙（合作制）企业是集体决策，因此决策的正确性提高，经营风险相对减小。

合伙（合作制）企业的缺点主要有以下几点。第一，由于其为少数人合作，因此规模仍然有限。第二，由于参与决策的人可能在知识、经历、背景方面相差较大，因而在决策时可能产生意见分歧，久拖不决，从而造成决策效率降低。第三，出资人对债务仍负有连带责任，因而经营风险仍很高。合作制企业能够生存数千年，说明这种形式有其存在、发展的必然性。对于那些企业规模不需要过大，如小型连锁企业、事务所、农民组织、农业合作组织等采用合伙（合作）制企业形式可能是最好的组织形式。

3. 公司制企业

现代企业制度被称为公司制企业，公司制企业包括有限责任公司和股份有限公司两种基本形式。根据相关法律规定，有限责任公司的股东人数应在 2～50 人，而股份有限公司要求 2 人以上 200 人以下的发起人，对于股东人数没有规定。在现代市场经济中居于主导地位的企业形式是公司制企业，各国公司制度称谓的区别如表 5－1 所示。

表 5－1　　　　　　　　　　　　各国公司制度称谓的区别

英美		德国	日本	中国台湾	中国大陆
有限责任公司（LTD）	公司（公众）	股份公司	株式会社	股份公司	股份有限公司
	公司（私人）	有限公司	有限会社	有限公司	有限责任公司
有限合伙		两合公司	两合公司	两合公司	有限合伙企业
合伙制企业		无限公司	无限公司	无限公司	合伙制企业

资料来源：吴敬琏：《当代中国经济改革教程》，上海远东出版社 2010 年版。

公司制企业之所以被称为现代企业制度，是因为其有以下五个特点。第一，法人制度。所谓法人制度，是指依照法律建立起来的使企业人格化和获得独立法人地位的企业制度。它是现代企业制度的核心。此外，法人制度不是自然人，他能够使企业容纳更多的投资人，甚至无限的投资人，因此企业拥有了能够做大做强的制度基础。第二，有限责任。有限责任表现为两类，一类为投资者的有限责任，即以投资额为限承担债务，另一类为企业的有限责任，即以企业的资产为限承担债务。第三，委托代理。现代企业制度要求实行多层委托代理制度。一般为众多投资者委托股东会，股东会委托董事会，董事会再委托经理层，经理层再委托下属的中层管理层。委托代理制度是一个制度安排，他解决了公司做大后的决策效率降低的问题。因为投资者众多，若每一个投资人都参与企业决策，那势必使企业决策效率大大降低。决策效率一旦下降，必然危及企业的生存。第四，制衡机制。因为现代企业制度实行的是委托代理制度，因此层层委托代理每一层级都要分权，如图 5－1 所示。例如股东会，掌握着最高决策权，但它只能利用每年召开 1～2 次股东大会做出重大决策或对重大决策进行表决，董事会拥有日常决策权。高层管理层拥有经营管理决策权。分权就意味着可能产生权力腐败，为了使层层分权的权力受到制约，就需要建立一个监督机制或是制衡机制，例如建立监事会或是类似于监事会的组织，他们受到股东会的委托，主要监督企业高层，如董事会、管理层及财务总监。该机制的建立能够解决分权条件下的腐败问题，或者是权力的滥用问题。第五，转让制度。主要指的是股份（或股票）的转让制度。不是每个投资人（股东）都有权参加股东大会或董事会，只有极少数投资人参加股东会或董事会，有权决定公司的大政方针、重大决策等，绝大多数中小投资人虽然没有决策权，不能用手投票，但可以用脚投票，即通

111

过股份（股票）进行转让。投资者一旦发现企业出现了不可规避的风险，他们就可以通过转让股票的方式规避风险。

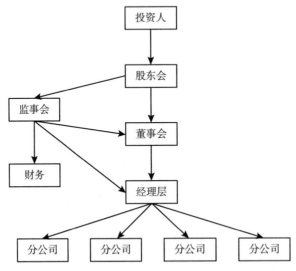

图 5-1　现代企业委托代理制度

公司制企业也有其缺点。首先，它的设立、破产等程序都比较复杂。设立一个有限责任公司起初必须成立一个前置组织，例如筹备组，然后由筹备组订立章程，再按照《公司法》规定的一整套流程去登记，若是成立股份有限公司就更为复杂，因为它需要做好公开发行股票等上市前的各项准备工作。此外，破产程序也相当烦琐，需要遵守包括一整套清偿程序等。此外，设立、破产的费用都相当高昂。其次，公司的财务状况及决策必须向全体股东公开，即向社会大众公开。若是上市公司，则每个季度需要向社会公布一次企业经营状况，且重大决策必须提前公告，因此，股份制企业毫无商业秘密可言，对目前竞争激烈的企业而言，这是非常不利的。最后，委托代理链条复杂，易产生内部人控制。由于委托代理链条很长，尽管有监事会监督，但若是监事会与董事会合谋，就可能损害股东的利益。

二、现代企业制度的特点

公司制企业即有限责任公司或股份有限公司均为现代企业制度。现代企业制度是以产权制度为基础的企业组织与企业管理制度。由此可以看出，现代企业制度注重产权的严格界定。此外，现代企业的组织制度和管理制度同原先的国营企业制度是不同的。组织制度涉及企业的治理问题，管理制度涉及企业的经营管理问题。治理问题包括现代企业的治理框架以及它和利益相关者（上下游企业、金融机构、政府等）之间的制度关系。现代企业制度的特点被归纳为"产权清晰，权责明确，政企分开，管理科学"十六个字。

1. 产权清晰

产权清晰的含义包括两点。第一，国有企业的财产与财产权力要明确划分。国有资产最初是来自于各级政府拨款，由于国有企业产权不清晰，企业的资产经常被无偿的划拨，国有企业家底不清，在企业改制中，首先要摸清家底。第二，在国有企业多元投资的条件下，投资者之间的产权边界必须清晰，许多国有企业产权边界是不清晰的，在改革中必须明确产权边界，即不同投资人之间要有合理的产权构成。混合所有制企业的产权清晰问题同样重要。

2. 权责明确

权责明确包括出资人（股东）权责明确与企业权责明确两方面内容：首先，企业是由多个出资人共同投资创办的企业，各出资人的利益并非完全一致，因而出资人之间的权责必须明确。其次，当多人投资形成一个企业整体后，这个企业整体被称为企业法人，企业法人有其独立的权责，因此，出资人权责明确与企业权责明确是完全不同的两个概念。

根据《公司法》第1章第4条规定，公司股东依法享有资产收益、参与重大决策和选择管理者等权利。其中管理者指的是高级管理人员，例如总裁、总经理、监事会主席、财务总监等。此外，公司股东还有转让股份的权利。以上四项权利中，比较难以解决的是重大决策权问题。重大决策权所包含的内容在整个改制过程中引起广泛争论，主要是在人事权方面，高层管理人员的任命必定属于重大决策，国有企业高管人员由投资人决定还是由政府组织部门决定是模糊的。而在财权方面，做一个多大的项目属于重大决策，这是一个较复杂的问题。每个企业因规模不同、性质不同，决策也不完全相同。同时，在改革初期国有企业基本处于亏损状态，因此资产收益权在当时基本没有得到落实。出资人责任主要是指以投资额为限承担债务。

企业作为一个独立法人，它的权利可概括为四个"自主"，包括自主经营、自主决策、自负盈亏、自我发展。尽管企业由多个出资人共同投资，但由于自主经营权的限制，出资人不可干涉企业的管理。既然授予企业自主权利，相应就必须有约束责任与其对应。企业的约束责任为资产的保值增值。出资人之所以将权利赋予经理人员，目的就是让经理人员实现资产的保值增值，资产的保值增值包括有形资产与无形资产两方面。对于国有企业而言有形资产的价值根据账表是比较容易清算的，但是无形资产对于国有企业而言是很难计算的。

3. 政企分开

国有企业的政企关系一直处于一种模糊状态：一方面，出于国有资产保值增值的考虑，政府依然以各种理由、各种身份（改制以前以行政长官的身份，改制以后则以国有股权代表的身份）对企业实施行政干预，结果政企不分现象仍十分普遍；另一方面，政府作为国有资产所有权代表，受信息、利益、人力等多方面因素的限制，并没有很好地履行所有者职责，相当一部分国有资产处于失控状态，"所有者缺位"和"内部人控制"现象严重，大量国有资产流失。政企分开是指政府对企业不进行直接管理，仅仅进行宏观调控以及提供公共服务。政府授权国有企业自主经营，对国有资产保值增值。政企分开是建立现代企业制度的保障。但是，国有企业经过了这么多年的改革。政企分开这一问题直到现在也没能得到彻底解决。

4. 管理科学

"管理科学"是一个含义宽泛的概念。从较宽的意义上说，它既包括了企业经营管理科学化和现代化，也包括了企业组织合理化的含义；从较窄的意义上说，"管理科学"要求企业管理的各个方面，如质量管理、生产管理、供应管理、销售管理、研究开发管理、人事管理等方面的科学化。管理致力于调动人的积极性、创造性，其核心是激励、约束机制。要使"管理科学"，当然要学习、创造，引入先进的管理方式，包括国际上先进的管理方式。对于管理科学问题，虽然可以从企业所采取的具体管理方式的"先进性"上来判断，但最终还要从管理的经济效率上，即管理成本和管理收益的比较上做出评判。

从国有企业的改革与发展来看，我国企业大致经历了以下五种模式，五种模式的不同特点如表5-2所示。

表5-2 　　　　　　　　　　五种企业模式的主要特征

企业模式	企业是产品的生产者还是商品生产者和经营者	企业的独立性	企业自主经营权	企业盈亏责任制	企业的财产权关系
第一种模式的企业（供给制企业）	产品生产者	无独立性	无经营自主权	无盈亏责任制	无法人财产权
第二种模式的企业（经济核算制企业）	产品生产者	有相对独立性	有一些自主权	无盈亏责任制	无法人财产权
第三种模式的企业（有简单再生产自主权企业）	产品生产者	有相对独立性	有简单再生产自主权	无盈亏责任制	无法人财产权
第四种模式的企业（有经营自主权的企业）	商品生产者和经营者	有相对独立性	有经营自主权	有盈亏责任制	无法人财产权
第五种模式的企业（有法人财产权企业）	商品生产者和经营者	有独立性	有经营自主权	有盈亏责任制	有法人财产权

资料来源：张卓元、黄范章、利广安：《20年经济改革回顾与展望》，中国计划出版社1998年版。

第四节　国有企业改革中存在的深层问题

在研究国企改革深层问题之前，首先应对国有企业改制有一个初步认识。国有企业改制是指改变原国有企业的体制和经营方式，即将国有企业改制为以下几种公司模式：国有独资公司；国有控股或是相对控股、参股公司；不设置国有资本公司；股份合作制企业以及中外合资企业。

国有企业的改制具体而言有以下几种表现形式：一是企业分立、合并，分立是指将国有企业的主要业务和辅助业务分离，合并是指公司兼并、重组等。二是改变所有制形式，将原国有企业转变为公司制企业，且若是与外资企业合资或是民营企业合资，那么该公司制企业中只保留了国有资本，而不存在国有企业这一概念。三是改变企业组织形式，将原国有企业转变为国有独资公司、有限责任公司等。其中，国有独资公司较为特殊，因为其不设股东会、董事会，而是设立执行董事。四是转变经营机制，将原国有企业进行企业化经营、市场化经营。

在国有企业改制过程中，深层次的问题不断暴露，我们认为国企改制中存在以下几个深层次的问题。

一、出资人缺位与越位并存

主要指政府作为出资人代表经常处在缺位和越位状态。这一问题的主要矛盾在于国有股权的控制权不明确，即直至现在国有资产的所有者人格化仍无定论。理论界普遍认为国有资产归国家所有，由政府代理，但国家、政府是一个抽象概念，所以国有股权实际上处于虚置状态，因而国有资产的代理人就相对模糊。目前存在多种代理人现象，如集团公司代理，国资委代理，国有资产经营及控股公司代理，行业主管部门代理，财政部门代理等多种代理形式，无论哪个部门代理，都不是真正的国有产权的所有者。所以，国有产权的所有人缺位问题一直存在。正是因为国有产权缺位，有些政府部门越位对国有企业干预的现象时常出现。如果产权虚置问题不解决，国有企业控制权的缺位与越位状况将长期并存。

二、股权结构过于集中

国有企业在改制时，绝大多数企业都选择改制为国有独资公司或是国有控股企业，从而导致国有独资企业过多以及国有股一股独大或是少数几家国有公司控股的现象普遍存在。一般而言，股份公司的股权结构有三种形式，即为一股独大、股权高度分散以及少数集团控股。股权高度分散是苏联国企改制的模式，它意味着将企业财产平均分给全国人民或国有企业全体职工。然而，由于股东众多，股权高度平均化，企业决策时参与人众多，企业无法做出决策，造成效率下降，从而导致股票价值下降。部分人员开始低价收购股票，最终形成了苏联若干个垄断集团控制整个俄罗斯经济，而这些集团的最大股东就是当初最早掘到金的人。因此，俄罗斯后来出现了一些控股大股东，造成了国家垄断资本问题。我国起初有不少学者提出采取股权高度分散的模式，但在发现苏联的失败尝试后，又转而提出管理层（MBO）收购，但这最终引发了"郎咸平风波"，管理层收购被迫叫停。因此，大型国有企业出于稳定考虑，最终采取了一股独大或是独资的模式。现在需要继续深化改革，可以适当增加多家国有或股份公司控股形式。

三、"内部人控制"现象严重

由于股权高度集中、所有者缺位等问题，执行董事或是少数大股东就成为股权代表，国企改制后又缺少独立董事、外部董事的有效监督，因此国有企业往往出现"弱股东，强管理层"的现象。"内部人控制"主要体现在改制过程中管理层利用其信息较多转移股份公司国有资产、过度投资以及过度消费等违背股东利益的现象。过度投资表现在部分上市公司控股股东的关联交易，即股东利用控股公司侵占上市公司资产，这种现象在我国国有企业上市公司中大量存在，见案例5-4。

案例5-4

国企过度投资与过度消费的"内部人控制"现象

贵州茅台酒厂过度投资

贵州茅台并不是整个集团上市，而是仅仅让贵州茅台酒厂上市，即实现最优质资产上市。在上市时，股价初始时为每股一元，但在开盘后飙升，甚至突破250元大关。随之而来的是贵州茅台酒厂的资产急剧上升。这部分资产在理论上属于贵州茅台酒股份有限公司，但是由于贵州茅台酒厂受到茅台

117

集团的管理，茅台集团的总经理兼任茅台酒厂的总经理，因此，集团就将这部分增加的资产挪到茅台集团公司使用，并用于茅台集团公司的其他方面。

中石油总经理过度支出消费

陈同海曾任中国石油化工集团董事长，中国石油化工集团公司总经理。他15岁参加工作，28岁大学毕业后被分配做地质员，不久被调往浙江省科委。1983年，陈同海被派往石油企业镇海炼化工作。1986年，他到浙江省和国家计委任职。1998年，他进入中石化担任集团副总经理，2003年初出任集团总经理，不久当选上市公司董事长。有媒体指出，陈同海作为中国第一大企业的掌门人，在集团内部任意挥霍，日均挥霍超过4万元。监察部、国务院办公厅曾找他谈话，陈同海竟然回应："每月交际一二百万元算什么，公司1年上缴税款200多亿元。不会花钱，就不会赚钱。"这句话后来成为陈同海的一句"名言"。最终，北京市第二中级人民法院对中国石油化工集团公司原总经理、中国石油化工股份有限公司原董事长陈同海做出一审判决，认定陈同海犯受贿罪，判处死刑，缓期两年执行，剥夺政治权利终身，并处没收个人全部财产。

四、经理人员激励与约束"双重软化"

在改制初期，国有企业的高层管理者是由政府组织部门任命而非董事会决定的。而由组织部门任命的这些干部就同时要在行政上对国家、政府组织部门负责以及在经济上对企业负责，这就导致了行政上"超强控制"和产权上"超弱控制"同时并存的问题，即高层管理者在行政上必须绝对服从组织部门的安排，股东的利益被忽视。部分经理人就利用行政上的"超强控制"来转嫁经营风险，即当企业出现亏损时，他将经营失败的责任完全推卸给政府。但同时，他又利用政府在产权上的"超弱控制"在企业内部追求自己的利益。这种"双重软化"造成国有企业高管在企业中无法真正体现其经营能力，无法正确地评价经营者业绩。造成这些年国企高管收入过高，出现两极分化。

五、公司外部治理机制发育不全

第一，外部监督不够。国有企业改制中"内部人控制"时常存在与缺乏外部监督相关。例如，银行无法监督国有企业，只要国有企业的贷款有政府干预，银行就必须放贷，然而当国有企业无法还清这笔贷款时，政府部门对这笔贷款却采取无视的态度，由此造成国有银行的不良贷款大量增加，加重了金融风险。第二，公司的并购市场对公司实施的监控有限。一般而言，若是公司经营不善，公司的股价会不断下跌，当股价跌到一定程度后，会有别的企业将该经营不善的企业收购，然而国有企业为防止资产流失，无法被收购。第三，国有企业对经理人市场的依赖程度低。股东会需要聘请职业经理人来管理企业，但国有企业并没有或只是在很小程度上依赖经理人市场，大部分管理者由组织部门直接任命。

六、委托代理链条过长影响效率

国有企业的财产是全民的财产，因此其委托人是全国人民代表大会，人大又委托政府，政府委托国资委，国资委再委托投资公司或控股公司，由此可见，国有企业的层层委托链条过长，且在这一整个委托过程中，只有出资人代表，没有真正的产权所有者，即没有真正的投资人。过长的委托链条意味着层级过多，从而导致效率低下，尤其是在需要做出重大决策的时候，决策失误是不可避免的。

七、国有资产流失

在国有企业改制中要防止国有资产流失。国有资产流失存在以下六种形态，分别为隐性流失、静态流失、贬值性流失、职务性流失、市场性流失和无形资产损失。

1. 隐性流失

隐性流失分为多种情况。第一，企业在购销活动中收取回扣。国有企业采购部门向部分供应商或上下游企业收取回扣的现象。第二，在租赁承包中负赢不负亏。国有企业承包人或租赁人在承包租赁期间只负赢不负亏，部分人员将亏损责任推卸给宏观经济形势等外部原因，而极少反思自身的经营策略存在的问题。相反，当承诺实现时，他们可能将一切经营成果归功于自身的经营有方。第三，低估国有资产原值。当国有企业与外资企业或是民营企业合资时，国有企业的管理人员通过低估国有资产原值，提高外资企业或民营企业的股权占比的比例，并通过从外资企业或民营企业给予的个人分红中实现自身利益最大化，而不顾企业贬值。第四，在资产重组时"空手套白狼"，即外方在掌握控股权后将国有企业的资产挪走。第五，与家族企业做生意转移财产。国有企业的管理人员与家族企业业务往来频繁，将国有企业的部分业务以低价的形式转让给家族企业，或高价收购家族企业产品造成资产流失。第六，应收而未收的货款体外循环。国有企业在运营的过程中会产生大量应收账款，这部分应收而未收的账款就可以在国有企业的账外循环。2004 年的"郎顾之争"实质就是国有企业改制是否造成国有资产流失，见案例 5 -5。

案例 5 -5

2004 年的"郎顾之争"

2004 年 8 月，香港中文大学教授郎咸平在上海复旦大学发表题为《格林柯尔：在"国退民进"的盛宴中狂欢》的演讲，指责格林柯尔董事长顾雏军在收购企业时侵吞国有资产，席卷国家财富。此前，郎咸平还在媒体发表长文，抨击海尔集团曲线 MBO，实为管理层侵吞国资之举。郎咸平呼吁立即停止国有企业产权改革，宣称"国企不进行产权改革也可以搞好"，国内不少经济学家卷入了这场争论，营垒分明，有的认为郎咸平的思路完全正确，有的认为郎咸平是哗众取宠。不过，郎咸平的观点在互联网上得到了大多数网民的热烈支持。

2. 静态流失
静态流失主要分为两种情况。一是新官不理旧账，即新任企业领导层不理原国有企业已欠旧债，即新班子对于前任领导人因错误决策而造成的资产损失不予理会。例如前任领导人错误添购了一台新设备一直未使用，若是一般民办企业即使低价转让也会对其做出处理，然而国有企业因考虑到低价处理后会导致当年企业利润下降等问题，采取挂账形式从而造成了更大的损失。一任接一任领导人的更迭，使得闲置资产不断累积，不断贬值，资产也就不断流失。在20世纪90年代中期做过统计，仅商业部和粮食部的坏账就超过当时1年的财政收入。二是企业的"楼堂馆所"的修建。国有企业修建了大量礼堂、俱乐部、剧场等，但其使用效率较低，却又有较高的折旧费用。

3. 贬值性流失

国有企业在合资过程中与外资企业谈判，因把关不严上当受骗购入旧设备等造成国有资产贬值。此外，部分国有企业因享受出口退税的优惠政策，制造假出口将其设备先出口至香港等地再重新购入，流转一圈之后成本增加，资产贬值。

4. 职务性流失

造成职务性流失的原因有两类。一类是玩忽职守，例如国有企业的借款无法回收，或是国有银行高级管理人员的审批贷款长期无法回收等。另一类是政府或国有企业高管人员决策失误，2004年国家统计局对新中国成立以来近50年政府决策失误率做过统计，失误率约占50%。决策失误类原因造成的国有资产流失大量存在。

5. 市场性流失

市场性流失主要是指在公开拍卖国有资产时没有按市场价值进行拍卖、应收债权不能实现和在资产评估中暗箱操作、自买自卖、虚假评估。例如，当一家国有企业破产后，银行贷款理所当然地予以核销。"破产有利""先分后破"的现象相当严重，破产企业中的资产流失，已成为国有资产流失的主渠道之一。

6. 无形资产损失

无形资产损失涉及无形资产的评估问题。改制之前，无形资产在我国得不到国家和社会的承认，就现阶段而言，由于商业价值和品牌价值无法参考其市场价值，且专利、商标等的具体评估方式无法确定，因此评估无形资产的难度很大，很多企业的无形资产尚未评估入账，企业的权益无从体现，商标权、专利权等无形资产流失于账外。自然资源未纳入国有资产管理体系，土地未被列入固定资产，频频被蚕食侵占，招商引资不作价，流失严重。

在改革中，一方面我们要防止国有资产流失；另一方面我们也要认识到以下六种情况均不属于国有资产流失：

（1）企业分离办社会的开支。在国有企业创办过程中包含有大量非经营性资产，如企业办教育、企业办医院、企业办社区等社会资产，因此在改制过程中必须将企业同其社会资产分离，而在分离过程中需要的正常经费开支，例如场地置换费用、职工安慰金等，均不属于国有资产流失。

（2）离退休人员的社会保障。国有企业有大量离退休人员，在改制中需要企业负担一部分改制费用。

（3）企业职工买断身份的补偿金。国有企业改制后，职工的身份也发生变化，即从国有企业的职工变为股份制公司的职员。当时国家出台了一项政策，即以不超过原月工资20倍的补偿金买断其国有企业职工的身份，之后再令其与股份制公司签订协议。这部分因买断国有企业职工身份而支付的补偿金不属于国有资产流失。

（4）内退人员的保障费用。内退人员指的是国企改制从国有企业变为股份制公司时，部分人员因无法适应工作强度的改变而选择在原公司提前退休。这部分人员的保障费用很低，同时也不计入国有资产流失。

（5）支付由于长期亏损拖欠职工的工资福利或医疗费。国有企业改制时，将资产重新组装后能够筹得一笔资产，可以将其用于支付拖欠职工的工资或医疗费，不计入国有资产流失。

（6）难以回收的应收款。即有些债务人已不知去向或是长期沉淀的企业呆账、烂账等，不计入国有资产流失。

第五节　国有产权制度改革

一、产权的特点及功能

产权是指法定主体对财产的所有权、占有权、使用权、处置权和收益权的总称。其中所有权涉及财产的归属问题，占有权是指占有某物或某财产的权利，处置权和收益权是由所有权产生的。四种权利并非并列关系，所有权在产权中占主导地位，但这四种权利经常存在不匹配的现象。例如在理论上，财产是由其所有者进行处置并获得收益，但在实际生活中，由于产权不清，占有权虽然只是一个临时权利，但在长期占有的前提下，占有权往往有可能获得近乎于所有权的权利。因此，产权改革的第一步就需要将产权的边界界定清楚。按科斯观点，政府的职能就是界定产权，政府将产权界定清楚能够减少社会交易成本。

产权具有两大特点。首先，产权具有排他性。其次，产权代表一组权利（物权、债权、人力资本产权、股权等）。

产权具有多项功能，但其主要的功能有，首先，产权具有激励功能。产权界定明晰时，它会给予其所有者带来收益或是损失，而这些收益和损失就会成为产权所有者的内在推动力。有效的产权能够明确界定行为主体获取收益的权利，或是令产权主体减少损失的权利，因此它被称为对产权所有者的激励作用。其次，产权具有约束功能。明确产权即明确责任，因而防止了因产权主体不明确而导致的滥用权利的现象。典型的例子就是公有地的悲剧。再次，产权具有配置资源功能。由于产权具有激励与约束功能，因此，一旦产权确立后，产权的流转就能够实现资源的有效配置。最后，产权具有协调功能。市场经济下财产关系复杂多样，这就要求社会对各种产权主体进行定位，以建立和规范财产主体行为的产权制度，从而协调人们的社会关系，保证社会秩序规范、有序地运行。

二、产权制度主要类型

党的十六大提出产权制度特点为"归属清晰，权责明确，保护严格，流转顺畅"。归属清晰即明确界定产权的归属，确定产权的一系列规则。权责明确即明确界定出资人、生产者、经营者的权利与责任，尤其是对于各类产权而言。保护严格意味着不仅要严格保护公有产权，也要严格保护私有产权。流转顺畅即必须依法交易，防止资产在流转时流失，尤其是国有资产。

产权制度主要分为四种类型：个人私有财产制度、自然人企业制度、合伙合作制企业制度、法人产权制度。

1. 个人私有财产制度

个人私有产权是指个体经营或个体户等产权占有形式，主要特点是企业经营资产与个人消费资产两者合一，企业的所有者、经营者、劳动者三者合一。例如小服装店、小饮食店等。

2. 自然人企业制度（私营企业）

私营企业主要分为独资企业、合资企业、家族式控股企业。独资企业是个人独立创办的企业。合资企业是指多人共同创办的企业。家族式控股企业是合资企业的一种，但它可能是由某一家族或是某一方掌握绝对的控股权。私营企业有三个特点：第一，企业的财产主要集中在企业主手中。第二，所有者与经营者逐渐分离。企业在扩大规模后，往往会聘请职业经理人对其进行经营管理，而所有者成为单纯的后台老板。第三，企业资产规模仅限于企业主投资，企业发展受限于企业主的资产规模。

3. 合伙合作制企业制度

合伙合作制企业的所有权与经营权是统一的。它同私营企业的主要差异在于参加合伙合作制的企业的个人权利平等，不存在某一人（企业）控股企业。在企业内是一人一股，同股同权。在企业经营管理中，合伙人之间一般有分工。

4. 法人产权制度

法人产权制度主要体现在股份有限公司和有限责任公司两种公司制企业。目前我国大部分国有企业都采取法人产权制度。它的特点包括所有权与经营权分离、法人财产权与经营权统一，企业内部的代理制度，企业权力制约机制等。

三、国有产权制度改革

1. 我国国有产权制度

目前，我国的国有产权制度有三大特点。第一，产权归属仍较模糊。具体表现为政企不分，一些政府部门或个人都可以干预企业经营活动而又不必承担责任。第二，产权高度集中。国有产权是国家的，由政府作为代表，但具体由谁代表政府仍未知。目前仅知由国资委作为出资人代表。但国资委是一个政府部门，是政府特设机构，因此产权是高度集中在国资委及相关控股公司手中，企业的重大决策权也被控制在他们手中。第三，产权呆滞、流动困难。我国国有企业在现阶段大多是独资或是控股公司，因此让国有产权具有流动性是十分困难的。

2. 国有产权制度改革的思路

由于以上三大特点的存在，目前我国的国有产权制度改革难度很大。在此仅提出几条改革思路。

（1）国家更多地考虑资产的保值增值问题，即资产的增加、减少问题，而不必考虑其是否为国有企业，只要国有资产保值增值，国有企业就在发展，政府要转变管理思路，从抓国有企业到主要抓国有资产。十八届三中全会中提出，在未来，我国的国有资产将仅在资产层面上操作，即仅仅考虑国有资产在某一企业中的占有比例。若该企业绩效优异，那么国家对其加大资本注入，反之则撤出资本，注入其他绩效优异的企业，从而可以将国有资本更多投向关系国家安全、国民经济命脉的重要行业和关键领域，重点提供公共服务、发展重要前瞻性战略性产业、保护生态环境、支持科技进步、保障国家安全。此外，我国还要改革国有资本授权经营体制，组建若干国有资本运营公司，支持有条件的国有企业改组为国有资本投资公司。

（2）股权多元化。由不同的国有资本投资公司控股，防止将国有资本过度集中于个别行业与企业。

（3）由于我国目前的社保基金存在缺口，因而可以考虑变卖部分国有资本，并将所得用于补充社保基金。

| 第六章 |
财税体制改革

财政是国家治理的基础和重要支柱，具有资源配置、收入分配、经济稳定与发展职能。财税体制在治国安邦中始终发挥着基础性、制度性、保障性作用。我们党历来高度重视财政工作与财税改革，在建立适应中国特色社会主义发展要求的财政制度方面进行了不懈探索。

财税体制是指政府以税收作为主要财政来源以实现政府职能的相关举措和制度。财税关系一般可以简约地反映非政府部门（如企业、个人等）、政府系统内部各层级（如中央与地方）之间的相互关系。规范、约束政府与非政府部门之间相互关系的制度安排主要有税收制度、规费制度、国债制度、投资制度、财政补贴制度、社会保障制度等；规范、约束政府系统内部各层级之间相互关系的制度安排则主要表现为狭义的财政管理。

中国财税体制主要围绕着集权与分权，激活地方与加强中央调控力度这两个矛盾进行的改革。一般来说，集权于中央则有利于中央的宏观调控，但是同时又导致地方的财政自主性下降，不利于地方政府灵活地发挥政府职能。分权给地方则有利于地方政府职能的发挥，但是，加大了中央调控的难度。

第一节　改革前的财税制度

新中国的财税制度是在 1950 年确立的[①]。从新中国成立伊始到改革开放

[①] 为了统一全国税政，建立新税制，中央人民政府于 1949 年 11 月在北京召开了首届全国税务会议，制定了《全国税政实施要则》，并于 1950 年 1 月公布施行。

之前，根据不同时期的政治经济形势，经过不断调整，我国逐步形成了与计划经济体制相配套的高度集中的财政管理制度。传统体制下财政体制的基本指导思想是：统一领导，分级管理。统一领导是指中央的统一领导，主要包括政策统一、计划统一、制度统一。政策统一，指国家关于财政经济的路线、方针、措施必须统一，并在全国各地贯彻执行。计划统一，指国家财政收支计划的统一。中央、地方都按统一要求编制财政收支计划，纳入国民经济和社会发展计划，统一组织国家预算编制、执行和决算工作。统一制度，指重要财政法律制度由中央统一制定。分级管理，指在保持中央统一领导的前提下，给各地区、各部门和单位一定的财权、自主权，以调动其积极性，促进地方经济和各项社会事业发展。我国在 1952 年、1954 年、1958 年和 1971年，曾多次改革财政管理体制，下放财权，但由于种种原因，未达到预期目的。在党的第一代中央领导集体中，毛泽东、周恩来、邓小平、陈云等领导人，曾多次提及要给各地区、部门和单位一定的自主权。1956 年 4 月 25 日，毛泽东在《论十大关系》中专门讲到中央与地方关系时指出："应当在巩固中央统一领导的前提下，扩大一点地方的权力，给地方更多的独立性，让地方办更多的事情"①。但受经济工作指导方针严重失误的影响和极"左"思想长达十年之久的"文化大革命"的冲击，这些主张并未很好地在现实工作中得到积极探索和完善，在统一领导与分级管理的关系上，经历了"一放就乱，一收就死"的循环。总之，在改革开放以前的计划经济时期是基本保持了中央高度集中的"统收统支"财政集权模式。

一、高度集中的财政管理体制

首先，在预算管理体制方面，在传统体制下，预算管理以机关、企事业单位的行政隶属关系为标准，划分中央与地方财政收支范围，即属中央管理的企事业单位、行政机构为中央财政收支范围；属地方管理的企事业单位、行政机构为地方财政收支范围。那个时期，讲放权，就是一大批企事业单位下放地方；讲集中，就代表着一大批企业上收中央。在预算管理权限划分上，

---

① 中共中央党校编：《马克思主义经典著作选读》，中共中央党校出版社 1980 年版，第 462 页。

主要管理权集中在中央，地方管理权限较小。

其次，在税收管理体制方面，税收管理权主要集中于中央，地方税收管理权很小。具体来说，立法权集中于中央，地方没有立法权，税收条例、实施细则都由中央颁布，各地区只能制定某些具体执行办法；解释权与立法权相对应，也集中于中央；开征、停征权由中央统一掌握，地方无权开征新税，未经中央批准，也不能停征已开征税种。下放地方管理的地方性税种，各地区有较大管理权限，但不能随意停征；税目税率调整权，以中央为主，但地方有一定调整权，如农业税的地区差别比例税率，各地区可根据上级下达的平均税率，结合实际情况确定；减免税权主要由中央和省、市、自治区两级掌握，各地区有一定减免权。

再次，在国有企业财务管理体制方面，财政对国有企业实行统收统支的财务管理体制，概括地讲就是：利润全上交，亏损国家补，投资国家拨，福利按工资比例提。

最后，在基本建设财务管理体制方面，财政对基本建设实行无偿拨款管理体制。在传统体制下，基本建设支出居各项支出首位，财政成为最重要的社会投资主体，基本建设财务管理体制对国民经济运行和国民经济发展计划，具有举足轻重的影响。新中国成立后，对基本建设财务管理体制进行了多次改革尝试：1954年中国人民建设银行成立，隶属财政部，专门办理基本建设拨款；1958年试行财政包干体制，同年建设银行被撤销；在国民经济调整时期，1962年恢复建设银行；1970年4月，建设银行并入中国人民银行；1972年4月，恢复建设银行建制。总之，这一时期基本建设财务管理体制，没有突破财政按国民经济计划无偿拨付基建投资的模式，建设银行几经沉浮，也只是专门办理财政基建拨款的部门，虽有一定监督功能，但与真正意义的银行完全不可同日而语。

二、以非税收入为主的财政收入制度

在传统财税体制下所形成的财政收入机制是一种特殊的收入体制，其主要内容有：

（1）以低价统购农副产品和低工资制为条件，财政收入得以"超常"扩大。20 世纪 50 年代，国家先后颁布的《关于粮食的计划统购计划供应的命令》和《国营企业、事业和机关工资等级制度》，奠定了我国实行农副产品统购统销和城镇职工低工资制度的基础。这种制度为国家财政集中超常水平的财政收入提供了可能。政府通过低价统购低价统销农产品，这样既降低了工业原材料投入成本及营业成本，也使城镇居民获得了实物福利并降低了工商业的劳动投入成本。政府通过压低工资标准来控制工商业的劳务投入成本。在低成本的基础上，工商业获得较高的利润。政府通过财政上的统收，将工商业部门的高利润集中到国家手中，形成了超常水平的财政收入，使财政收入占国民收入的比重得以在相当长的时间保持在 30% 以上（1978 年为 37.2%）的高水平。

（2）国营企业的利润几乎全部上交。以低价收购农副产品和低工资制、工商企业获得高利润为基础，国家财政对国有企业实行统收统支，企业创造的利润，基本上都上缴国家财政，企业能够自主支配的财力极其有限。国有企业利润上缴成为传统体制下财政收入的主要形式，1950～1978 年，我国财政收入中来自国有企业的财政收入在多数年份里都占 50% 以上[1]。国家财政管理体制、企业财务管理体制虽多次调整，但这种财政收入的主要体制基本未变。

（3）国有企业固定资产折旧上缴制度。在传统体制下，不仅国有企业实行利润全部上缴制度，而且企业固定资产折旧亦由财政集中。在经济性质上，固定资产折旧是固定资产消耗的价值补偿部分，应留给企业用于维持简单再生产的正常运行。尽管在当时大批国有企业新建投产，还未进入固定资产更新改造时期，财政集中固定资产折旧投入国家经济建设有一定合理性，但后来大量国有企业设备老化时，技术改造投入量不足，生产经营陷入困难，留下了隐患。

（4）国有、集体经济税收收入居次要地位。在 1950～1978 年的财政收入中，税收的地位、作用经历了两个不同阶段。在国民经济恢复和社会主义改造时期，国家非常重视税收，1953 年进行了工商税制改革，不仅为国家经济建设积累资金，而且发挥税收调节功能，有力地支持了经济恢复与社会主

---

[1] 潘邦贵：《财政学》，湖南师范大学出版社 2014 年版，第 127 页。

义改造。1956 年社会主义改造完成后，理论界出现"非税论"，认为社会主义制度建立后，公有制内部分配关系不需要税收。为此，1958 年工商税制改革的原则是"基本上在原有税负基础上简化税制"，此后曾在部分城市搞"利税合一"试点，试图取消税收，但以失败而告终。从 1966 年开始，我国进入"文化大革命"的十年动乱时期，在"非税论"的影响下，"税收无用论"甚嚣尘上，加之极"左"思潮冲击，税收对社会主义经济建设的功能作用被贬低甚至否定。因而把"简化"作为改革税制的主要原则，1973 年的工商税制改革，以合并税种、简化税制为重点。经过 1973 年税制改革后，只剩工商税、工商所得税等为数不多的税种。因此总体而言，在财政收入运行机制中，税收收入居于次要地位。据统计，1956 ~ 1978 年，企业收入占国家财政收入的 52.45%，而税收收入占国家财政收入的 46%。

三、事无巨细大包大揽的财政支出体制

在传统的计划经济体制模式下，国家财政顺理成章地在社会资源配置中扮演主要角色。全社会如同一个大工厂，国家财政便是大工厂的财务部。社会再生产过程的各个环节都由统一的财政计划加以控制，企业部门财务在很大程度上失去了独立性，成为国家财政的基层环节。财政职能延伸到社会各个微观主体，包揽生产、投资，乃至职工消费，几乎覆盖了包括政府、企业、家庭在内的所有经济活动。这一大而宽的财政支出机制具体表现为：一是经济建设支出浩大，财政成为社会投资主体。二是财政包揽各项社会事业。

四、我国传统财政体制评述

纵观中国近现代社会发展道路及现代化进程，传统财政管理体制和运行机制扮演了承前启后的重要角色，既完成了时代赋予的历史使命，又以自身弊病的逐渐显露，为人们认识财政体制改革的必要性和紧迫性提供了现实的佐证并推动了改革。这种传统的财政体制与运行机制为中国社会主义经济建设和社会发展做出了巨大贡献。主要表现在：第一，在迅速医治战争创伤，稳定金融物价，恢复国民经济的过程中，为新中国成立和巩固做出了历史贡

献。第二，支持了社会主义制度的建立。第三，支持建立比较完整的国民经济体系，特别是工业体系。第四，支持发展各项社会事业，促进社会全面进步。

传统体制下长期实行的统收统支、高度集中的财政运行机制，其弊病随中国经济社会发展而逐渐显露，带来了不可忽视的消极影响。与高度集中的计划经济管理体制相适应，当时财税管理体制的缺陷主要体现在以下几个方面：一是在政府与企业的相互关系上表现为对企业统得过多、过死，政企不分。二是在政府与个人的相互关系上集中表现为个人不是独立的利益主体。三是在中央政府与地方政府的相互关系上表现为财税权利高度集中于中央政府，地方政府因缺乏自主的财税权力而缺乏发展经济的动力和压力。这就导致了三个方面的后果，首先，高度集中的财政体制和运行机制，使权力过分集中，政府职能膨胀，压抑了各地区、各部门及各单位的积极性和创造性，不利于社会生产力的长期持续发展。其次，传统的体制下的财政运行机制，忽视物质利益原则，不利于调动劳动者的积极性和创造性。最后，传统的财政体制迟迟没有走向规范化、法制化和现代化。

第二节　我国财税体制改革的历程

一、财政体制改革历程

财政体制，是指国家依靠政治权力和经济权利参与国民收入分配与再分配过程中，所形成的一系列政治、经济和管理方面的制度。其内容涉及政府和居民（包括自然人或法人）收入分配关系、政府之间的财政关系、财政决策权在不同部门间的配置以及财政收支管理的法定内容与程序等。它既是经济体制，又是政治体制乃至社会管理体制的重要内容。从本质上讲，财政体制属于社会生产关系和在生产关系总和之上的经济基础，其制度形式又构成一个社会上层建筑的重要组成部分。财政问题和财政压力往往就是政府主导下制度变迁的起因，决定着制度变迁的方向。财政体制的演变，很大程度上反映着整个经济体制的变迁过程。中国的财政体制改革也不例外，政府与各种经济主体关系的调整，以及政府自身职能转变等"事件"。财政政策是这三个方面的改革的集中体现。

自 1978 年党的十一届三中全会以来的 30 多年，中国的财政改革经历了三个阶段，第一阶段是以放权让利为改革基本思路的探索阶段；第二阶段是党的十四大召开后至 1998 年的分税制改革；第三阶段是 1998 年至今，这一阶段是以建设社会主义市场经济体制为目标，转换机制实现制度创新阶段。

1. 以放权让利为特征的财政体制改革（1978～1994 年）

（1）1980 年的"划分收支、分级包干"。

1980 年 12 月，根据中共中央十一届三中全会的有关精神，我国开始进行经济体制改革。改革的总体设想是改变过去高度集中的管理体制，把权力下放给地方和企业，调整中央和地方及企业的关系。为此，国务院颁发了《关于实行"划分收支、分级包干"的财政管理体制的暂行规定》，拉开了改革开放以后财政体制改革的序幕。

从 1980 年起，除北京、天津、上海 3 个直辖市继续实行"总额分成，一年一定"的体制外，中央在各省和自治区实行"划分收支，分级包干"的财政体制。地方政府完成了税收任务后的税收由地方政府支配，超计划收入按 1∶3 比例由中央政府和地方政府分成。在财政支出上，中央财政和地方财政各自分别支出。实行财政包干的预算管理体制，是我国在财政管理体制上进行的一次重大的改革探索，同原财政体制相比，在收支结构和财权及财力分配方面，都发生了很大变化。

这种"划分收支、分级包干"，即中央和地方（主要是省、直辖市、自治区以及其他后来出现的同级财政）在财政收支范围上进行明确的分工。财政分配由过去的"条条"为主改为以"块块"为主。其主要内容包括：将财政收入划分为固定收入、固定比例分成收入和调剂收入三类；支出按隶属关系加以划分；地方财政支出先与固定收入和固定比例分成收入相抵，有余额即上解中央财政，不足则由调剂收入分成解决，还不足的则由中央给予定额补助；地方上解收入比列、调节收入分成比例、定额补助数额确定后，原则上 5 年不变，期间由地方财政自求平衡，多收多支，少收少支。

1980 年的财政体制改革，力图将地方政府财政从中央政府财政剥离出来，实现各有其财、各有其责，相当于打破"财政大锅饭"，故常被简称为"分灶吃饭"。"分灶吃饭"后，地方财政权利扩大了。短期措施后来又延长了适用期限，避免了年年变动、年年争指标现象。地方政府积极性有较大提高，决策的预期更加稳定，但也存在收支划分不太清楚、地方财权过大等现象。

（2）1985 年的"划分税种、核定收支、分级包干"。

鉴于 1980 年起实行的"划分收支、分级包干"财政体制原定的 5 年已经到期，特别是两步利改税以后，国有企业上缴利润已改为所得税、调节税形式上缴，国家与企业之间的财政分配形式已经发生了很大变化，各级财政收入分割也有了新的基础，新的调整势在必行。根据 1984 年十二届三中全会通过的《中共中央关于经济体制改革的决定》的精神，国务院决定从 1985 年起对各省、自治区、直辖市实行"划分税种，核定收支，分级包干"的财政体制。

改革的内容包括：在财政收入方面，划分各级财政收入的范围；明确规定了哪些税种属于中央财政固定收入，哪些税种属于地方财政固定收入，哪些税种属于中央和地方财政的共享收入。在财政支出政策方面基本上没有太大变化，只对个别事业管理体制的改变做出相应的调整。核算分成基数，确定分成办法。具体是以 1983 年的决算数为收入基数。支出基数按照 1983 年决算收入基数和原来预算体制确定的分成比例，以及一些调整因素，计算出地方应得的财力，作为支出基数。然后按照收支范围和确定的收支基数进行分成。凡地方固定收入大于地方支出者，定额（或按一定比例）上解中央；凡地方固定收入小于地方支出者，从共享收入中确定一个分成比例，留给地方；对地方固定收入全部留给地方仍不足以抵拨支出者，由中央定额补助。以上收入的分成比例或上解比例或补助数额确定以后，一定 5 年不变，地方多收可以多支，少收则少支，自求平衡。

"分灶吃饭"体制在新税制形式下变为"划分税种，核定收支，分级包干"制，即把过去的划分收入改为划分税种，其他方面也作了一些相应的调整。但总体上没有突破"分灶吃饭"的框架。"分灶吃饭"财政体制，是在十一届三中全会后，我国开始积极探索经济体制改革，进行国民经济重大调整的时代背景下，先行一步，在宏观经济领域实行的一项重大变革，对传统财政管理体制产生了深远的影响，成为建立社会主义市场经济财政运行机制的起点。尽管"分灶吃饭"财政体制在收支范围的划分上，没有走出按行政隶属关系划分的传统思路，但在中央与地方财政关系的处理上，则大大前进了一步，为后来进一步深化财政体制改革，规范中央与地方财政关系奠定了基础。

(3) 1988 年的"财政大包干"。

1984 年的财政体制改革是按照第二步"利改税"后的税种设置来划分中央与地方之间的财政收入的。但在实践过程中，由于国有企业广泛推行"承包制"，它们对国家的税收责任随之变异为"税收承包"，因此很快又进行了调整。如 1985 年和 1986 年两年实行的是"总额分成"的过渡办法：除中央税划为中央收入以外，地方固定收入、中央固定收入、共享收入全部捆在一起，由中央和地方商定一个分成比例，实行总额分成。但是，3 年后还是出现了一些重大问题：中央财政收入占全国财政收入的比重连年下降，先后多次发生中央政府向地方"借钱""调款"的现象。少数经济发展较快的地区努力"藏富于企业"以逃避中央政府的财政剥夺，然后再通过各种各样的摊派和收费获取财力，预算外资金渐成燎原之势。

为了改变这种状况，1988 年 7 月 28 日，国务院发布了《国务院关于地方实行财政包干办法的决定》（国发〔1988〕50 号），从 1988 年开始执行。办法规定，全国 39 个省、自治区、直辖市和计划单列市，除广州、西安市财政关系分别与广东、陕西联系外，其余 37 个地区分别实行不同形式的包干办法。具体办法为：采取了"收入递增包干、总额分成、总额分成加增长分成、上解额递增包干、定额上解、定额补助"等办法。其中，"收入递增包干"是以 1987 年决算收入和地方应得的支出财力为基数，参照各地此前年份收入增长情况，确定地方收入递增率和留成、上解比例，实行这种办法的有北京等 10 省市。"总额分成"是根据之前两年的财政收支情况，核定收支基数，以地方支出占总收入比重，确定地方的留成和上解中央比例，实行这种办法的有天津等 10 省市。"总额分成加增长分成"是在"总额分成"办法的基础上，收入比上年增长的部分，另加分成比例，大连等 3 个计划单列市采用此种办法。"上解额递增包干"是以 1987 年上解中央的收入为基数，每年按一定比例递增上缴，广东、湖南两省实行这种办法。"定额上解"是按原来核实收支基数，收大于支的部分，确定固定的上解数额，上海等 3 省市采用这种办法。"定额补助"是按原来核定的收支基数，支大于收的部分，实行固定数额补助，吉林等 16 省区实行这种办法。

可以看出，1988 年的"财政包干"制是 1980 年、1985 年两次财政体制重大调整的自然延续，一方面承袭了"分灶""包干"的思维逻辑；另一方面将"财政承包"发展到极致。特别值得注意的是，这次改革中种类繁多的"包干"方式、"一对一"的财政谈判机制事实上加大了中央与地方财政关系的不稳定性，有悖于"分灶吃饭"的初衷。该体制从 1988 年执行到 1993 年，与同期国有企业广泛推行的承包经营责任制结合起来，对这一时期的政治、经济和财政运行机制本身均产生了重大影响。

2. 1994 年的分税制改革

（1）分税制改革的背景。

1993 年，十四届三中全会通过了《中共中央关于建立社会主义市场经济体制若干问题的决定》，提出在 20 世纪末初步建成社会主义市场经济体制的目标。至此，10 多年来"摸着石头过河"、方向不明、目标不清的改革第一阶段基本结束，中国改革进入了建设有中国特色的社会主义市场经济阶段。但是，实行各种类型的财政包干制 10 多年以来，中央财政实力严重削弱，地区间差距急剧增大，甚至到了中央政府向地方政府借钱的程度。1993 年 5 月，王绍光、胡鞍钢完成了《加强中央在市场经济转型中的主导作用——关于中国国家能力的研究报告》，指出中央财政当时的情形已经接近南斯拉夫崩溃前的情形，称"如果不进行分税制改革，不仅财政难以为继，政治风险也极大"。这个报告引起了高层的强烈震动，并直接引出了分税制改革在中国的实施。

（2）分税制改革的指导思想。

根据党的十四届三中全会的决定，为了进一步理顺中央与地方的财政关系，更好地发挥国家财政的职能，增强中央的宏观调控能力，促进社会主义市场经济体制的建立，国务院决定从 1994 年 1 月 1 日起改革分级包干体制，对各省、自治区、直辖市以及计划单列市实行分税制预算管理体制。

分税制改革的指导思想：一是正确处理中央与地方的利益关系，促进国家财政收入合理增长，逐步提高中央财政收入的比重。二是合理调节地区之间财力分配。三是坚持"统一政策与分级管理相结合"的原则。四是坚持整体设计与逐步推进相结合的原则。总之，通过"存量不动，增量调整"的办法，逐步提高中央财政收入的比重，逐步调整地方利益格局。与此同时，通过渐进式、温和式的改革，先把分税制的基本框架建立起来，在实施中逐步完善①。

（3）分税制改革的主要内容。

所谓分税制，是指在划分事权的基础上，按税种划分中央、地方财政收入的一种分级预算管理体制。其要点有三个：首先，合理划分中央与地方政府的事权和支出责任；其次，按事权与财权匹配原则，将全部税种分别划分为中央税、地方税和共享税三类，明确中央与地方政府各自的收入范围；最后，建立规范的转移支付制度，以调剂余缺、弥补困难地区政府的财政收支缺口。因此，分税制的实质是"分级治理"，不仅政府间事权要有明确的分野，而且税种与各自的财政收入相联系。也就是说，各级政府通过履行不同的管理责任来收取不同的税收，财政收入的多少不是由中央政府与地方政府"谈判""博弈"来决定，而是与其行政效能直接联系。从全世界来看，分税制是当代市场经济国家普遍采用的方式。

第一，明确中央与地方事权和支出范围。其中中央财政主要承担国家安全、外交和中央国家机关运转所需经费，调整国民经济结构、协调地区发展、实施宏观调控所必需的支出以及由中央直接管理的事业发展支出。具体包括：国防费，武警经费，外交和援外支出，中央级行政管理费，中央统管的基本建设投资，中央直属企业的技术改造和新产品试制费，地质勘探费，由中央财政安排的支农支出，由中央负担的国内外债务的还本付息支出，以及中央本级负担的公检法支出和文化、教育、卫生、科学等各项事业费支出。地方财政则主要承担本地区机关运转所需支出以及本地区经济、事业发展所需支出。具体包括：地方行政管理费，公检法支出，部分武警经费，民兵事业费，地方统筹的基本建设投资，地方企业的技术改造和新产品试制经费，支农支出，城市维护和建设经费，地方文化、教育、卫生等各项事业费，价格补贴支出以及其他支出。

---

① 陈共：《财政学》，中国人民大学出版社 2002 年版，第 272 ~ 273 页。

第二，按税种划分中央与地方财政收入。根据事权与财权相结合的原则，按税种划分中央与地方的收入。将维护国家权益、实施宏观调控所必需的税种划为中央税；将同经济发展直接相关的主要税种划为中央与地方共享税；将一些对地方经济与社会发展关系密切以及适合地方征管的税种划为地方税。其中中央税包括：关税，海关代征消费税和增值税，消费税，中央企业所得税，地方银行和外资银行及非银行金融企业所得税，铁道部门、各银行总行、各保险公司等集中缴纳的收入（包括营业税、所得税、利润和城市维护建设税），中央企业上缴利润等。外贸企业出口退税，除 1993 年地方已经负担的 20% 部分列入地方上缴中央基数外，以后发生的出口退税全部由中央财政负担。

地方税包括营业税（不含铁道部门、各银行总行、各保险总公司集中缴纳企业营业税）；地方企业所得税（不含上述地方银行和外资银行及非银行金融企业所得税）；地方企业上缴利润；个人所得税；城镇土地使用税；固定资产投资方向调节税；城市维护建设税（不含铁道部门，各银行总行、各保险总公司集中缴纳的部分）；房产税；车船使用税；印花税；屠宰税；农牧业税；对农业特产收入征收的农业特产税（简称农业税）；耕地占用税；契税；遗产或赠与税；土地增值税；国有土地有偿使用收入等。

中央与地方共享税包括增值税、资源税和证券交易税。其中增值税中央分享 75%，地方分享 25%。资源税按不同的资源品种划分，大部分资源税作为地方收入，海洋石油资源税作为中央收入。证券交易税，中央与地方各分享 50%。

第三，建立中央对地方的税收返还制度。为了保持当时的地方既得利益格局，逐步推进改革，建立了中央财政对地方的税收返还制度，按照 1993 年地方实际收入以及税制改革和中央与地方收入划分情况，核定 1993 年中央从地方净上划的收入数额（即消费税 + 75% 的增值税 – 中央下划收入）。1993 年中央净上划收入，全部返还地方。1994 年以后，税收返还额在 1993 年基数上逐年递增，递增率按全国增值税和消费税的平均增长率的 1 : 0.3 系数确定，即上述两税全国平均每年增长 1%，中央财政对地方的税收返还则增长 0.3%。若 1994 年以后中央净上划收入达不到 1993 年基数，则相应扣减税收返还数额。

第四，分设中央与地方两套税务机构。为了保证各自的财政收入，设计了新的税收征管体系，即国家税务局和海关系统负责征收中央固定收入和中央与地方共享收入，地方税务局负责征收地方固定收入。

与以往的税制改革相比，这次改革的重大变化在于建立了以增值税为主体的新的流转税制度，统一了（内资企业）所得税制度，同时改进了预算编制办法，重构国库体系等，为分税制的实施构筑了相适应的制度体系与环境。

(4) 1994 年以后分税制改革的进一步完善。

分税制改革并不是一步到位的，1994 年以后还进行了多次的完善。主要表现在转移支付制度、中央与地方共享收入制度、出口退税制度以及省以下的分税制四个方面。

首先，在转移支付制度方面，1994 年分税制的设计是，中央与地方政府在收入方面的划分大致是 6∶4，支出方面的划分则是 4∶6，其中的差额通过转移支付来补足。分税制推出之初并没有设计出与之相适应的完善的转移支付制度。1994 年当年，总的转移支付金额不足 20 亿元，而当年的地方财政收入为 3656 亿元。1995 年，财政部制定并实施了《过渡时期转移支付办法》，以后经历了 1996 年、1997 年和 1998 年三次修改和完善。到 2002 年，财政部终于发布了《一般性转移支付办法》，过渡期转移支付退出了历史舞台。

其次，在中央与地方共享收入方面，1994 年设计的所得税分享制度是：中央企业的所得税归中央财政，地方企业的所得税归地方财政。个人所得税由于当时的总额很小，所以全部被纳入地方税系之中。但是随着社会主义市场经济的发展，一方面按企业隶属关系划分中央和地方所得税收入的弊端日益显现；另一方面个人所得税增长很快，已成为最有发展空间的税种之一。在种种因素的推动下，国务院于 2001 年 12 月发布了《所得税收入分享改革方案》，对企业所得税和个人所得税收入实行中央和地方按比例分享。当时规定所得税分享比例为中央和地方各占 50%，2003 年又改为中央 60%、地方 40%，2003 年后分享比例稳定在此水平；证券交易税（印花税）1994 年规定的分享比例为五五分成。1997 年起，先后调整为 80∶20、88∶12、93∶7、94∶6、97∶3，直至 100% 全部归中央，成为中央固定收入；1997 年 11 月将金融保险企业营业税由 5% 提高到 8%，新增加的 3% 为中央收入，2001 年又调回到5%；2001年将车辆购置费改为车辆购置税，收入全部归中央财政。

再次，在出口退税方面，2000年前后，随着我国出口形势的发展，出口退税数额越来越大，中央财政已无力承受。2003年10月，中央公布了《关于进行出口退税制度改革的决定》，对整个出口退税制度进行了较大的改革。改革的基本原则是：新的不欠、老账要还、完善机制、共同负担、促进发展。主要内容有：适当调整出口退税率，2004年后出口退税的增量部分由中央和地方按75%和25%的比例承担，累积欠退税由中央财政负担。同时加大中央财政对出口退税的支持力度，2003年后中央财政从进口环节所取得的增值税、消费税的增量部分首先用于出口退税。

最后，在省以下的分税制方面，1994年分税制主要规定了中央政府与省一级政府的财政关系。当时的设想是，在最高端的两级政府间财政关系得到规范以后，再逐步在中下端的政府间推开。事实上，分税制实行两年以后，不仅各省、自治区、直辖市结合本地区的实际情况，相继制定了省以下财政体制办法，而且财政部还于1996年发出了《关于完善省以下分税制财政管理体制意见的通知》，力图推进和相对规范省以下分税制，甚至规定各地区从中央所得到的增值税25%的税收返还中的70%应当进一步返还给下一级政府。2002年12月26日，国务院批转财政部《关于完善省以下财政管理体制有关问题意见的通知》，对有关问题做了进一步规定。

（5）对分税制改革的评价。

分税制改革取得了一定成就：第一，以经济性分权的方式推进改革，对政企关系的处理方式走上市场化轨道。1994年分税制改革确立了流转税和所得税为主体的税收制度。在这个制度下，企业不分大小、所有制和行政级别，统一依法经营，照章纳税。这意味着中央政府与地方政府取得收入的途径不再是"自己的企业"上缴的利润，而是按税种征税的所得。此举打破了计划经济时期以来我国企业一直受到"条块分割"的行政隶属关系，标志着我国终于走出了行政性分权的老路，步入了经济性分权的新轨道，有利于从根本上将企业从政府的机体上剥离，逐步塑造其独立的市场主体地位，为企业竞争画出一条公平竞争的起跑线。第二，在政府责任与税收收入之间建立了直观联系，有利于推进政府职能转变，深化行政改革。分税制下，中央政府和地方政府各有各的事权范围、各有各的主体税种，理论上讲，每一级政府的财政收入不再取决于双方的谈判，而是取决于各自治理效能。这对改变计划经济时期政府的行政方式有突破性的意义。第三，有利于规范中央与地方政府的财政关系，提高财力分配的透明度。1994 年分税制将 22 种税分别划分为中央收入、地方收入和共享收入三类，同时建立了中央对地方的税收返还制度，并分设了两套税收机构，理论上各收各的钱、各管各的事，向"一级政府、一级财政"大大迈进了一步。

但是，也存在一些问题，比如，事权划分上对最关键的生产建设项目投资权并未作明确规定。仍然保留了企业所得税按行政隶属关系划分的"尾巴"。共享税在整个税收中所占的比重占到整个税收的 60% 左右，距离彻底的分税制有相当大的距离。同时也弱化了国家的宏观调控能力。主要表现在：一是财政收入占国内生产总值的比重下降；二是财政支出增长的幅度超过了财政收入的增长；三是财政赤字规模扩大；四是国债规模不断扩大。

3. 财政支出制度改革

1994 年财税改革取得初步成功以后，财政支出管理体制改革逐步提到了财政改革的议事日程上。1998 年，决策层明确提出了"积极创造条件，尽快建立公共财政框架"的要求，成为整个财政体系适应社会主义市场经济而实现转型的纲领和总体指导方针。在公共财政导向下，1999 年以后，包括部门预算、国库集中支付制度、政府采购制度在内的预算管理制度改革全面铺开。这三项改革本身所具有的复杂性、技术性特点，也决定了这些改革将是一个比较漫长的过程。

（1）部门预算改革。

1994 年 3 月 22 日经第八届全国人民代表大会通过《中华人民共和国预算法》，自 1995 年 1 月 1 日起实施。按《中华人民共和国预算法》的规定，我国实行一级政府一级预算，设立五级预算。中央政府预算由中央各部门（含直属单位）的预算组成，地方各级政府预算由本级各部门（含直属单位）的预算组成。部门预算即是指与财政部门直接发生缴纳拨款关系的一级预算单位的预算，它由本部门所属各单位的预算组成，从形式上看它是一个部门一本预算。部门预算通常由政府各部门编制、经财政部门审核后由人民代表大会审查通过，部门预算是反映部门所有收入和支出的预算。

2000 年以前我国没有编制部门预算。每年向各级人大代表大会提交的是收入按类别、支出按功能编制和汇总的预算。全国人民代表大会批准中央预算草案后，财政部和有预算分配权的部门分别将有关预算批复到各个部门，各部门再将预算批复到所属预算单位。单位预算则是指列入部门预算的国家机关、社会团体和其他单位的收支预算。这一时期，部门并没有一本完整的预算。

1998 年年末的全国财政工作会议上提出要积极创造条件建立公共财政框架。2000 年开始的部门预算改革，其内容主要包括四个方面：第一，改革预算编制形式，初步实现了"一个部门一本预算"。第二，改革预算的编制方法，按照基本支出和项目支出编制部门预算。第三，深化"收支两条线"的改革，初步实现综合预算。第四，规范了预算编制程序，初步建立起财政部和中央内部的预算编制规程。到 2003 年，与社会主义市场经济体制相适应的部门预算框架已经基本形成。

（2）国库集中收付制度改革。

国库集中收付制度，国外称之为国库单一账户制度，它是指从预算分配到资金拨付、使用、银行清算，直到资金到达商品或劳务提供者账户的全过程进行全面直接的监控制度。其基本含义是：财政部在中央银行设立一个统一的国库账户，并将所有的政府性财政资金全部集中到这一账户，各单位的预算资金全部在该账户的分类账户中管理；预算资金不再拨付给各单位分散保存；财政资金的使用由各部门根据细化的部门预算自主决定，由财政部核定后准予支出，除特殊用途外，财政资金将由国库单一账户直接拨付给商品劳务的供应商，而不必经过支出单位进行转账结算。国库集中支付制度与传统的支付方式相比仅仅是改变了支付方式。如工资的集中支付，就是从国库直接支付到每人的工资账户上，不再层层下拨。政府采购资金集中支付制度实行后，也是如此，即国库资金将直接支付到政府采购的商品或劳务提供者账户。

我国传统国库收付制度是在传统的计划经济体制下形成的。新中国成立初期，国务院于 1950 年 3 月 3 日颁布的《中央金库条例》，标志着我国国库收付制度的建立。1985 年 7 月 27 日国务院发布法令，废除了《中央金库条例》，颁布了《中华人民共和国国家金库条例》。此条例按照国际惯例，将国库金库的简称由"金库"改为"国库"，以体现国家预算收支出纳机关的性质。同时还明确规定由中国人民银行经理国库。

传统的国库收付制度实行的是分级分散国库收付制度，即以财政部门、预算部门和预算单位设立多重存款账户为基础，财政部门根据预算安排，通过层层委托，运用就地汇缴、集中汇缴等形式收缴预算收入，并直接将财政资金从国库经人民银行拨付到预算部门所开的商业银行账户上，再经预算部门的商业银行账户，将财政资金拨付到各预算单位所开设的商业银行账户上，各预算单位根据国家的有关规定和预算要求，自行支付各类款项，购买商品和劳务。年度终了预算单位编制本单位财务决算报表，并报送预算部门，预算部门编制本部门的决算报表并报送财政部门。传统的国库收付制度存在着资金使用效率低、财政资金运行信息反馈滞后、削弱了政府宏观调控效果、不利于加强财政廉政建设等方面的缺陷。

财政部从 1988 年开始全面系统地研究国库集中收付制度，在借鉴市场经济国家经验的基础上，逐步建立了适合我国政治经济体制的国库单一账户和财政资金集中收付制度。根据党中央、国务院的要求，借鉴国际先进经验，结合我国实际情况，财政部会同中国人民银行制定了《财政国库管理制度改革方案》。从 2001 年起，国务院在财政部、水利部、科技部、国务院法制办、中国科学院、国家自然科学基金 6 个部门实施国库集中收付制度改革试点，到 2010 年底，所有中央和地方全面实施国库集中收付制度。

同年，"收支两条线"改革的进一步深化。收支两条线是指政府在对财政性资金的管理中，取得收入与发生支出脱钩，即收入上缴国库或财政专户，支出由财政根据各单位完成工作任务的需要审核批准，对收入、支出分别进行核定的资金管理方式。2001 年年底，国务院办公厅转发了《财政部关于深化收支两条线改革，进一步加强财政管理意见的通知》，明确提出进一步深化"收支两条线"改革的步骤与相关措施；2002 年财政部进一步加大和深化了"收支两条线"管理工作。对中央部门区分不同情况，分别采取将预算外资金纳入预算管理或实行收支脱钩管理等办法，编制综合预算。2011 年起，将各级政府所有非税收入纳入预算管理，全面取消预算外资金；同时，健全非税收入预算管理制度。

（3）政府采购制度改革。

政府采购，也称公共采购，是指各级政府及其所属机构为了开展日常政务活动或提供社会公共服务，在财政等部门的监督下，以法定方式、方法和程序采购货物、工程和服务的行为。我国传统的政府采购制度始于 20 世纪 50 年代，是一种由各机关和事业单位分散采购的制度，这种采购制度的弊端显而易见。对此，我国于 2003 年开始全面实施政府集中采购制度。政府采购制度改革贯穿预算编制到自己支付的全过程，与其他财政预算改革密切相关。其中，预算编制细化是推行政府采购制度的前提，采购资金实行财政直接拨付是推行政府采购制度的保障，政府采购制度改革对预算编制和国库集中支付改革具有不可替代的促进作用。2003 年 1 月 1 日，《中华人民共和国政府采购法》正式实施，我国政府采购制度进入全面推行阶段。政府采购制度实施以来，对于规范政府采购行为、加强财政支出管理、提高政府采购资金的使用效益、保护政府采购当事人合法权益、维护国家利益和社会公共利益、促进廉政建设均发挥了重要作用。

二、税收体制改革历程

1978 年以来，我国对税收制度的改革大致可以分为三个阶段：一是适应市场取向改革的两步"利改税"及工商税制全面改革；二是适应建立社会主义市场经济体制要求的 1994 年工商税制改革；三是 1994 年以后税收制度的完善阶段。

1. 两步"利改税"及工商税制的全面改革

1978 ～ 1982 年，成为我国税制建设的恢复时期和税制改革的准备、起步时期。从思想上、理论上、组织上、税制上为后来的改革做了大量的准备工作，打下了坚实的基础。从 1980 年 9 月 ～ 1981 年 12 月，第五届全国人民代表大会先后通过并公布了《中外合资经营企业所得税法》、《个人所得税法》和《外国企业所得税法》。同时，对中外合资企业、外国企业和外国人继续征收工商统一税、城市房地产税和车船使用牌照税。这样，就初步形成了一套大体适用的涉外税收制度，适应了我国对外开放初期引进外资、开展对外经济合作工作的需要。在建立涉外税制的同时，财政部门就改革工商税制和国有企业利润分配制度做了大量的调研工作，并在部分地区进行试点，提出包括利改税在内的未来 3 年的税制改革任务。

1983～1994 年，我国的社会主义经济理论的发展有了重大突破，提出了发展有计划的社会主义商品经济，自觉运用价值规律，充分发挥税收等经济杠杆的作用，搞活经济，加强宏观调控。在所有制理论上，提出了所有权和经营权相分离的论断，并客观地肯定了集体经济、个体经济和私营经济存在的必要性。这一时期成为我国税制改革全面探索的时期。

（1）两步"利改税"。

作为国有企业改革和城市经济改革的一项重大措施，1983 年，国务院决定在全国试行国有企业利改税：将新中国成立以后实行了 30 多年的国营企业向国家上缴利润的制度改为缴纳企业所得税的制度，即第一步利改税①。第一步利改税的主要内容有两个方面：一是凡有盈利的国营大中型企业均根据实现的利润，按 55% 的税率缴纳所得税。企业缴纳所得税后的利润，一部分上缴国家，一部分按国家核定的留利水平留给企业。二是凡有盈利的国营小型企业，应根据实现的利润，按八级超额累进税率缴纳所得税。缴税以后，由企业自负盈亏，国家不再拨款。

第一步利改税取得了初步成功。这一改革从理论上和实践上突破了国营企业只能向国家缴纳利润，国家不能向国营企业征收所得税的禁区。这是国家与企业分配关系改革的一个历史性转变。第一步"利改税"的实施，把国家与企业的分配比例用法律的形式固定下来，同时把企业的经营效果同企业、职工的经济效益挂起钩来，保证"国家得大头、企业得中头、个人得小头"，较好地处理了国家、企业、个人三者之间的分配关系，为企业注入了活力，调动了企业发展生产、提高经济效益的积极性。

为了解决第一步"利改税"存在的缺陷，加快城市经济体制改革的步伐，经第六届全国人民代表大会及其委员会批准，国务院决定从 1984 年 10 月起在全国实施第二步"利改税"。第二步利改税的主要内容是：对国营大中型企业按 55% 的比例税率征收国营企业所得税，对国营小型企业按新的八级超额累进税率征收所得税。同时，对一部分税后利润较多的大中型国营企业征收国营企业调节税。

第二步"利改税"实现了国营企业上缴国家财政由"税利并存"阶段到

---

① 1993 年 11 月 14 日，党的十四届中全体会议通过《中共中央关于建立社会主义市场经济体制若干问题的决定》中首次使用"国有企业"的名称。即把"国营企业"改称为"国有企业"。

"以税代利"阶段的转化。进一步突破了国营企业只能上缴利润而不能征收所得税的框框，并将国营企业作为独立商品生产者纳入所得税纳税人的行列，使国家与国营企业分配关系出现重大变化。同时，在国家财力可能的条件下，采取了若干扩大企业财权的措施，如放宽了小型企业的划分标准，调整了8级超额累进税的税率，放宽了对大中型企业减征调节税的政策，并由环比改为定比，这就给企业增加了活力。

但是，由于第二步"利改税"也有自身的缺陷和不足，主要表现在：一是在推行"利改税"时，混淆了国家作为社会管理者和生产资料所有者的双重身份，也混淆了政治权力和财产权力的不同性质，从过去的"以利代税"的极端走向了"以税代利"的另一个极端。由于否定了具有弹性的利润分红关系，也使具有刚性的税收分配关系发生了软化。二是把全部上缴利润统统变成税，使所得税名义税率偏高，大中型国营企业还保留了调节税，企业税负不够公平，大中型国营企业活力相对不足。三是"利改税"采取了税前还贷等办法，实质上形成了向银行转嫁投资负担，使银行成为"第二财政"。同时，由于银行仍是实行计划经济旧体制，不利于企业投资行为机制的改善，投资膨胀和投资效益低的问题仍然没有得到根本性的改变。四是由于企业与国家的关系尚未理顺，国营企业所得税负偏高，以至于后来又不得不采用承包经营责任制以激发企业的活力。

（2）工商税制的全面改革。

在推行第二步"利改税"的同时，我国决定对工商税制进行全面改革，其主要内容包括：第一，把工商税分为产品税、增值税、营业税和盐税四种税，同时，把产品税的税目划细，适当调整税率，以更好发挥税收调节生产和流通的杠杆作用；第二，对某些采掘企业开征资源税，以调节由于自然资源开发条件的差异而形成的级差收入，促进企业加强经济核算，有效管理和利用国家资源；第三，恢复和设置房产税、土地使用税、车船使用税和城市维护建设税四种地方税，以利于合理地、节约地使用土地、房产，适当解决城市维护建设的资金来源。此后还陆续颁布了一些新的税种。自此，我国税制共有37个税种。这些税种按照经济性质和作用，大致可以分为七大类，如表6-1所示。

表 6 - 1   两步"利改税"后我国的税制体系

类别	税种
流转税类	产品税、增值税、营业税、关税、工商统一税
所得税类	国有企业所得税、国有企业调节税、集体企业所得税、私营企业所得税、城乡个体工商户所得税、个人收入调节税、外商投资企业和外国企业所得税、个人所得税
财产税类	房产税、城市房地产税
行为税类	车船使用税、印花税、屠宰税、集市交易税、牲畜交易税、筵席税、车船使用牌照税
特定目的税类	国有企业奖金税、集体企业奖金税、事业单位奖金税、国有企业工资调节税、固定资产投资方向调节税、烧油特别税、城市维护建设税、特别消费税
资源税类	资源税、盐税、城镇土地使用税
农业税类	农业税、牧业税、耕地占用税、契税

　　到了 20 世纪 80 年代末，对工商税制进行了进一步的完善，主要内容包括：一是建立健全所得税制度，包括：改进国营企业所得税制度；调整城乡个体工商业户所得税；开征私营企业所得税；开征个人收入调节税。二是进一步改革流转税，包括：调整增值税和产品税的征税范围；规范增值税的征收制度；调整营业税若干政策，增设新的营业税税目。三是建立、完善和恢复具有特定项目的税种，拓宽税收调节经济的领域，包括：在建筑税的基础上改征固定资产投资方向调节税；开征特别消费税；改革和完善房产税；恢复征收印花税；开征筵席税；建立城镇土地使用税；开征耕地占用税。四是进一步调整和完善涉外税收和关税制度，包括：对涉外税制的修改与补充；健全关税立法，完善关税制度。1991 年，第七届全国人大第四次会议将《中外合资企业所得税法》与《外国企业所得税法》合并为《中华人民共和国外商投资企业和外国企业所得税法》，并于 1991 年 7 月 1 日起实行。自此，我国工商税种缩减为 32 个。

　　总之，这一时期全面改革了工商税制，建立了涉外税制，恢复和开征了一些新税种，从而使我国税制逐步转化为多种税、多环节、多层次的复合税制，初步完善了税收体系，使税收成为调节经济的重要杠杆。这一时期所确立的以商品课税为主的税制结构，不仅突破了长期封闭型的约束、逐步向开放型转变，而且突破了改革开放前历次税制改革所遵循的"合并税种，简化税制"的改革原则，彻底摒弃了"非税论"和"税收无用论"，确立了税收的经济杠杆作用，为 1994 年全面税制改革奠定了基础。

（3）个人所得税的调整改革。

1981 年，个人所得税正式开征，当年个税收入只有 500 万元。月均收入能够达到 800 元个人所得税费用扣除标准的中国公民少而又少，其余都是外籍在华高级职员交纳的。

1986 年 9 月，国务院发布了《中华人民共和国个人收入调节税暂行条例》，规定对本国公民的个人收入统一征收个人收入调节税，纳税的扣除额标准降低至 400 元。而外籍人士的 800 元扣除标准并没有改变，内外双轨的标准由此产生。

1993 年 10 月 31 日，八届全国人大常务委员会第四次会议通过了《关于修改〈中华人民共和国个人所得税法〉的决定》，把 1986 年和 1987 年国务院颁布的关于个人收入调节税和城乡个体工商户所得税的规定，同 1980 年制定的《个税法》合并为《中华人民共和国个人所得税法》。

2. 社会主义市场经济时期的税制改革：1994 年工商税制改革

1992 年，党的十四大明确提出了我国经济体制改革的目标是建立社会主义市场经济体制，1993 年党的十四届三中全会通过了《中共中央关于建立社会主义市场经济体制若干问题的决定》，随着经济体制改革的深化和社会主义市场经济的发展，我国 1984 年第二步"利改税"和工商税制全面改革后形成的工商税制仍存在一些不完善之处，特别是与发展社会主义市场经济的要求不相适应，在处理国家、企业、个人分配关系和中央与地方的分配关系方面，难以发挥应有的调节作用，必须对此加以改革。1994 年工商税制改革是新中国成立以来规模最大、范围最广、内容最深刻、力度最强的结构性改革。这次改革的指导思想是：统一税法，公平税负，简化税制，合理分权，理顺分配关系，保障财政收入，建立符合社会主义市场经济要求的税制体系。改革的基本原则：一是税制改革要有利于调动中央、地方两个积极性和加强中央的宏观调控能力。二是税制改革要有利于发挥税收调节个人收入和地区间经济发展的作用，促进经济和社会的协调发展，实现共同富裕。三是税制改革要有利于实现公平税负，促进平等竞争。四是税制改革要有利于体现国家产业政策，促进经济结构的调整，促进国民经济持续、快速、健康地发展和整体效益的提高。五是税制改革要有利于税种的简化、规范。

1994 年工商税制改革的主要内容包括：第一，全面改革流转税。以实行规范化的增值税为核心，相应设置消费税、营业税，建立新的流转税课税体系，对外资企业停止征收原工商统一税，实行新的流转税制。第二，对内资企业实行统一的企业所得税，取消原来分别设置的国有企业所得税、国有企业调节税、集体企业所得税和私营企业所得税。同时，国有企业不再执行企业承包上缴所得税的包干制。第三，统一个人所得税，取消原个人收入调节税和城乡个体工商户所得税。对个人收入和个体工商户的生产经营所得统一实行修订后的个人所得税法。第四，调整、撤并和开征其他一些税种。如调整资源税、城市维护建设税和城镇土地使用税；取消集市交易税、牲畜交易税、烧油特别税、奖金和工资调节税；开征土地增值税、证券交易印花税；盐税并入资源税、特别消费税并入消费税。改革之后的我国税制，税种设置由原来的 37 个减少为 23 个，初步实现了税制简化、规范和高效统一，如表 6 - 2 所示。

表 6 - 2　　　　　　　　1994 年税制改革之后我国的税制体系

类别	税种
流转税类	增值税、营业税、消费税、关税
所得税类	企业所得税、外商投资企业和外国企业所得税、个人所得税
财产税类	房产税、城市房地产税
行为税类	车船使用税、车船使用牌照税、印花税、屠宰税、筵席税
农业税类	农业税、牧业税、契税、耕地占用税
资源税类	资源税、城镇土地使用税
特定目的税类	城市维护建设税、固定资产投资方向调节税、土地增值税

（1）流转税的改革。

流转税又称流转课税、流通税，是指以纳税人商品生产、流通环节的流转额或者数量以及非商品交易的营业额为征税对象的一类税收。流转税是商品生产和商品交换的产物，各种流转税（如增值税、消费税、营业税、关税等）是政府财政收入的重要来源。流转税制改革是整个税制改革的关键，体现了公平、中性、透明、普遍和基本保持原有总体税收负担水平的原则。改革后的流转税制由增值税、消费税和营业税组成，在工业生产领域和批发零售商业普遍征收增值税，对少量消费品征收消费税，对不实行增值税的劳务和销售不动产征收营业税。

第一，增值税。按照充分体现公平、中性、透明、普遍的原则，在保持总体税负不变的情况下，参照国际上流转税的一般做法，彻底改变了原流转税按产品分设税目，分税目制定差别税率的传统做法，确立了在生产和流通环节普遍征收增值税，并实行价外计税的办法。改革的主要内容包括：一是新税制对商品的生产、批发、零售和进口全面实行增值税，对绝大部分劳务和销售不动产暂不实行增值税。二是新的增值税税率采取基本税率再加一档低税率和零税率模式。基本税率为17%；低税率为13%，适用范围包括基本食品和农业生产资料等；出口商品一般适用于零税率。三是新的增值税实行价外计征的办法，即按不包含增值税税金的商品价格和规定的税率计算征收增值税。四是新的增值税实行根据发票注明税金进行税款抵扣的制度。五是对年销售额较少、会计核算不健全的小规模纳税人，实行按销售收入全额及规定的征收率计征增值税的简便办法。六是改革增值税纳税制度。

第二，消费税。在普遍实行增值税的基础上，选择了少数产品交叉征收消费税。消费税的征收范围仅限于生产、委托加工和有关规定允许进口的消费品。新的消费税的征收品目有11个，主要包括烟、酒、化妆品、贵重首饰、摩托车、小汽车、汽油、柴油等。消费税采用从量定额和从价定率两种征收办法，采用从价征收办法的，按不含增值税但含消费税税金在内的价格和规定税率计算征收消费税，这样就把纳税环节确定在了生产环节。

第三，营业税。新的税收体系对提供劳务、转让无形资产和销售不动产保留征收营业税。重新规定了营业税的征收范围和纳税人，改革后的营业税的征收范围包括提供劳务、转让无形资产和销售不动产，从事应税营业、转让、销售活动的单位和个人按其营业额和规定税率计算缴纳营业税。同时还调整了营业税的税目，共设置了9个征税项目，针对不同税目设置了3%、5%和5%～20%三档不同的税率。

新的流转税制对内对外统一适用，取消对外征收工商统一税。对外废止工商统一税，统一实行增值税、消费税、营业税以后，为了保证我国对外开放政策和涉外税收政策的连续性、稳定性，对部分涉外纳税人税收负担提高的问题，采取了税收返还的解决办法，即凡按改革后税制计算缴纳的税款比改革前增加的部分，经主管税务机关审核后，采取年终一次或全年分次返还的办法，照顾时间以合同为限，但最长不得超过1998年。1994年1月1日后新批准的涉外纳税人，一律按新税法规定的税负纳税。原来征收产品税的农、林、牧、水产品，改为征收农林特产农业税和屠宰税。

（2）所得税的改革。

第一，企业所得税。企业所得税的目标是调整、规范国家与企业的分配关系，促进企业经营机制的转换，实现公平竞争。改革的主要内容包括：一是1994年1月1日起统一内资企业所得税。二是内资企业所得税实行33%的比例税率。三是用税法规范企业所得税前的列支项目和标准，改变应纳税所得额的确定从属于企业财务制度状况，稳定和拓宽税基，硬化企业所得税。四是取消国营企业调节税和向国有企业征收国家能源交通重点建设基金和国家预算调节基金。五是在统一企业所得税的同时，建立新的规范化的企业还贷制度。六是统一企业所得税后，改变承包企业所得税的做法。

第二，个人所得税。个人所得税改革的基本原则是调节个人收入差距，缓解社会分配不公的矛盾。为此个人所得税主要对收入较高者征收，对低收入这少征或者不征。改革的主要内容包括：一是把原来征收的个人所得税、个人收入调节税、城乡个体工商业户所得税统一起来。二是个人所得税的费用扣除标准定为，工资、薪金所得月扣除800元、中外籍人员实行统一的个人所得税法后，对外籍人员规定附加减除费用，具体数额和适用范围由国务院确定，目前为外籍人员的工资、薪金所得月附加扣除3200元。三是对应税项目进行调整，主要是增加了个体工商户的生产经营所得、财产转让所得和偶然所得。四是新的个人所得税税率定为，工资、薪金所得和对企事业单位的承包经营、承租经营所得实行5%～35%超额累进税率；稿酬所得实行20%比例税率，并按应纳税额减征30%；劳务报酬所得、特许权使用费所得和利息、股息、红利所得以及财产租赁所得、财产转让所得、偶然所得与其他所得实行20%的比例税率。

（3）其他税种的改革。

首先，是资源税，改革后的资源税的征税范围包括所有矿产资源，征税品目有煤炭、原油、天然气、铁矿石和其他黑色金属矿原矿、铝土矿和其他有色金属矿原矿、非金属矿原矿和盐。配合增值税的改革，资源税的税负做了适当调整。资源税实行分产品类别从量定额计算征税的办法，设置有上下限的幅度税额，同类资源产品开采条件不同的，税额也不相同。其次，是土地增值税。土地增值税在房产的交易环节，对交易收入的增值部分征收。具体的政策包括：土地增值税实行四级超率累进税，房地产增值额未超过扣除项目金额50%的部分，税率为30%；超过50%未超过100%的部分，税率为40%；超过100%未超过200%的部分，税率为50%。超过200%的部分，税率为60%。再次，对一些税种进行了调整。一是取消了集市交易税、牲畜交易税、烧油特别税、奖金税和工资调节税。二是将特别消费税并入起特殊调节作用的消费税，盐税并入资源税。三是将屠宰税、筵席税下放给地方管理。另外，从1997年5月10日起，我国将证券交易印花税税率由3‰提高到了5‰。

1994年的税制改革取得了极大的成功，主要表现在：第一，国民经济继续保持了持续、快速、健康的发展态势；第二，税收收入保持了较高的增长速度，1993～1997年工商税收入连续5年每年增收1000亿元左右。第三，没有因为税制改革引起物价的大幅度上涨；第四，各项税收法律、法规及各项配套措施已基本落实到位；第五，税收的宏观调控作用更加明显；第六，进一步理顺了分配关系；第七，进一步与国际税收接轨，促进了对外开放。

3. 1994年以后税制改革的进一步完善

1994年的公司税制改革确定了市场经济条件下我国税收制度的基本格局，在此后的十几年间，结合国内、国外客观经济形势的变化，国家又推行了以取消农业税、内外资企业所得税合并、增值税的转型为主要内容的补充和完善。

（1）农村税费改革。

从2000年起，中央决定把安徽省作为农村税费改革试点，在全省范围内推进农村税费改革，基本确立了由农业税及其附加税、"一事一议"筹资筹劳为主要内容的新税费制度框架，其主要内容可以概括为"三个取消，一个逐步取消，两个调整和一项改革"即"取消屠宰税，取消乡镇统筹款，取消教育集资等专门面向农民征收的行政事业性收费和政府性基金；用3年时间逐步减少直至全部取消统一规定的劳动积累工和义务工；调整农业税政策、调整农业特产税征收办法，规定新农业税税率上限为7%；改革村提留征收和使用办法，以农业税额的 20% 为上限征收农业附加税，替代原来的村提留"。安徽省的试点经验随后逐步在全国范围内推行。

从 2004 年起，全面取消除烟叶以外的农业特产税，推进减征、免征农业税改革试点，5 年内全面取消农业税，进一步减轻农民负担；当年，除国务院确定吉林、黑龙江两个粮食主产省为进行免征农业税改革试点的省份外，上海、北京、天津、浙江、福建 5 个省市也自主决定免征农业税，西藏自治区一直实行免征农牧业税政策；河北、内蒙古、辽宁、山东、江苏、江西、安徽、河南、湖北、湖南、四川等 11 个粮食主产省（区）及广东省降低农业税税率 3 个百分点；其余省份降低农业税税率 1 个百分点。2005 年全国减免农业税步伐进一步加快，有 26 个省（区、市）宣布取消农业税，2006 年，我国废除了《中华人民共和国农业税条例》，在全国范围内全面取消了已经实行了两千多年的农业税。2007 年底我国的税制体系如表 6-3 所示。

表 6-3   **2007 年底我国的税制体系**

类别	税种
流转税类	增值税、营业税、消费税、关税
所得税类	企业所得税、个人所得税
财产税类	房产税、城市房地产税、车船税
行为税类	印花税、车辆购置税、契税
资源税类	资源税、城镇土地使用税
特定目的税类	城市维护建设税、固定资产投资方向调节税、土地增值税
农业税类	烟叶税、耕地占用税

（2）两税合并改革。

长期以来，我国执行的是《中华人民共和国企业所得税暂行条例》和《外商投资企业和国外企业所得税》两套税制，对外资颇为照顾。在外资企业享受超国民待遇的同时，造成了内资企业与外资企业竞争起点的不同，不利于我国民族产业的大力发展，也不利于市场经济的公平竞争。

改革开放初期，对外资企业采取有别于内资企业的优惠政策，是希望由此能更好地吸引外商投资和引进国际先进技术和设备以及先进的管理经验。在特定历史时期，这种政策效应为吸引外商投资，推动我国经济发展起到了积极作用。但是，这种给外资企业超国民待遇的做法，只是市场不完善、经济起飞情况下政府的一种诱导投资手段。随着中国经济发展，这种超国民待遇政策产生的负面效应不断凸显，极大地损害了国内企业的竞争力与积极性，不利于内外资企业的公平竞争，不利于培育健康的市场经济环境，同时也导致了税收流失。

随着当初设立两套企业所得税制的立法环境的改变，尽快统一企业所得税制，促进市场经济的完善，显得非常迫切和必要。在经历十余年的曲折和彷徨之后，以"两税并轨"为主旨的《企业所得税法（草案）》终于在2007年两会上获得通过。从2008年8月1日起，我国将实施"两税合一"的《中华人民共和国企业所得税法》。外资企业不再享受"超国民待遇"的税收优惠，内、外资企业所得税税率统一为25%。

新的企业所得税法按照公平原则，取消了外资企业的超国民待遇，实现了内外资企业统一的税收待遇。这样，既有利于提高我国引进外资的质量，提高我国产品的科技含量，又有利于优化我国的产业结构，引进技术创新和升级，提高内资企业的竞争力，促进国民经济的可持续发展。新的企业所得税制将极大地促进企业之间平等竞争和公平市场环境的形成。

（3）增值税转型改革。

增值税转型，就是将中国现行的生产型增值税转为消费型增值税，也称作增值税改革或增值税转型改革。在现行的生产型增值税税制下，企业所购买的固定资产所包含的增值税税金，不允许税前扣除；而如果实行消费型增值税，则意味着这部分税金可以在税前抵扣。世界上采用增值税税制的绝大多数市场经济国家，实行的都是消费型增值税。因为它有利于企业进行设备更新改造，因而颇受企业的欢迎。

2003年10月底，中共中央出台《实施东北地区等老工业基地振兴战略的若干意见》，提出在东北先行实施增值税从生产型向消费型改革的试点。2004年7月1日，我国东北地区部分行业率先成为实行扩大增值税转型的试点，财政部、国家税务总局先后下发了《东北地区扩大增值税抵扣范围若干问题的规定》《2004年东北地区扩大增值税抵扣范围暂行办法》的文件。

东北税改取得了较好的成效。相关资料显示，税改前预计试点的税改成本是150亿元，但统计数据表明：从2004年下半年税改开始到2006年，试

点地区的试点企业新增固定资产增值税进项税额 121.9 亿元，共抵扣增值税
90.62 亿元，比 150 亿元的预计税改成本减少了近 60 亿元。由于增值税抵扣
采用的是增量抵扣，所以减少部分税收收入不会对整体财政收入造成重大影
响。东北税收不仅承担着吸引资金投资东北，振兴东北老工业基地，创建和
谐社会的重任，而且为在全国范围内全面实施增值税转型改革提供了宝贵
经验。

为了进一步摸索税改之路，我国于 2007 年 7 月 1 日，又选择中部地区的
6 省 26 个老工业基地城市 8 大行业进行增值税转型试点。2008 年增值税转型
试点范围迅速扩大。先是允许内蒙古东部 5 盟市纳入增值税转型试点范围，
随后所有行业纳入增值税转型范围（汶川地震受灾严重地区除国家限制发展
的特定行业除外）。2009 年 1 月 1 日起，在全国所有地区、所有行业推行增
值税转型改革。改革的主要内容是：允许企业抵扣新购入设备所含的增值税，
同时，取消进口设备免征增值税和外商投资企业采购国产设备增值税退税政
策，将小规模纳税人的增值税征收率统一调低至 3%，将矿产品增值税税率
恢复到 17%。至此我国已经完全推行消费性增值税。

2010 年底，《中共中央关于制定国民经济和社会发展第十二个五年规划
的建议》提出，扩大增值税征收范围，相应调减营业税等税收，合理调整消
费税范围和税率结构，完善有利于产业结构升级和服务业发展的税收政策。
2011 年 3 月第十一届人大四次会议通过的《中华人民共和国国民经济和社会
发展第十二个五年（2011～2015 年）规划纲要》中明确提出"扩大增值税征
收范围，相应调减营业税等税收""结合增值税改革，完善生产性服务业税
收制度"。提出了营业税改增值税的观点。2011 年 10 月 26 日，国务院常务
会议决定开展深化增值税改革，提出上海交通运输业及现代服务业先行试点，
并在现行增值税 17% 和 13% 的基础上，新增设 11% 和 6% 两档低税率，交通
运输业适用 11% 的税率。2011 年 11 月 16 日，财政部、国家税务总局印发
《营业税改征增值税试点方案》，确定了营业税改征增值税的具体内容。营业
税改征增值税开始进入试点。2011 年 11 月 16 日，财政部、国家税务总局联
合发布《关于在上海市开展交通运输业和部分现代服务业营业税改征增值税
试点的通知》，确定了交通运输业和部分现代服务业营业税改征增值税试点
实施办法、有关事项的规定及过渡政策等内容。2011 年 11 月 24 日，上海市

国家税务局、上海市地方税务局联合发布《关于本市贯彻落实财政部和国家税务总局有关营业税改征增值税试点文件的意见》，对 2012 年 1 月 1 日起在沪营业税改增值税试点工作进行了全面部署。2011 年 12 月 19 日，上海市国家税务局、上海市地方税务局发布《关于营业税改征增值税试点纳税人资格认定及相关管理事项的公告》及《关于交通运输业和部分现代服务业营业税改征增值税试点过渡政策具体操作事项的公告》对营业税改征增值税的相关事宜作了具体细化。2012 年 1 月 1 日，营业税改征增值税在上海交通运输业和现代服务业试点正式启动。

自 2012 年 8 月 1 日起至年底，国务院将扩大营改增试点至 8 省市；2013 年 8 月 1 日，"营改增"范围已推广到全国试行，将广播影视服务业纳入试点范围。2014 年 1 月 1 日起，将铁路运输和邮政服务业纳入营业税改征增值税试点，至此交通运输业已全部纳入营改增范围；2016 年 3 月 18 日召开的国务院常务会议决定，自 2016 年 5 月 1 日起，中国将全面推开营改增试点，将建筑业、房地产业、金融业、生活服务业全部纳入营改增试点，至此，营业税退出历史舞台，增值税制度将更加规范。这是自 1994 年分税制改革以来，财税体制的又一次深刻变革。

2017 年 4 月 19 日，国务院总理李克强主持召开国务院常务会议，决定推出进一步减税措施，持续推动实体经济降成本增后劲。一是继续推进营改增，简化增值税税率结构。从 2017 年 7 月 1 日起，将增值税税率由四档减至 17%、11% 和 6% 三档，取消 13% 这一档税率；将农产品、天然气等增值税税率从 13% 降至 11%。同时，对农产品深加工企业购入农产品维持原扣除力度不变，避免因进项抵扣减少而增加税负。

（4）其他的一些改革。

除了以上的税制改革的完善以外，还有其他的一些相关的改革。比如，在消费税方面：2006 年 4 月 1 日起，对我国现行消费税的税目、税率及相关政策进行调整。此次调整扩大了消费税的征收范围，新增了高尔夫球及球具、高档手表、游艇、木制一次性筷子、实木地板等税目。增列成品油税目，原汽油、柴油税目作为该税目的 2 个子目，同时新增石脑油、溶剂油、润滑油、燃料油、航空煤油 5 个子目。调整白酒、小汽车、摩托车、汽车轮胎等税目。取消护肤护发品税目。消费税的调整体现了国家新的消费导向。将新出现的奢侈品等列入征收范围，主要是想通过消费税缓解贫富差距，增强居民之间税负分配的合理性。

此外，在个人所得税方面，于2006年1月1日起将个税免征额提高到1600元/月，2007年12月又调至2000元/月。2011年3月，将工薪的9级超额累进税率修改为7级，取消15%和40%两档税率，扩大5%和10%两个低档税率的适用范围。2011年6月，将工资、薪金所得减除费用标准（个人所得税免征额）从2000元提高至3000元，同时将个人所得税第1级税率由5%修改为3%。2011年6月30日，十一届全国人大常委会第二十一次会议通过了关于修改《个人所得税法》的决定：个人所得税免征额拟调至3500元（正确叫法是个人所得税费用扣除标准或者免征额），并于2011年9月1日起施行。

2013年底我国的税制体系如表6-4所示。

表6-4　　　　　　　　　2013年底我国的税制体系

类别	税种
流转税类	增值税、营业税、消费税、关税
所得税类	企业所得税、个人所得税
财产税类	房产税、车船税
行为税类	印花税、车辆购置税、契税、船舶吨税
资源税类	资源税、城镇土地使用税
特定目的税类	城市维护建设税、土地增值税
农业税类	烟叶税、耕地占用税

4. 税制征管体系的改革

（1）建立科学严密的税收征管体系的探索。

党的十一届三中全会以来，我国从提出建立科学、严密的税收征管体系，到实行征、管、查"三分离"或"两分离"的改革，直至探索建立税收征管新模式，税收征管改革取得了重大进展。

我国传统的税收征管模式是"一员到户，各税统管，征管查一人负责，上门收税"，在计划经济体制下，它对加强税收管理、保证税收收入发挥了重要作用。但是随着改革开放的不断深化，这一沿用了几十年的传统税收征管模式日益暴露出其弊端，必须进行改革。因此，1978年8月召开的全国税收征管工作会议提出了建立科学、严密的税收征管体系的具体目标，即由健全的征管法规、严密的征管制度、规范化的征管规程、现代化的征管手段、严密的监控网络和训练有素的干部队伍等构成的、各要素之间最佳结合的完整体系。1985年7月召开的全国税务工作会议提出了建立一套科学、严密的税收征管体系的战略目标。会上，一些地区对税收征管进行了改革。在1988年2月召开的税收征管改革座谈会上，正式确定河北、湖北、吉林三省和武汉市等地区进行以征收、管理、检查三分离为内容的征管改革试点。1989年12月，国家税务局下发了《关于全国税收征管改革的意见》，明确了征管改革的指导思想、基本原则和改革的主要内容、目标、方向和步骤。

（2）1994年税收征管制度改革。

为适应发展社会主义市场经济的要求，彻底改变税收征管制度不严密、征管手段落后的局面，从根本上提高税收征管水平，建立科学、严密的税收征管体系，以保证税法的贯彻实施，建立科学的税收秩序，我国在1994年工商税制改革的同时，对推进税收征管制度的改革作了总体规划，包括：一是普遍建立纳税人申报制度。二是积极推行税务代理制度。三是加速推进税收征管计算机化的进程。四是建立严格的税务稽查制度。五是适应实行分税制的需要组建中央和地方两套税务机构。六是确立适应社会主义市场经济需要的税收基本规范。七是中央税和全国统一实行的地方税立法权集中在中央。八是加强税收法制建设，加快完成税收法律、法规的立法程序；逐步建立税收立法、司法和执法相互独立、相互制约的机制。上述措施实施以后，我国税务行政管理将形成法规、征收、稽查、复议诉讼四条线并重，相互协调制约的新格局。

（3）深化税收征管改革方案，建立税收征管新模式。

鉴于1994年税收征管改革方案存在着先天不足，如将税务代理作为税收征管体系一个不可缺少的环节，建立申报、代理、稽查三位一体的税收征管格局，必须重新研究适应发展社会主义市场经济要求的税收征管模式。1997年1月，国务院办公厅转发了国家税务总局《关于深化税收征管改革的方案》，对于建立税收征管新模式做了总体部署，包括：一是深化税收征管改革的任务和原则。税收征管改革的任务是：建立以申报纳税和优化服务为基础，以计算机网络为依托，集中征收，重点稽查的新的征管模式。税收征管改革的基本原则是：依法治税、规范统一、整体协调、实用易行和监督制约。二是深化税收征管改革的主要内容。其中包括：建立纳税人自行申报的纳税制度，建立税务机关和社会中介组织相结合的服务体系，建立以计算机网络为依托的管理监控体系，建立人工与计算机结合的稽查体系，建立以征管功能为主的机构设置体系。三是深化税收征管改革的配套措施。包括：建立健全税收征管法规，统一制定计算机系统的建设规划，抓好业务培训，提高整体素质，切实加强业务合作，坚持专业管理与社会监督相结合，加大对征管改革的投入。四是深化税收征管改革的实施步骤。城市的市区、县城和沿海地区发达的乡镇，在 1996 年完成征管改革试点的基础上，1997 年开始推行新的征管模式。在内陆农村地区，1997 年前主要应立足于建立新的征管运行机制。

5. 税务机构的改革

在 1978 年以来的 30 多年间，我国税务机构经历了从恢复到在改革中不断得到强化的变动过程。直至目前，已形成了适应社会主义市场经济体制要求的税务机构基本框架。

（1）1993 年以前的税务机构改革。

第一，改革初期税务机构的恢复。鉴于"文化大革命"期间从财政部税务总局到基层税务机构都进行了大撤并，改革初期我国即着手恢复税务机构。1978 年全国税务工作会议提出了健全税务机构的要求，并明确了省和自治区都要设立税务局。1979 年全国税务工作会议上又强调指出，税务机构的设置，只能加强，不能削弱。到 1980 年底，除了京津沪三市外，其他省、自治区都设置了税务局。有 15 个省、自治区的地（市）、县财税机构基本分开。

第二，省以下的税务机构的垂直管理。为适应经济体制改革的要求，在税务机构逐步健全以后，我国以强化税务机构为原则，对省以下税务机构实行了垂直管理。

第三，国家税务局的成立和税务系统的垂直管理。随着改革开放的逐步深入，税收工作日趋重要。为提高税务机关的地位，1988 年 5 月我国在机构改革时决定成立国家税务局，为国务院直属副部级机构，由财政部归口管理。国家税务局的职责是：贯彻执行国家的方针政策和有关指示、决定，管理国家税收；拟定全国的税收法律草案、法令草案和征收管理制度；组织国家财政收入；运用税收杠杆对经济进行宏观条调控。为了保证税务机关独立行使职权，在国家税务局成立以后，国务院作出决定：全国税务系统实行上级税务机关和同级政府双重领导，以税务机关垂直领导为主。

（2）1993年以来的税务机构改革。

第一，国家税务总局成立。在发展社会主义市场经济的情况下，税收工作的重要性显得更加突出。适应加强税务机构的要求，1993年4月我国在机构改革时将国家税务局改为国务院直属正部级机构，并定名为国家税务总局。国家税务总局是国务院主管国家税务工作的职能机构。

第二，税务机构的分设。为适应实行分税制的要求，1993年底国务院做出了实行税务机构分设的重大决策，以精简、统一、高效为原则，组建国家税务局和地方税务局两套税务机构。前者主要负责中央税和中央与地方共享税的征收管理，后者主要负责地方税的征收管理。

第三，税务机构改革的深化。1997年3月，根据深化税收征管改革的总体要求，报中编办批准，国家税务总局对内设机构进行了调整，设立了稽查局。1997年9月，为了进一步加强国家税务局系统垂直管理的领导体制，以适应税收工作向征管转移和向基层转移的需要，结合自身内设机构的调整，国家税务局提出了修订省、自治区、直辖市国家税务局职能配置、内设机构和人员编制方案（"三定"方案）及有关问题的意见。1998年3月，九届人大一次会议通过了《国务院机构改革方案》，明确改革的目标是建立办事高效、运转协调、行为规范的政府行政管理体系，完善国家公务员制度，建设高素质的专业化行政管理队伍，逐步建立适应社会主义市场经济体制的有中国特色的政府行政管理体制。在这次国务院机构改革中，国家税务总局不仅要保留，而且其税收征管职能要强化。

6. 建立现代财政制度——十八大以来我国财税体制的理论创新与实践创新

2012年11月，党的十八大报告指出："加快改革财税体制，健全中央和地方财力与事权相匹配的体制，建设公共财政体系，构建地方税体系，形成有利于结构优化、社会公平的税收制度。"接着，2013年11月，党的十八届三中全会通过的《中共中央关于全面深化改革若干重大问题的决定》中进一步指出："深化财税体制改革。必须完善立法、明确事权、改革税制、稳定税负、透明预算、提高效率，建立现代财政制度，发挥中央和地方两个积极性。改进预算管理制度；完善税收制度；建立事权和支出责任相适应的制度。保持现有中央和地方财力格局总体稳定，进一步理顺中央与地方收入划分。"这是我党中央文献中第一次提出"现代财政制度"的概念，并对我国建立现代财政制度进行了顶层设计。

为加快建立现代财政制度，2014 年 6 月 6 日，习近平总书记在中央全面深化改革领导小组第三次会议上指出：财税体制改革不是解一时之弊，而是着眼长远机制的系统性重构。主要目的是……加快形成有利于转变经济发展方式、有利于建立公平统一市场、有利于推进基本公共服务均等化的现代财政制度，形成中央和地方财力与事权相匹配的财税体制，更好发挥中央和地方两个积极性。2014 年 6 月 30 日，中共中央政治局召开会议，审议通过的《深化财税体制改革总体方案》指出，深化财税体制改革的目标是建立统一完整、法治规范、公开透明、运行高效，有利于优化资源配置、维护市场统一、促进社会公平、实现国家长治久安的可持续的现代财政制度。重点推进 3 个方面的改革：强化预算约束；优化税制结构；调整中央和地方政府间财政关系。新一轮财税体制改革 2016 年基本完成重点工作和任务，2020 年基本建立现代财政制度。

2015 年 10 月，党的十八大五中全会通过的《中共中央关于制定国民经济和社会发展第十三个五年规划的建议》中明确指出："深化财税体制改革，建立健全有利于转变经济发展方式、形成全国统一市场、促进社会公平正义的现代财政制度，建立税种科学、结构优化、法律健全、规范公平、征管高效的税收制度。"

2016 年 12 月 29 日，财政部长肖捷在全国财政工作会议上强调：2017 年将深入推进财税体制改革，加快现代财政制度建设。为实现"四个全面推进"和"五大发展理念"提供现代财政服务职能。

第三节 财政政策与宏观调控的变革

中国作为一个发展中大国，财政政策的发展功能和结构优化功能更为突出，公共管理、宏观调控以及经济、社会发展都离不开财政政策的支撑。20世纪90年代以来，随着社会主义市场经济体制模式的确立和逐步健全，中国政府面对复杂的国内外经济形势，审时度势合理应对，灵活运用财政政策、货币政策等经济调控手段，对经济运行中的周期性波动进行了有效的宏观调控，有力地促进了国民经济的健康发展。总的来说，1994年以后，中国政府先后相机抉择实施了"适度从紧"的财政政策、积极的财政政策和稳健的财政政策，显示出政府对宏观经济调控的艺术走向成熟。

一、1993年适度从紧的财政政策

1992年，邓小平同志的"南方谈话"，强调"发展才是硬道理"的重要思想。以此为契机，我国开始进入新一轮的经济快速增长时期，一举扭转了1989~1991年经济低速增长态势，国民经济发展进入了一个新的阶段。但1992年开始的新一轮经济增长，在取得巨大成就的同时，却出现了经济过热的苗头。1992~1993年，我国固定资产投资增速分别达到42.6%和58.6%。1993年和1994年全国商品零售价格指数分别上升了13.2%和21.7%，产生了较为严重的通货膨胀。

为了抑制经济过热，1993年下半年，中央果断地出台了针对固定资产投资增长过快等问题的一揽子宏观调控措施，采取适度从紧的财政政策，并与适度从紧的货币政策相配合。财政政策方面的基本内容是，控制支出规模，压缩财政赤字，是财政支出增长速度从1993年和1994年的24.1%与24.8%降至1995年的17.8%、1996年的16.3%和1997年的16.3%；财政赤字的规模在5年间分别控制为293.4亿元、574.5亿元、581.5亿元、529.6亿元和582.4亿元。

适度从紧的财政政策取得了良好的效果：首先，顺利实现了经济增长的软着陆。严重的通货膨胀从1995年开始得到抑制，当年的全国商品零售价格指数比上年回落了6.9个百分点，而同期经济增长仍维持了10.5%的较高增长速度；到了1996年，我国基本实现了国民经济的软着陆，当年全国商品零售价格指数回落至6.1%，经济增速为9.6%。1997年物价指数继续回落，而经济增长速度保持了8.8%的较高水平，取得了既遏制通货膨胀又保持国

民经济持续增长的良好结果，出现了在低通胀下国民经济高速增长的格局。其次，是积累了治理经济过热的丰富经验。这次宏观调控政策实践是新中国成立以后第一次成功地实现了经济增长中的软着陆。这是改变计划经济时代运用行政手段控制国民经济的传统做法而主要运用经济手段进行宏观调控的成功范例，标志着我国在经济管理体制模式转变中，基本实现了经济调控方式从行政手段为主向经济手段为主的重大转变。

二、1998～2004 年积极的财政政策

1997 年 7 月 2 日，东南亚金融风暴首先在泰国爆发，迅速席卷了马来西亚、新加坡、印度尼西亚、菲律宾、韩国等东南亚国家。同时也造成了我国外贸出口滑坡，国民经济运行又叠加了经济周期低迷阶段到来的下行因素，经济增长速度显著回落，1998 年上半年经济增长仅为 7%，而以往重复建设带来的结构不合理等深层次矛盾也加剧了中国的经济困难。

1998 年 2 月，针对亚洲金融危机蔓延之势，江泽民总书记提出：我们必须做到心中有数，沉着应付，未雨绸缪，做好应对事态进一步发展的准备。1998 年 3 月，在九届全国人大第一次会议的记者招待会上，朱镕基总理提出：确保经济增长，扩大国内需求。扩大内需的主要途径是加强铁路、公路、农田水利、市政、环保方面的基础设施建设，并加强高新技术产业的建设和现有农业技术的改造。

当时实施的积极财政政策的主要措施有三项：一是增发 1000 亿元长期建设国债，全部用于基础设施建设，主要包括农林水利、交通通信、城市基础设施、环境保护、城乡电网建设和改造、中央直属储备粮库 6 个方面；二是向四大国有独资商业银行发行 2700 亿元特别国债，转为四大银行的资本金，提高银行资本充足率；三是提高纺织品原料及制成品、纺织机械、煤炭、水泥、钢材、船舶和部分机电、轻工产品的出口退税率，支持外贸出口。此后中国政府在正确分析国内外经济形势，在外部环境压力依然比较严峻，国内有效需求不足的矛盾没有得到根本缓解的情况下，为了保持经济持续快速健康发展，巩固扩大需求的成果，继续实施积极的财政政策，并在 1999 年以后，及时调整、不断丰富和完善了积极财政政策的调控方式，充分发挥政府

投资、税收、收入分配、财政贴息、转移支付等多种手段的政策组合优势。在着力发挥财政支出作用的同时，也注重发挥税收政策的作用；在不断扩大国债投资的同时，注重扩大消费和出口；在加强基础设施建设的同时，注重配合大型国有骨干企业"三年脱困"，支持和推动企业技术改造与技术进步。

总之，通过跨度 7 年的积极财政政策的实施，我国经济增长速度保持了持续、快速和稳定的状态。1998～2004 年，年度经济增长速度分别为 7.8%、7.1%、8.0%、7.5%、8.3%、9.3% 和 9.5%，并表明中国经济在 2003 年转入了新一轮快速增长周期的上升阶段。其中，据有关部门测算，积极财政政策每年拉动经济增长 1～2 个百分点。如果考虑政策组合因素，财政政策的综合作用会更大一些。实践表明，积极财政政策是中国政府根据市场经济规律在国内外经济环境急剧变化的情况下主动采取的一次反周期调控，在中国宏观调控史上具有重大意义。通过宏观调控成功地克服了亚洲金融危机的冲击，宏观经济运行环境得到显著改善，社会需求全面回升，经济持续快速增长，通货紧缩得到有效遏制，经济结构优化稳步推进，经济增长的质量和效益有所提高。

三、2004 年以后稳健的财政政策

2004 年，在国民经济运行明显走过了从相对低迷阶段向繁荣高涨阶段的拐点之后，中国财政政策也不失时机地实现了从扩张性的积极的财政政策向中性导向的稳健的财政政策的转型。当时，出现了一些行业和地区投资过旺和低水平重复建设倾向有所加剧等问题，钢铁、汽车、电解铝、水泥等行业在建和拟建规模过大，货币信贷增长偏快，资源对经济增长的制约越来越大，并带来煤、电、油、运和原材料供应的紧张局面。2004 年 5 月 27 日，时任财政部部长的金人庆在上海出席全球扶贫大会闭幕式记者招待会时，首次提出中国财政政策需要由扩张向中性过渡，采取松紧适度、有保有压的财政政策，确保经济健康发展。2004 年 7 月下旬，财政部召开了部分经济学家座谈会，就中国财政政策取向问题征求国内外专家学者的意见和建议。专家们认为：中国宏观经济形势发生了变化，经济增长进入了新一轮扩张时期；积极财政政策实施了 6 年多，不可能一成不变，继续实施积极的财政政策已经不

符合现实需要，必须适时进行调整；结合经济形势变化，财政政策转为"趋于中性"是十分必要、势在必行的。2005年3月5日，时任国务院总理温家宝代表国务院在十届全国人大三次会议上作政府工作报告时强调：2005年要坚持加强和改善宏观调控，实施稳健的财政政策。这一政策的要求也同时体现在提交本次全国人大会议审议的预算安排和其他相关工作部署中，标志着稳健财政政策进入全面实施阶段。

稳健财政政策不仅是财政政策名称变化，更是宏观经济调控中财政政策性质和导向的转变。随着财政政策由"积极"向"稳健"转变，财政政策将进一步与时俱进地发挥其在经济社会协调发展中的职能作用。稳健财政政策的主要内容包括四个方面：一是控制赤字。适当减少中央财政赤字，但不做急骤压缩，做到松紧适度，重在传递调控导向信号，既防止通货膨胀苗头的继续扩大，又防止通货紧缩趋势的重新出现，适应进一步加强和改善宏观调控、巩固和发展宏观调控成功的要求，体现财政收支逐步平衡的取向。二是调整结构。在财政支出总规模不做大的调整和压缩的基础上，进一步调整财政支出结构和国债资金项目的投向结构，区别对待、有保有压、有促有控，不仅要注重财政支出的增量调整和优化，还要注重存量的调整和优化。三是推进改革。在以财政政策服务于合理调控总量、积极优化结构的目标同时，还大力推进和支持体制改革，实现制度创新。即大力支持收入分配、社会保障、教育和公共卫生等制度改革，为市场主体和经济发展创造一个良好、公平的政策环境，建立有利于经济增长和健康发展的长效机制，优化经济增长方式。四是增收节支。依法组织财政收入，确保财政收入持续稳定增长；同时，严格按照预算控制支出，提高财政资金使用效益。

2014年5月，习近平总书记在河南考察时指出："我国发展仍处于重要战略机遇期，我们要增强信心，从当前我国经济发展的阶段性特征出发，适应新常态，保持战略上的平常心态。"我国经济发展进入"三期叠加"（1. 增长速度换档期，是由经济发展的客观规律所决定的。2. 结构调整阵痛期，是加快经济发展方式转变的主动选择。3. 前期刺激政策消化期，是化解多年来积累的深层次矛盾的必经阶段）的经济新常态，经济发展将处于"L"型增长，经济发展（GDP）增速将长期处于6%~7%区间运行。2016年我国GDP增长6.7%，2017年3月5日，十二届全国人大五次会议上李克强总理作政府工作报告时指出：2017 年 GDP 预期增长 6.5% 左右。为推进供给侧结构性改革，我国目前以积极财政政策与稳健货币政策来作"一松一紧"的搭配，总体上适应新常态进入期的调控需要，有利于在经济水平、就业率水平可接受的底线上，让市场更好发挥"优胜劣汰"、调整结构的资源配置决定性作用而加快发展方式转变①。

---

① 贾康：《新常态下的财政政策：思路与方向》，载《国家智库》2014 年第 21 期，第 38～40 页。

| 第七章 |
完善城乡社会保障制度

第一节　社会保障制度概述

一、社会保障制度的含义和基本内容

1. 社会保障制度的含义

联合国国际劳工组织在 1989 年发布的《社会保障导言》中认为：社会保障即社会通过一系列的公共措施对其成员提供的保护，以应对由于疾病、妊娠、工伤、失业、残疾、老年及死亡导致的收入中断或大大降低而引起的经济和社会贫困，并对社会成员提供的医疗照顾，及对有儿童的家庭提供的补贴。国际社会保障协会认为：社会保障意为由立法确立的制度、计划抑或其他强制性的制度安排，社会保障向那些因工伤、职业病、失业、妊娠、疾病、残疾、年老、退休、寡居或死亡者提供现金或实物保护，以及儿童及其他家庭成员津贴，健康照顾津贴，预防保健、康复及慢性病照顾津贴的制度。它包括了社会保险、社会救助、复合的津贴计划、公积金以及其他基于国家法律或实践而成为社会保障体系组成部分的制度。

我国学者郑功成认为，社会保障是各种具有经济福利性的、社会化的国民生活保障系统的统称。我国政府在 2001 年发布的社会保障白皮书中认为：

中国的社会保障体系包括社会保险、社会福利、优抚安置、社会救助和住房保障等。本书认为，社会保障制度是政府依法对每个社会成员的基本生活予以保障的社会安全制度。

2. 社会保障制度的基本内容

社会保障制度有狭义和广义之分。狭义的社会保障制度包括社会保险、社会福利、社会救助、社会优抚。广义上的社会保障制度还包括补充保险和商业人身保险。其中社会保险主要有养老保险、医疗保险、失业保险、工伤保险、生育保险五大门类。社会救助主要包括自然灾害救助、贫困救助和对孤儿、孤寡老人以及难民等特殊人群的救助。社会福利包括残疾人福利（残疾人补贴、福利工厂）、特殊人群福利（老人福利、儿童福利、妇女福利）、住房福利、教育福利等。社会优抚的主要对象是军烈属，具有褒扬和优待抚恤的性质。本书所研究的范围仅限于狭义的社会保障。

二、社会保障制度的功能和特点

1. 社会保障制度的基本功能

（1）社会保障制度是维护社会稳定的安全网。

社会保障制度通过有效的制度安排，实现老有所养、病有所医、失业有救济、贫困有支持，保障社会成员的基本生活。劳动者在劳动中可能发生工伤风险、疾病风险和失业风险，女职工又要生育子女。这将使部分职工丧失劳动能力和劳动岗位，失去和减少维持生活的收入来源。此外，劳动者也必然会由青年走向壮年，最后步入老年而丧失劳动能力。如果这些人的基本生活得不到保障，他们就难以生存下去，必将影响社会的稳定和发展。建立和完善社会保障制度，就使劳动者在暂时或永久丧失劳动能力时，可以获得社会给予的物质帮助和保障，能够正常地继续生存下去。这就解除了劳动者的后顾之忧，有利于调动职工的劳动积极性，有利于社会的稳定。可见，社会保障制度是社会和经济发展的"稳定器"。

19世纪末，以德国为代表的资本主义国家创建了现代社会保障制度，其根本目的还是为了巩固资本主义生产方式，缓和日益激化的社会矛盾。第二次世界大战以后福利国家的飞速发展也是为了建立一种保证经济稳定发展的社会保障机制。我国自 20 世纪 90 年代后期以来，社会矛盾有所激化，在一定程度上正是由于在改革的过程中没有适时建立起相应的社会保障制度。

（2）社会保障制度是经济发展的助推器和稳定器。

从宏观经济来看，在一个成熟的市场经济体中，社会保障基金经过长期的积累，往往形成规模巨大的资产。雄厚的社会保障基金能够有力地支撑经济发展，并对经济运行发挥宏观调控的作用。在经济低迷的情况下，失业增加，人们收入减少。一方面，高额的社会保障基金的投资能支撑经济发展，减少失业。另一方面，社保基金支付的增加也会使人民的购买力维持在一定的水平上，刺激社会的有效需求。而在经济过热的情况下，一方面，可以通过调节社会保障基金在债券、房地产、股票、储蓄等方面的投资比例和投资结构，对经济格局发挥宏观调控的作用。另一方面，社保基金支付的减少也会相应地减少人们的需求，抑制需求过度膨胀，从而达到调节经济波动实现经济稳定发展的目的。

（3）社会保障制度是社会公平的调节器。

在市场经济条件下，效率优先的竞争原则以及与此相对应的分配规则使得社会成员之间的收入差距不可避免地出现了，而市场经济本身又没有缩小这一差距的机制。社会保障通过对社会成员的收入进行必要的再分配调节，将高收入者的一部分收入转移给低收入的社会成员，可以在一定程度上缩小社会成员之间的贫富差距，弥补市场经济的缺陷，缓和社会矛盾，从而促进社会公平目标的实现。

（4）社会保障制度可以弥补市场经济的不足。

社会保障制度可为市场经济的正常运行提供良好的社会环境和保证条件。这是因为，市场经济遵循价值规律的要求运行。价值规律和市场机制作用的结果，一方面促进了经济效益的提高和生产的发展；另一方面又会导致在收入分配上存在较大差距，一部分人收入很高，生活富裕，一部分人收入很低，陷入贫困的境地；同时，由于优胜劣汰的竞争规律的作用，使部分企业破产，工人失业，一部分人陷于生活无着的困境。由此可见，市场经济自发向效率倾斜，不能自发地实现社会公平分配。而收入分配不公，是社会不稳定的隐患。在市场经济条件下建立和完善社会保障制度，通过收入再分配兼顾到社会公平，能起到维护社会稳定和安全的作用，为改革和发展提供保证。同时，社会保障制度可以分散劳动者可能遇到的各种风险，也是对市场经济缺陷的一种弥补。此外，在市场经济条件下，劳动力作为主要的生产要素，需要在不同地区、不同所有制的企业合理流动，如果没有社会化的社会保障制度为劳动者提供养老、医疗、失业等保障，劳动力就无法流动，劳动力资源的合理配置就难以实现。建立和完善社会保障体系，有利于保证劳动力平等进入市场，参加竞争，使劳动力资源得到充分开发和合理利用，以维护经济更快更好地发展。

2. 社会保障制度的特点

社会保障制度具有强制性、社会性、共济性、对等性和补偿性的特点。其中强制性是指社会保障是由国家依据法律法规强制执行的。社会性是指社会保障制度将本来应该由家庭来承担的一些功能变成了社会来承担，从而达到分散风险保障个人的目的。共济性是指社会保障制度的设计是通过后代养前代，健康保生病的大数原理设计的，具有互助共济的特点。对等性是指社会保障的运行必须是权利与义务对等，每个人要享受社会保障的权利必须先承担一些义务。比如养老保险的享用是以缴纳养老保险金为前提的。补偿性是指社会保障制度以保障劳动者的基本生活需要为限度，尽量避免经济补偿带来的负效应①。

三、社会保障制度的历史沿革

1. 社会保障制度的由来

早在 1601 年，英国就颁布了《济贫法》，该法案用征税的办法向圈地运动中流离失所的贫民进行救助。但由于政策的实施不到位，政府所拨的款项大多进入了封建主和商人手中，引起了当地人民的强烈反对。1834 年英国国会通过《济贫法修正案》（常被称作新济贫法）规定，社会救助是公民应得的合法权利，也是政府应尽的义务，第一次把社会救助以法律的形式确立下来。但这并没有改变社会救助恩赐施舍的特征，救助者与被救助者处于极不平等的状态。同时社会保障的覆盖面和保障水平都很低，并不能满足人们的

---

① 刘钧：《社会保障理论与实务》，中国劳动社会保障出版社 2012 年版。

基本生活需要，还属于传统的社会保障阶段。

2. 现代社会保障制度的形成和发展

第一个建立社会保障制度的国家是后起的资本主义国家——德国。随着德国工业化的发展，德国工人阶级的队伍不断壮大，与资产阶级的矛盾也越来越尖锐。俾斯麦政府在压制工人运动的同时接受了新历史学派和社会政策学会的主张，试图通过立法加强对劳动者的保护来缓解劳资冲突。随后德国颁布了《疾病保险法》（1883）、《工伤保险法》（1884）、《老年和残障社会保险法》（1889）三部社会保险法律。这些法律反映了权利与义务相统一、享受保险以缴费为前提、保险费用多方分担等原则，具有了现代保险制度的特征，标志着现代社会保障制度在德国的建立。此后，欧洲各国相继效仿德国，颁布了一系列的社会保障法律，开始建立国家统一的社会保障制度。到20世纪初，社会保障制度在欧洲大陆老牌资本主义国家已经基本确立。

美国也是一个社会保障制度建立较早的国家，非常重视社会保障制度的建设。1929～1933年，资本主义国家经历了普遍的大萧条，美国受到的影响最为严重。罗斯福新政的一个重要内容就是国家向社会实施社会救济、社会保险和社会福利。1935年美国国会通过了《社会保障法》，这一法律在社会保障历史上具有重要的标志性意义，成为当时最为完备、最综合的社会保障法。

现代社会保障制度的几种模式及其代表国家如表7-1所示。

表7-1 社会保障制度的典型模式

模式	具体做法	代表国家
福利国家型保障模式	社会保障按照统一的标准缴费和统一标准给付，社会保障基金主要由国家和个人缴费解决，保障水平是以维持正常生活水平为准。	英国、瑞典
社会保险型保障模式	以劳动者为主要的保障对象，以建立各种社会保险制度为中心，再补充以其他救助或福利性政策。	德国、日本、美国
强制储蓄型保障模式	通过国家立法强制雇主与雇员参加公积金制度，会员所享受的待遇只在其账户的公积金总额以内支付。	新加坡
国家保险型保障模式	社会保障事务完全由国家包办，个人不缴纳任何费用。	前社会主义国家

资料来源：洪进、杨辉：《社会保障导论》，中国科技大学出版社2006年版，第27～30页。

3. 我国社会保障制度的历史沿革

1951 年 2 月，我国颁布的《中华人民共和国劳动保险条例》是我国第一部比较完备的社会保障法。其中包括了疾病、工伤、生育、医疗、退休、死亡待遇和待业救济金等保障和福利项目。根据这一条例，首先在国有工业企业中建立了劳动保险制度，以后又逐渐扩展到国有商贸等行业。农村则沿用中国传统的办法，以家庭保障作为主要的保障形式。以后又陆续颁布了一系列政策法规，使社会保险、社会救济、社会福利、优抚安置等保障项目步入正常发展轨道。"文革"期间，社会保障制度建设受到严重挫折和破坏，从 1969 年起，企业不再按工资总额的一定比例提取劳动保险基金，社会保障演变为企业保险。改革开放以后随着经济体制改革的推进，社会保障制度得以恢复、改革和发展，中央关于改革社会保障制度的决策内容如表 7 - 2 所示。

表 7 - 2   改革开放以来中央关于社会保障制度改革的决策内容

时间	决策内容
1984 年十二届三中全会通过《中共中央关于经济体制改革的决定》	标志着社会保障制度改革序幕的拉开。随后，一些地方开始引入个人缴纳养老保险费用机制，探索实行退休费用社会统筹。
1992 年党的十四大报告	第一次提出建立社会主义市场经济体制，也第一次明确把社会保障制度改革作为经济体制改革的四个环节之一。社会保障制度改革步伐明显加快。
1993 年党的十四届三中全会通过《中共中央关于建立社会主义市场经济体制若干问题的决定》	进一步明确了社会保障制度改革的目标和原则，初步形成了改革的总体思路和总体框架。同时，提出养老、医疗保险制度改革实行社会统筹和个人账户相结合的原则，这是我国社会保障制度改革具有里程碑意义的重大突破。
1997 年党的十五大报告	完善的社会保障制度是社会主义市场经济体制的重要支柱，要建立独立于企事业单位之外的社会保障体系，提供最基本的社会保障。
2000 年党的十五届五中全会	提出了独立于企业事业单位之外、资金来源多元化、保障制度规范化、管理服务社会化的社会保障体系建设目标。
2002 年党的十六大报告	把社会保障作为全面建设小康社会的重要内容，明确要求建立健全同经济发展水平相适应的社会保障体系。

续表

时间	决策内容
2006 年党的十六届六中全会通过了《中共中央关于构建社会主义和谐社会若干重大问题的决定》	把到 2020 年基本建立覆盖城乡居民的社会保障体系作为构建社会主义和谐社会的重要目标。我国社会保障体系建设进入全面完善、加快发展的新时期。
2007 年党的十七大报告	进一步明确了社会保障制度建设的远景目标，就是到 2020 年，覆盖城乡居民的社会保障体系基本建立，人人享有基本生活保障。
2008 年十七届三中全会决定	贯彻广覆盖、保基本、多层次、可持续原则，加快健全农村社会保障体系。按照个人缴费、集体补助、政府补贴相结合的要求，建立新型农村社会养老保险制度。
2012 年党的十八大报告	社会保障是保障人民生活、调节社会分配的一项基本制度。改革和完善企业和机关事业单位社会保险制度，整合城乡居民基本养老保险和基本医疗保险制度，逐步做实养老保险个人账户，实现基础养老金全国统筹。

　　经过多年的改革和发展，我国的社会保障体系框架基本形成并逐步完善。主要表现在：一是建立了城镇企业基本养老保险制度。同时，积极探索建立农村养老保险制度、农民工养老保险制度，机关事业单位基本养老保险制度改革稳步推进。二是初步形成了城乡基本医疗保障体系，建立了城镇职工基本医疗保险、城镇居民基本医疗保险和新型农村合作医疗等三项制度，从制度上实现了对城乡居民的全覆盖。三是建立了失业保险、工伤保险、生育保险制度。四是以建立城乡居民最低生活保障制度为重点，城乡社会救助体系进一步完善。目前，我国城镇普遍建立了比较完善的居民最低生活保障制度；农村也于 2007 年全面建立居民最低生活保障制度，同时，农村"五保"制度和城乡灾害救助、医疗救助等制度也不断健全。[①] 截至 2015 年底，全年五项社会保险（含城乡居民基本养老保险）基金收入合计 46012 亿元，比上年增加 6184 亿元，增长率为 15.5%。基金支出合计 38988 亿元，比上年增加 5985 亿元，增长率为 18.1%。[②]

---

① 魏礼群：《中国经济体制改革 30 年回顾与展望》，人民出版社 2008 年版。
② 人力资源和社会保障部：《2015 年度人力资源和社会保障事业发展统计公报》。

第二节　我国的社会保障制度

一、社会保险制度

1. 养老保险制度

养老社会保险，亦称老年社会保险，是指受保者达到法定老年年龄并从事某种工作达到法定年限后，国家和社会根据一定的法律和法规为其提供一定的物质帮助，以满足其老年阶段基本生活需要的制度[①]。它是社会保障制度的重要组成部分。为了防止养老金的支付风险，世界银行于1993年提出了一个包含公共养老金计划、强制性养老金计划和个人或企业自愿建立的养老金计划的三支柱养老保险金模式。

（1）改革前的养老保险制度。

我国的养老保险制度始建于20世纪50年代初期。1951年颁布的《中华人民共和国劳动保险条例》对职工的退休养老制度做了明确的规定。1958年国务院颁布了《关于工人、职员退休处理的暂行规定》，统一了企业职工和国家机关工作人员的退休制度，但这一制度设计只考虑了全民所有制职工（包括国营企业工人和国家机关、事业单位职员），将其他所有者经济成分职工排除在养老保险范围之外。1969年2月财政部在《关于国营企业财务工作中几项制度改革的意见》中明确规定，"国营企业一律停止提取劳动保险基金，企业的退休职工、长期病号工资和其他劳动保险开支在营业外列支"，即直接扣减企业利润。这样，劳动保险制度基本丧失了统筹功能，养老成为企业内部的事务，社会养老保障退化成了企业保障。

"文革"期间，社会保障制度遭到了严重的破坏。1978年发布的《国务院关于工人退休、退职的暂行办法》和国务院《关于安置老弱病残干部的暂行办法》对工人和干部分别制定了退休办法，终止了1958年以后的统一制

---

① 洪进、杨辉：《社会保障导论》，中国科技大学出版社2006年版。

度，从此形成了机关事业单位和企业各自独立的退休制度①。这一阶段，集体所有制企业的养老金制度也开始探索。1980 年 7 月，国务院发布《中外合资企业劳动管理规定》，要求在中外合资企业参照国营企业标准支付职工的劳动保险费用，为非公有制企业职工的社会保障提供了依据。但除了一些大的非公有制企业主动为职工投了商业人寿保险外，实施效果并不理想。农村养老保险制度在这一阶段主要还是以家庭养老为主。1984 年以后，中国人民保险公司在农村开展了以自愿为基础的商业人寿保险，由于农村大多数人口还处于解决温饱阶段，以盈利、自愿为基础的商业保险在农村未能发展起来。

（2）养老保险社会统筹的探索（1985～1993 年）。

20 世纪 80 年代中期，以国有企业改革为主要内容的城市经济体制改革拉开了序幕。国有企业改革的目标是逐渐成为独立核算、自负盈亏的经济实体，政府不再承担国有企业的盈亏。这样，企业的各项保险费用支出完全要由企业自己负担，由此企业养老保险面临严重危机。为改变这一局面，1984年开始在广东江门、东莞和江苏泰州等个别城市先行试点养老保险费用社会统筹。1985 年试点进一步扩大到广东、四川等地，福建省公交企业也实行了养老保险全省统筹。养老保险的社会统筹改革就此开展。

1986 年 7 月，国务院颁布《国营企业实行劳动合同制暂行规定》，要求国营企业对新招的员工一律实行劳动合同制，劳动合同制工人养老保险费用实行社会统筹，企业按照工人工资的 15% 上缴，工人按其工资收入的 3% 缴纳。到 1989 年，全国离退休职工已达 2200 多万人，离退休费用 375 亿元，绝大多数费用都是由社会统筹筹集。1991 年 6 月下发的《国务院关于城镇企业职工养老保险制度改革的决定》，明确规定养老保险实行社会统筹，实行社会基本养老保险、企业补充养老保险、个人储蓄养老保险相结合的多层次养老保险体系，费用由国家、企业和个人三方负担，养老保险基金实行部分积累制，基本养老保险实行"医疗保险基金专户"管理，多方监督。

养老保险的社会统筹是养老保险制度由企业保险向社会保险的过渡。社会统筹能够有效减轻企业养老保险费用支出的负担，促进国有企业改革，减少养老保险制度的财务风险。但改革过程中出现了一些问题。主要表现为：

① 董克用：《中国经济改革 30 年社会保障卷》，重庆大学出版社 2008 年版。

中央一些部门和系统不愿意参加属地的社会统筹，企业逃费现象严重。

（3）养老保险制度的初步形成（1993~1998年）。

以上的养老保险制度存在着以下几个方面的缺陷：统筹养老保险的过程中，形成了多头管理的混乱局面；养老保险的缴费和待遇不统一；保险基金管理主体单一，缺乏监督；国家、企业、个人责任划分不明确。因此，养老保险制度需要进一步改革。

1993年11月，党的十四届三中全会通过的《中共中央关于建立社会主义市场经济体制若干问题的决定》对社会保障体系的范围作了界定，指出社会保障体系包括社会保险、社会救济、社会福利、优抚安置和社会互助、个人储蓄积累保障；进一步明确了社会保障制度改革的重点是完善企业养老和失业保障制度，强化社会服务功能以减弱企业负担，促进企业组织结构调整，提高企业经济效益和竞争能力。城镇职工养老和医疗保险金由单位和个人共同负担，实行社会统筹和个人账户相结合；指出要建立统一的社会保障管理机构，社会保障行政管理和社会保险基金经营要分开。我国社会保障体制的改革至今仍按照这一思路不断深化。

十四届三中全会以后，对于社会统筹和个人账户的结合上形成了两种不同的观点。当时国家体改委一方认为，个人账户部分养老金应作为整个养老金制度的主要组成部分，与社会统筹部分一起向离退休职工发放，而以劳动部为代表的一方则认为，个人账户部分的养老金作为基本养老保险计发将会带来资金入不敷出的危险，这个模式设计中，个人账户中的钱，实际上绝大部分必须转移支付给已经退休的老职工，因此并不存在真正意义上的"个人账户"，而只是一笔"空账"，这会使国家承担巨大的责任，所以，个人账户费用不宜作为基本养老金发放。[①]

1995年3月，国务院发出《关于深化企业职工养老保险制度改革的通知》，提供了两个关于社会统筹与个人账户相结合的实施办法。方案一是按照体改委的观点制定的，其特点是以个人账户为主、以社会统筹为辅，职工退休后，按照个人账户的储蓄额发放养老金。其融资方式为积累制。方案二是根据劳动部的观点制定的，其特点是社会统筹为主、个人账户为辅。职工

---

① 董克用：《中国经济改革30年社会保障卷》，重庆大学出版社2008年版。

退休后的养老金计发分为三部分：社会性养老金、缴费性养老金和个人账户养老金。其中前两项养老金来自于社会统筹。融资方式是现收现付与积累制的结合。现实中各地的改革并未按这两种思路进行下去，往往是一个地区一个办法。这就造成养老保险的混乱，地区之间、企业之间负担不平等，同时试点方案也降低了养老保险的社会统筹层次。

有鉴于此，国务院于 1997 年 7 月发布了《关于建立统一的企业职工基本养老保险制度的决定》，主要内容是：统一缴费比例：企业缴费比例不超过20%，个人缴费不得低于 4%；统一养老金计发办法：养老金由基础养老金和个人账户养老金组成，基础养老金为当地职工上年度月平均工资 20%，个人账户养老金月标准为本人个人账户累计储存额除以 120，个人缴费不满 15 年的，不享受基础养老金，个人账户累计储存额一次支付。1998 年 3 月，由劳动部管理的城镇职工社会保险、人事部管理的机关事业单位社会保险、民政部管理的农村社会保险、各行业部门统筹的社会保险以及卫生部门管理的养老保险统一在原劳动部基础上成立劳动和社会保障部管理，改变了我国社会保险事业多头管理的局面。至此，我国企业职工基本养老保险制度基本建立。

（4）养老保险制度改革的不断完善（1998 年至今）。

1998 年是我国大部分地区养老保险制度的转轨之年。1998 年以前退休的职工被称为"老人"，1998 年以前参加工作但当时还未退休的职工被称为"中人"，1998 年以后参加工作的职工被称为"新人"。由于"老人"和"中人"改革前并未建立个人账户，所以一方面要支付"老人"的退休金，另一方面要弥补"中人"退休前按新制度应积累但未积累的个人账户部分，这两个部分之和就是转轨的代价——"隐性债务"。1997 年世界银行对中国养老保险隐性债务进行了估计，规模大概在 30000 亿元左右。关于隐性债务的偿还方式有两种基本思路：一是划拨部分国有资产；二是减持国有股份。前者由于相关部门的反对并未付诸实施，后者于 2001 年启动，并以此为基础建立了全国社会保障基金。但在投资者的强烈反对下，减持国有股份于 2002 年 6 月停止。国有股减持停止后，全国社会保障基金就失去了最主要的资产来源。2003 年，国务院将全国社会保障基金定位为全国社会保障储备金。截至 2015

年底，全国社会保障基金资产总额 19138.21 亿元。①

由于现实中的退休费发放困难，一些地方的社保基金管理部门将个人账户的积累用于弥补统筹中的不足，这使养老保险个人账户并未形成实际积累，形成了个人账户的空账。个人账户"空账"运行致使职工退休时退休金得不到保障，并且会影响到个人账户资金的保值增值。为了解决这一问题，我国从 2001 年开始在辽宁省进行了养老金个人账户做实的改革试点。改革的主要内容包括：一是调整缴费比例以及个人账户与社会统筹规模，做实个人账户。职工的个人缴费比例由受益人工资的 5% 上调为 8%，企业缴费比例维持在个人工资的 20% 不变。个人账户规模由 11% 调减至 8%，全部由个人缴费构成，个人账户全部做实。二是调整养老金计发办法。个人账户养老金由个人账户基金支付，月发放标准根据本人个人账户累计储存额除以 120 确定，个人账户基金用完后，由社会统筹基金支付。个人缴费不满 15 年的，个人账户全部存储额一次性支付给本人。职工或退休人员死亡，个人账户储存额中个人累计缴费部分的本息可以继承。三是鼓励企业建立企业年金制度。2004 年试点范围扩大至吉林省和黑龙江省。2006 年试点范围进一步扩大。截止到 2014 年底，试点养老保险个人账户做实工作的 13 个省（市）共积累基本养老保险个人账户基金 5001 亿元，全国 31 个省份和新疆生产建设兵团已建立养老保险省级统筹制度。②

企业年金制度得到发展。国务院在 1991 年提出，国家提倡、鼓励企业实行补充养老保险。1994 年《劳动法》规定，国家鼓励用人单位根据本单位实际情况为劳动者建立补充养老保险。2000 年，国务院在完善城镇社会保障体系的试点方案中，将企业补充养老保险更名为企业年金，明确了企业缴费在工资总额 4% 以内的部分可以在成本中列支，并确立了基金实行市场化管理和运营的原则。为促进企业年金的发展，很多省市政府都出台了地方税收优惠政策，比如福建省企业缴纳企业年金的免税额度是工资总额的 5%，天津等一些省份则规定企业年金免税优惠为工资总额的 8%。

推进机关事业单位养老保险制度的改革。机关事业单位等公共部门的养老保险改革推进缓慢，一直没有实行缴费确定的基金积累制，而是采取传统

① 全国社会保障基金理事会：《全国社会保障基金理事会基金年度报告（2015 年度）》。
② 人力资源和社会保障部：《2014 年度人力资源和社会保障事业发展统计公报》。

的现收现付的方式。但是，随着公务员制度的建立和人事管理制度改革的推进，增加了改革机关事业单位养老保险制度的紧迫性。2008年3月，国务院发布《事业单位工作人员养老保险制度改革的试点方案》，选择山西、上海、浙江、广东、重庆五省（直辖市）进行改革试点。基本思路是：机关事业单位分开；离退休分开；老中新分开；把事业单位分为承担行政职能、转为事业单位及继续保留分别处理。2010年深圳启动了公务员分类管理改革，对新录入的聘任制公务员，实行"社会基本养老保险与职业年金相结合"的养老保险制度。全市近3000名聘任制公务员与企业职工一样，按照一定标准缴纳养老保险。深圳的探索，为全国推动机关事业单位养老保险制度改革提供了有益借鉴。据统计，全国在职的公务员数量约为700万，126万个各类事业单位在职人员达到3000多万。长久以来，机关事业单位与企业实行不同的退休养老制度，养老待遇有一定差距。前者是由国家财政或单位负担，后者则是由社会养老保险体系来保障。机关事业单位与企业的"双轨制"，一直备受百姓议论，迫切需要改革。目前，机关事业单位养老保险制度改革已经破冰。2014年政府工作报告，已明确将"改革机关事业单位养老保险制度"作为2014年的重点工作，有关部门正在抓紧研究制订具体方案。2014年7月1日施行的《事业单位人事管理条例》规定，"事业单位及其工作人员依法参加社会保险"。改革总的目标就是要建立社会养老保险制度，让机关事业单位人员与企业职工在统一制度安排下，承担同样的缴费义务，享受平等的养老保险权益。

建立养老"基金池"。按照统账结合的制度设计方向，机关事业单位和个人均要缴费，建立社会化的养老保险基金，实行社会统筹互济，同时建立基本养老保险个人账户。建立职业年金制度。这是一种针对公职人员的补充性养老保险，由单位和个人共同缴纳，进入个人账户，可以体现其服务贡献程度，也保障其合理的退休待遇。比如，深圳针对新进入的聘任制公务员，由财政每月按工资的一定比例缴纳职业年金，待退休后领取。完善激励机制和待遇调整机制。实行基础养老金和个人账户养老金相结合的待遇结构，建立待遇高低与缴费多少和缴费年限相关联的激励约束机制，基本养老金水平与个人历年的缴费水平、缴费年限挂钩，更好地体现整个职业生涯的贡献。同时，根据工资增长和物价变动情况，建立统一的基本养老金正常调整机制，不断提高基本养老金水平。

农村养老保险制度初步建立。1986 年 10 月，民政部决定在农村经济比较发达的地区实行以社区为单位的农村养老保险。随后，在一些地方进行了试点。1999 年 7 月，由于决策层认为当时农村地区实行社会养老保险的条件不成熟，试点终止。2003 年，劳动和社会保障部发出通知，要求积极稳妥地推进农村养老保险事业的健康发展。2006 年 1 月，北京市大兴区、山东省烟台招远市、菏泽市牡丹区、福建省南平市延平区、安徽省霍邱县、山西省柳林县、四川省巴中市通江县、云南省南华县 8 个县市区，启动了新型农村社会养老保险制度建设试点工作。2009 年 9 月，国务院发布《关于开展新型农村社会养老保险试点的指导意见》，提出要在 2020 年之前建立覆盖全国农村新型养老保险。截至 2011 年末，国家新型农村社会养老保险试点地区参保人数 32643 万人，基金收入 1070 亿元，基金支出 588 亿元，基金累计结存 1199 亿元①。

经济体制改革 30 多年以来养老保险制度改革的成就主要包括以下几个方面：第一，养老保险制度的改革确保了千万劳动者退休后获得一定的退休收入。第二，养老保险制度改革有利于缓解我国人口老龄化的问题。第三，建立了多层次的养老保险体制，养老保险制度体系建设更加科学规范。第四，养老保险制度的改革推动了市场经济体制的完善和国有企业的改革。今后养老保险制度应该在以下方面加以完善：第一，养老保险制度中的政府责任有待进一步明确；国家财政补贴的力度应不断加强。第二，养老保险制度有待进一步统一，要逐步建立全国统筹的养老保险制度，统筹层次有待提高。第三，农村社会养老保险的待遇有待提高。社会保障的监督机构一直以来都没有设立和有效运作，使社会保险基金的安全具有一定隐患。第四，机关、事业单位的养老保险与企业养老保险制度统一起来，建立不分身份只看缴费贡献的全国统一的养老保险制度。

2. 医疗保障制度

在社会保障制度中，医疗保险是保障范围最广，保险内容最多，运行机制最为复杂的社会保险项目。医疗制度直接关乎亿万人民的健康，是关系国

---

① 人力资源和社会保障部：《2011 年度人力资源和社会保障事业发展统计公报》。

民素质、影响国家竞争力的重要方面。我国的医疗保险制度是在 20 世纪 50 年代后逐步建立和发展起来的。由于各种原因，我国的医疗保险制度呈现出城乡分离的特点。在城镇，先后经历了城镇职工劳保、公费医疗制度，全国范围内城镇居民基本医疗保险制度，以及多层次医疗保障体系三个阶段；农村的医疗保险制度则经历了农村合作医疗制度和新型农村合作医疗制度两个阶段。

（1）城镇职工劳保和公费医疗制度的建立。

从新中国成立到改革开放之前，我国建立起了与高度集中的计划经济体制相适应的城镇职工医疗保险制度。1951 年发布的《中华人民共和国劳动保险条例》，确立了国有及集体企业职工的劳保医疗制度。1952 年政务院发布《关于各级人民政府、党派、团体及所属事业单位的国家工作人员实行公费医疗预防的指示》开始在全国范围内的机关事业单位建立公费医疗制度。公费医疗的费用由各级人民政府领导的卫生机构，按照各单位编制人数比例分配，统收统支，不能分给个人。城镇职工劳保医疗和公费医疗的对比如表 7 - 3 所示。

表 7 - 3   劳保医疗和公费医疗的比较

类别	享受对象	资金来源	管理部门	免费或补助项目	收费项目
公费医疗	机关事业单位工作人员、革命残废军人、高校学生及乡干部	各类财政预算拨款	政府卫生管理部门（公费医疗管理委员会）	治疗、诊疗。检查、住院、手术、生育床位等费用以及外地就医路费、工伤住院膳食费、假肢费	挂号费及营养滋补品、整容、矫形等费用
劳保医疗	国有企业职工及直系亲属、离退休人员、县以上集体企业参照执行	企业福利费列支	企业行政和工会共同管理，后改为企业行政单独管理	同上，此外还包括生病期间的工作和劳保补助，非因工负伤生病的不负担其外地就医路费	同上，此外包括家属住院费、非工负伤生病的外地就医费

资料来源：董克用：《中国经济改革 30 年社会保障卷》，重庆大学出版社 2008 年版。

但是，这种由国家财政和企业包揽医疗费用的做法，随着享受待遇人群的不断扩大而难以为继。1957 年周恩来总理在中共八届三中全会的报告中指出，"劳保医疗和公费医疗实行少量收费，取消一切陋规，节约经费开支"。
1957 年，国务院取消了随军家属公费医疗待遇。但这些举措并没有从根本上
改变公费医疗经费年年增长、严重超支的局面。1964 年国家规定公费医疗费
用平均每人每年 26 元，实际用了 34.4 元。1978 年到 1997 年医疗费用增加了
28 倍，而同期的财政收入只增长了 6.6 倍。同时，劳保和公费医疗也存在着
药品浪费严重、社会化程度低、覆盖面窄等问题，医疗改革势在必行。

（2）城镇职工基本医疗保障制度的建立。

随着我国经济体制由计划经济向市场经济的转变，劳保和公费医疗制度
赖以生存的经济基础不复存在，其弊端和问题也日益显现出来，在这种情况
下，我国进行了医疗保障制度的改革。

1984 年以后，我国一些地区实行了劳保、公费医疗费用与个人挂钩的办
法，个人也要负担部分医疗费用。1987 年，北京市东城、西城两区蔬菜公司
率先试行大病医疗费用统筹，取得良好的效果。1989 年，政府决定在丹东、
四平、黄石、株洲四个城市进行医疗保险制度改革试点。1994 年，在江苏省
镇江市、江西省九江市进行的医疗保险制度改革试点中首次将"统账结合"
的模式引入医疗保险制度，劳保医疗与公费医疗改革同步进行。试点的做法
被称为"两江模式"。在"两江试点"的基础上，1996 年国务院又选择了 40
个城市，扩大医疗保障制度改革试点，取得了理想的效果。与此同时，全国
不少城市按照"统账结合"的原则，对医疗保险支付机制进行了一些改革
探索。

在总结试点经验的基础上，1998 年 12 月国务院发布了《关于建立城镇
职工基本医疗保险制度的决定》，明确了医疗保险制度改革的目标任务、基
本原则和政策框架，改革的基本思路是"低水平、广覆盖、双方负担、统账
结合"，要求 1999 年在全国范围内建立覆盖全体城镇职工的基本医疗保险制
度。这一文件的发布标志着我国城镇职工医疗保险制度改革取得重大突破，
进入了全面发展的阶段。

为保障医疗保险制度改革的顺利进行，国家配套推进医药卫生体制改革，
强化医疗服务管理。主要采取了以下三项措施：一是明确基本医疗保险服务
范围、标准和医疗费用结算办法。二是对提供基本医疗保险服务的医疗机构
和药店实行定点管理，引进竞争机制，规范医疗行为，提高医疗卫生资源的

利用效率。三是进一步推进医药卫生体制改革，包括建立医药分开核算、分别管理的制度，加强医疗机构和药店的内部管理，理顺医疗服务价格，合理调整医疗机构布局，积极发展社区卫生服务等。[①]

我国城镇基本医疗保险制度的建立，对保障城镇职工身体健康和促进社会和谐稳定起到了十分重要的作用。自1999年制度正式实施以来，迅速覆盖相应的参保人群，得到了较好的推广。参加城镇职工基本医疗保险人数如图7-1所示。

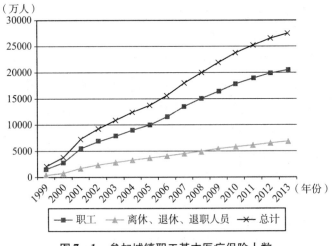

图7-1　参加城镇职工基本医疗保险人数

（3）城镇居民多层次医疗保障体系的探索。

基本医疗保险制度覆盖面扩大。1999年国家实行军人退役医疗保险制度，1999年铁路系统职工由原来的劳保医疗制度转为社会医疗保险。从2006年开始，医疗保险制度将农民工列为覆盖人群。但是，城镇职工养老保险制度只针对城镇就业和退休、退职的职工。对于那些城镇非就业人员，特别是中小学生、少年儿童、老年人、残疾人等群体看病就医问题还没有得到解决。建立城镇居民基本养老保险制度，就是为了解决这一问题。2007年国务院出台了《关于发展城镇居民基本医疗保险试点的指导意见》，城镇居民基本医

---

① 魏礼群：《中国经济体制改革30年回顾与展望》，人民出版社2008年版。

疗保险制度开始在全国的 79 个城市试点。截至 2015 年年底，城镇居民基本医疗保险参保人数达到 37689 万人，比上年末增加 6238 万人，参加医疗保险的农民工人数为 5166 万人，比上年末减少 63 万人①。

补充医疗保险得到发展。我国一直鼓励用人单位为职工建立补充医疗保险制度。我国《劳动法》第 75 条指出"国家鼓励用人单位根据本单位实际情况为劳动者建立补充保险"。国务院《关于建立城镇职工基本医疗保险制度的决定》还提出"超过（基本医疗保险）最高支付限额的医疗保险费用，可以通过商业医疗保险等途径解决。"我国最早的补充医疗保险试点是在 1996 年的四川省成都市。目前，我国已经出现的补充医疗保险有以下几种形式：一是国家对公务员实行医疗补助。根据《关于建立城镇职工基本医疗保险制度的决定》的规定，国家公务员在参加基本医疗保险的基础上，享受医疗补助政策。二是社会医疗保险机构开展的补充医疗保险。三是商业保险公司开办的补充医疗保险。

（4）新型农村合作医疗保险制度的建立。

我国农村医疗保障制度的核心部分是农村合作医疗制度。新中国成立后相当长一段时间，农村合作医疗制度与劳保医疗、公费医疗一起成为当时医疗保障体系的三大支柱。到 20 世纪 70 年代中期，合作医疗保障覆盖了 85% 的农村人口。20 世纪 80 年代初，世界银行和世界卫生组织的报告将我国农村实行的合作医疗制度誉为"发展中国家群体解决卫生经费的唯一范例。"同期，我国的婴儿死亡率也从 1964 年的 180‰ 降到 1981 年的 26.92‰。但是，随着农村经济体制改革的推进，家庭联产承包责任制使家庭重新成为农业生产的基本经营单位，以集体经济为依托的合作医疗失去了主要的资金来源。再加上合作医疗在运行过程中也存在着管理不善、监督不力等问题，导致合作医疗大面积解体，濒临崩溃。

随着城镇医疗制度的完善和农村医疗制度的缺位，我国农村迫切需要建立相对健全的医疗保障制度。2003 年 1 月，国务院转发的《关于建立新型农村合作医疗制度的意见》，决定在全国农村逐步建立以大病统筹为主的新型农村合作医疗制度和医疗救助制度。新型农村合作医疗制度一般采取以县

---

① 人力资源和社会保障部：《2015 年度人力资源和社会保障事业发展统计公报》。

（市）为单位进行统筹，实行个人缴费、集体扶持和政府资助相结合的筹资机制。其中，农民个人每年的缴费标准不应低于 10 元，地方财政补助不低于 10 元。从 2006 年起加大了财政扶持力度，中央财政对中西部地区参加新型农村合作医疗制度的农民由每人每年补助 10 元提高到 20 元，地方财政也相应增加 10 元。地方财政增加的合作医疗补助经费，应主要由省级财政承担，原则上不由省、市、县按比例平均分摊，不能增加困难县的财政负担。2014 年 7 月，国家卫生计生委印发《关于做好新型农村合作医疗几项重点工作的通知》，要求各级财政对新农合的补助标准提高到 320 元，全国平均个人缴费标准达到 90 元左右。将政策范围内住院费用报销比例保持在 75% 以上，门诊医药费用报销比例提高到 50% 左右。截至 2013 年底，全国有 2489 个县（市、区）开展了新型农村合作医疗，参合人口数达 8.02 亿人，参合率为 98.7%。2013 年度新农合筹资总额达 2972.5 亿元，基金支出 2909.2 亿元。[①]

2016 年，各级财政对新农合的人均补助标准在 2015 年的基础上提高 40 元，达到 420 元，其中：中央财政对新增 40 元部分按照西部地区 80%、中部地区 60% 的比例进行补助，对东部地区各省份分别按一定比例补助。农民个人缴费标准在 2015 年的基础上提高 30 元，全国平均达到 150 元左右。

与传统的合作医疗制度相比，新型合作医疗制度在筹资机制、补偿机制、管理监督、贫困救助等方面，都有改变和发展。在筹资机制上加强了政府财政支持；在补偿方面主要以补偿大病医疗费用为主，适当兼顾门诊。在管理体制上提高了统筹层次，新型农村合作医疗保险一般以县为统筹单位。加强了基金的监督和管理。通过新型农村合作医疗与医疗救助的协调互补，共同解决贫困农民看病就医难的突出问题。[②]

在新农合的基础上各地探索出了多样化的农村医疗保障体系。比如，一些地方开展了农村互助医疗。农村住院医疗保险也在一些地方推行。厦门市政府从 2005 年 1 月起统一组织招标，在全市推行由各级政府出资，为辖区已经参加新型农村合作医疗的农民投保大病补充医疗保险。保费为每人每年 15 元（由各级政府按比例承担，农民个人不必出资），赔付起点为 0.8 万元以上部分，最高赔付限额为 5 万~5.8 万元/人·年。大病补充医疗保险的推

---

① 人力资源和社会保障部：《2013 年度人力资源和社会保障事业发展统计公报》。
② 董克用：《中国经济改革 30 年社会保障卷》，重庆大学出版社 2008 年版。

行，同时也带动了农村基本医疗保险赔付限额的提高，使农民得到了更多的实惠，大大减轻了患大病农民的经济压力。

（5）医疗保障制度改革评价。

我国医疗保障制度改革的评价问题一直是学者争论的焦点所在。尽管对我国医疗保障制度改革现状存在争议，但学者们大都认为改革存在一定的问题。

2005年7月30日，国务院发展研究中心在其研究报告中指出，改革开放以来，中国的医疗卫生体制发生了很大变化，在某些方面也取得了进展，但暴露的问题更为严重。从总体上讲，改革是不成功的，问题的根源在于医疗服务逐渐市场化、商业化。这份报告的发表，犹如一石激起千层浪，引起了社会各界的广泛关注。此后形成了两种观点：一种是以葛延凤为代表的主张政府主导；另一种是以顾昕为代表的市场论。但两者都认为政府应该增加对医疗保障的投入。

我国学者李萍（2013）对我国现行医疗保障体系进行了评价，认为：随着"让人人享有基本医疗服务，建立覆盖全国城乡居民的医疗保障体系"目标的确立和"全民医保"制度的推进，我国已初步形成了以基本医疗保险为主、各种形式的补充医疗保险为辅、医疗救助为扶持的多层次医疗保障体系的基本框架。我国全民医保体系初步形成。但是也存在以下几个方面的问题：一是政府投入不足，个人卫生负担重；二是不同保障人群差异明显，有失公平性；三是商业医疗保险市场不够成熟；四是重治病，轻防病。[1]

我们认为，经过近些年的努力，医疗保障事业的改革取得了一些成就，特别是2007年开始的城镇居民基本医疗保险以及新型农村合作医疗保险的发展使得覆盖城乡的医疗保障体系已在我国初步形成，成为社会保障体系制度相对健全、覆盖人数最多、收益面最广的保障项目。下一步改革的重大任务是继续完善制度、扩大覆盖面、稳步提高待遇水平，并搞好城镇职工基本医疗保险、城镇居民基本医疗保险和新型农村合作医疗三项制度的衔接工作，通过不断改革，使三方面的人群的基本医疗保险待遇逐步统一起来，实现更加公平的社会保障制度是今后发展的趋势。

---

[1] 李萍、陈玉文：《我国医疗保障体系现状与完善对策》，载《中国药业》2013年第11期。

3. 失业保险

新中国成立初期，面临着严峻的经济形势。城镇失业人员达到 470 万，农村中处于破产状态的农民也有几千万。此后，随着计划经济的建立，我国实行了"统招统分""统包统配"的就业政策。1958 年，我国宣布在城镇已经消灭失业。但事实上存在着大量的隐性失业。1966～1978 年，约有 1800 万知识青年上山下乡，很大程度上是因为当时城市没有足够的就业岗位，只能向农村转移，而这部分人并没有被统计为失业人口。由于当时名义上不存在失业，在随后的 20 多年里，我国没有失业保险方面的制度建设。

（1）失业保险制度的初步建立（1986～1993 年）。

1986 年以后，随着《国营企业实行劳动合同制暂行规定》以及《中华人民共和国企业破产法（试行）》的实行，失业问题开始显现。为了适应国有企业改革的需要，1986 年 7 月，国务院颁布《国营企业职工待业保险暂行规定》（以下简称《暂行规定》），对我国的失业保险制度的一些基本内容做出了原则性规定，标志着我国失业保险制度的初步建立。但由于理论上仍然否认中国存在失业，当时并没有用"失业保险"这一概念，而是代之以"待业保险"。《暂行规定》确定的待业保险覆盖范围包括：一是根据《企业破产法》宣告破产的企业职工；二是濒临破产企业整顿期间被精简的职工；三是企业终止、解除劳动合同的工人；四是企业辞退的职工。同时还规定以基金的方式筹集保险资金，保险基金来源主要有三项：一是企业按照全部职工工资总额的 0.6% 缴纳的待业保险费。待业保险基金不足或者结余较多的，经省、自治区、直辖市人民政府决定，可以适当增加或者减少企业缴纳的待业保险费，但是企业缴纳的待业保险费总额最多不得超过企业职工工资总额的 1%。企业缴纳的待业保险费在缴纳所得税前列支。二是待业保险基金存入银行后，按照城乡居民储蓄存款利率计息，所得利息纳入待业保险基金。三是政府给予的财政补贴。

到 1989 年底，全国待业保险基金筹资总额达到 18 亿元，全国 38 万多个国营企业中，有 36 万多个参加了待业保险，向 13.6 万个国营企业失业人员发放了 1220 多万元待业救济金。这一时期的待业救济金水平非常低，相当于当时国营企业平均工资的 25%。待业保险的覆盖面也很窄，仅限于国营企业新招收的劳动合同制职工。尽管存在一些缺陷，但这一规定成为中国失业保险制度不断发展和完善的基础。

（2）失业保险制度的调整（1993～1998年）。

随着社会主义市场经济体制目标模式的确立以及企业改革的进一步深化，1993年4月，国务院颁发《国有企业职工待业保险规定》（以下简称《规定》），同时废止了1986年的《国营企业职工待业保险暂行规定》。《规定》把失业保险的范围扩大到所有国有企业职工；缴费基数由企业职工的标准工资调整为企业职工工资总额；失业保险的统筹层次由省级统筹改为市县级统筹；同时还调整了待遇标准，增加了救济内容。

1993年11月，党的十四届三中全会通过的《中共中央关于建立社会主义市场经济体制若干问题的决定》中明确提出建立"失业保险制度"。1994年，国家开始实施"再就业工程"，并动用了失业保险基金，突出了失业保险基金促进失业人员再就业的功能，在失业救济与促进再就业的结合上取得明显突破。1998年5月，国务院下发的《关于切实做好国有企业下岗职工基本生活保障和再就业工作的通知》要求，凡是有下岗职工的国有企业，都要建立下岗职工再就业服务中心，下岗职工不多的企业可以由有关科室代管。由此，国有企业普遍建立了再就业服务中心，保障下岗职工的基本生活。

（3）失业保险制度的完善（1999年至今）。

1999年1月，国务院颁布《失业保险条例》，规定城镇企事业单位职工必须参加失业保险。《失业保险条例》体现的政策变化主要有：首次以法规形式将"待业保险"名称改为"失业保险"；失业保险覆盖范围有了实质性的扩大：从以前的国有企业职工扩大到城镇各类企事业单位，包括外资企业、城镇私营企业、事业单位等；调整了失业保险费的征缴比例：单位缴费由以前占本单位工资总额的1%调整为2%，职工个人由原来的不缴费改为按本人工资的1%缴纳失业保险费；失业保险统筹层次由原来的市县级统筹提高到地市级统筹。这一条例的颁布标志着我国失业保险制度的正式建立并逐步走向完善。同时，国务院还于1999年1月颁布了《社会保险征缴暂行条例》，进一步明确失业保险基金的监管机制。

2000年12月，国务院在《完善城镇社会保障体系试点方案》中，明确要求试点地区下岗职工基本生活保障制度向失业保险制度并轨。并规定从2001年1月1日起，国有企业不再建立新的再就业服务中心，企业新减员原则上不再进入再就业服务中心。这一制度标志着企业下岗职工基本生活保障制度作为过渡性措施正式退出历史舞台。

近年来，劳动保障部门意识到失业保险促进就业的作用。2006年1月，劳动社会保障部发布《关于适当扩大失业保险基金支出范围试点有关问题的通知》，决定自2006年1月起在北京、上海、江苏、浙江、福建、山东、广东7省（市）开展适当扩大失业保险基金支出范围试点工作，目的在于充分发挥失业保险制度促进再就业的功能。2007年8月，通过的《中华人民共和国就业促进法》明确了各级政府在促进就业方面的职责。

经过这些年的发展，我国失业保险取得了一些进展。截至2015年底，全国参加失业保险人数为17326万人，比上年末增加283万人。其中，参加失业保险的农民工人数为4219万人，比上年末增加148万人。年末全国领取失业保险金人数为227万人，比上年末增加20万人。全年共为456.8万人发放不同期限的失业保险金，比上年增加34.8万人。全年共为71万名劳动合同期满未续订或提前解除劳动合同的农民合同制工人支付了一次性生活补助。全年失业保险基金收入1368亿元，比上年下降0.9%，支出736亿元，比上年增长19.8%。年末失业保险基金累计结存5083亿元。① 但也存在以下问题：一是失业保险金发放标准过低；二是关于灵活就业人口的失业保险制度尚未建立；三是大学生失业保险工作并未开展起来。为此我们有必要借鉴国外失业保险政策中有关失业保险金给付的理念和做法，对我国失业保险金的给付进行完善。

关于完善我国失业保障制度的思路主要有两个方面：一是要增强失业保险促进就业的功能。可以采取以下措施：第一，实行保险待遇的差别化。根据失业期长短，确定给付率。失业期越短，给付就越高。第二，对保险给付条件进行更严格的限制。规定失业者领取失业保险金必须附带一定的义务，比如参加一些社区劳动。第三，利用失业保险金促进就业。对失业人员进行培训是促进就业的有效途径。可以对参加职业培训的人员适当延长失业保险的给付期。第四，利用失业保险资金发放提前就业补助。提前就业补助即在法定享受失业保险给付期限内，因提前找到工作还可以得到一部分尚未支付

---

① 人力资源和社会保障部：《2015年度人力资源和社会保障事业发展统计公报》。

的保险金。第五，利用失业保险资金资助企业。二是可以抑制雇主的解雇行为。

4. 工伤保险

1951 年，政务院颁布的《中华人民共和国劳动保险条例》，规定了职工因工伤亡的享受条件、待遇标准等，其主要特点是对各类工伤事故实行完全由企业承担责任的企业保险模式。1953 年又颁布了《劳动保险实施细则修正草案》，从而初步建立了我国企业职工工伤保险制度。随着中国工业生产的发展，职业病伤害开始突出，我国于 1957 年首次将职业病列入工伤保险的保障范畴。1969 年，初具规模的企业职工社会保险统筹制度被取消，工伤保险退化为国有企业的企业保险制度。

改革开放以后，随着经济体制由计划经济向社会主义市场经济的转变，迫切要求建立国家统一筹集资金、覆盖范围广泛、分散用人单位风险、评残标准规范的工伤保险制度。1989 年开始，海南省海口市，辽宁省东沟县、铁岭市、锦州市，广东省东莞市、深圳市，福建省将乐县、霞浦县，吉林省延吉等 10 个县、市先后开展了工伤保险改革试点。试点取得了一些成果，逐步变企业保险为社会保险。1992 年 3 月颁发了《职工工伤与职业病致残程度鉴定标准（试行）》的通知，填补了我国工伤鉴定方面的空白，工伤保险改革向前迈进了一大步。1996 年 1 月，国家技术监督局批准《职工工伤与职业病致残程度鉴定》（GB/T 16180—1996）。随着改革试点地区的逐步扩大、推广，全国性工伤保险改革的时机已经成熟。1996 年 8 月劳动部颁发《全国职工工伤保险试行办法》（以下简称《办法》），于同年 10 月 1 日起开始在全国试行。至此，改革在全国铺开。

2003 年 4 月，国务院颁发的《工伤保险条例》是中国关于工伤保险改革的新进展。新制度的运行产生了显著的效果。2004 年 6 月，劳动社会保障部发布的《关于农民工参加工伤保险有关问题的通知》规定，"对跨省流动的农民工，即户籍不在参加工伤保险统筹地区（生产经营地）所在省（自治区、直辖市）的农民工，一级至四级伤残长期待遇的支付，可试行一次性支付和长期支付两种方式供农民选择"。2006 年 11 月发布的《劳动能力鉴定——职工工伤与职业病致残等级分级》对工伤致残等级的评价、鉴定做了更加细致的规定。2010 年 12 月，国务院发布了《国务院关于修订

〈工伤保险条例〉的决定》对工伤认定的范围、劳动能力鉴定等做出了明确的规定，进一步提高了工伤保险待遇的给付标准。截至 2015 年底，全国参加工伤保险人数为 21432 万人，比上年末增加 793 万人。其中，参加工伤保险的农民工人数为 7489 万人，比上年末增加 127 万人。基金规模也在不断扩大，保障能力和待遇水平均大幅提升。基金收支规模从 2003 年的 65 亿元增加到 2015 年的 1285 亿元（含储备金 209 亿元）；享受待遇人数从 2003 年的 30 万人增加到 2015 年的 202 万人。[①] 工伤保险经办管理工作进一步规范，初步形成了具有一定专业素养的工伤保险行政、鉴定、经办 3 支队伍。

我国工伤保险制度的完善需要从以下几个方面入手：第一，要建立工伤保险制度评价指标体系，自《工伤保险条例》实行以来，我们尚未建立一套科学的工伤保险制度评价指标体系，指导并不断完善制度；第二，建立工伤赔偿与工伤预防相结合的体系；第三，工伤保险的覆盖面有待进一步扩大；第四，简化工伤认定程序；第五，提高统筹层次；第六，理顺工伤赔偿和民事赔偿的关系。

5. 生育保险

生育保险制度是指国家和用人单位为怀孕、分娩、哺乳和节育的劳动者（或妇女）提供医疗服务、生育津贴、产假和休假，以保障妇女因生育、节育、抚养孩子而造成收入中断的女性劳动者（或妇女）及其子女基本生活的一项社会保险制度。[②] 世界上大多数国家都将生育保险制度纳入了医疗保险制度的范畴，而我国生育保险则作为一项独立的社会保险制度。

1951 年颁布的《中华人民共和国劳动保险条例》即对企业女职工的生育保险做了明确的规定。1955 年 4 月，国务院又颁布了《关于女工作人员生育假期规定的通知》对机关事业单位女职员的生育保险做了补充说明，生育保险的覆盖范围得以扩大。1988 年 6 月，国务院颁布了《女职工劳动保护规定》，这是新中国第一部比较完整的保护女职工安全和健康的行政法规。同年在江苏省南通市率先进行了生育费用社会统筹，此后许多地方纷纷颁布地方性法规，进行生育保险制度的社会化改革试点。1994 年《中华人民共和国劳动法》明确规定，女职工生育享受不少于 90 天的产假，并在生育期间享受

---

① 人力资源和社会保障部：《2014 年度人力资源和社会保障事业发展统计公报》。
② 刘钧：《社会保障理论与实务》，中国劳动社会保障出版社 2012 年版。

社会保险待遇。为配合《劳动法》的贯彻实施，原劳动部颁布了《企业职工生育保险试行办法》，对生育保险制度进行了规范，推动了各地生育保险制度的改革。2005 年，劳动和社会保障部确定 12 个城市作为生育保险与医疗保险协同推进的重点联系城市。目前，大多数地区已经将生育保险纳入基本医疗保险管理，取得了良好的效果。

截至 2015 年末，全国参加生育保险人数为 17771 万人，比上年末增加 732 万人。全年共有 642 万人次享受了生育保险待遇，比上年增加 29 万人次。全年生育保险基金收入 502 亿元，支出 411 亿元，分别比上年增长 12.5% 和 11.8%。年末生育保险基金累计结存 684 亿元。①

生育保险制度改革的趋势是将实施生育保险和基本医疗保险合并。这项工作的试点已经开始，国务院办公厅近日印发《生育保险和职工基本医疗保险合并实施试点方案》，提出按照保留险种、保障待遇、统一管理、降低成本的思路，在河北省邯郸市等 12 个城市开展两项保险合并实施试点。试点在 2017 年 6 月底前启动，试点期限为 1 年左右。此次试点方案明确提出推进两项保险合并实施，主要是考虑两项保险在运行操作层面具有合并实施的条件，且时机成熟。一是医疗服务项目上有共同之处，特别是在医疗待遇支付上有很大共性。二是管理服务基本一致，执行统一的定点医疗机构管理，统一的药品、诊疗项目和服务设施范围。三是地方有实践基础。近年来，部分地区按照生育保险与医疗保险协同推进工作思路，实行两项险种统一参保登记、统一征缴费用的管理模式效果良好。

二、城乡社会救助体系

社会救助是通过立法由国家或者政府对由于失业、疾病、灾害等原因所造成收入中断或者收入降低并陷入贫困的人员或者家庭实行补偿的一种社会保障制度②。《中华人民共和国宪法》规定公民有获得社会救济的权利。新中国成立初期开展的社会救助工作，主要是医治战争创伤，安定人民生活，稳定社会秩序，促进国家恢复和发展。救助的内容主要包括：对失业人员的救

---

① 人力资源和社会保障部：《2015 年度人力资源和社会保障事业发展统计公报》。
② 钟仁耀：《社会救助与社会福利》，上海财经大学出版社 2013 年版。

济，对各种特殊人群的救济，灾害救济。20 世纪 70 年代末，按照中国政府确定的国家贫困衡量标准统计，处于绝对贫困状态的人口大约有 2.5 亿，绝大部分贫困人口分布在农村的现实，使 80 年代的社会救济工作的重点放在了农村地区。主要通过扶持贫困户发展生产，增加收入，摆脱贫困。这一时期的社会救助工作习惯上被称为社会救济，带有很强的恩赐性质。中国现代意义上的救助体系，直到 20 世纪 90 年代才逐渐建立起来。在我国，社会救助工作由民政部组织管理。

我国的社会救助体系大体分为三类：一是经常性社会救助，主要包括城乡最低生活保障、农村五保供养以及城乡医疗、教育、城市住房等专项救助。二是紧急性救助制度，主要包括发生自然灾害时对灾民紧急救助和应急救助行动。三是临时性救助，主要包括对城市生活无着落的流浪乞讨人员的救助。2013 年我国得到经常性救助的城乡贫困人口达到 7989.4 万人，加上临时救助，年度总计 8687.5 万人受益，有效保障了城乡困难群众基本生活[①]。

1. 城市居民最低生活保障制度

最低生活保障制度，是指以保障居民基本生活为目的，科学、合理地确定最低生活保障标准，然后对其家庭成员的人均收入低于最低生活保障标准时给予的差额补助。1993 年在上海率先建立起了城市居民最低生活保障，并发布了《关于本市城镇居民最低生活保障线的通知》，我国第一部最低生活保障制度自此正式出台。这一做法取得了良好的效果。同年 10 月，厦门市政府在全国第二个发布了《厦门市城市居民最低生活保障暂行办法》。1995 年上半年，已有上海、厦门、青岛、大连、福州、广州等 6 个城市相继建立了城市居民最低生活保障制度。这一阶段的试点基本上是各个地方政府的自发行为。

1995 年 5 月，民政部在厦门、青岛分别召开了全国城市最低生活保障线工作座谈会，号召将这项制度进行推广。1995 年年底，全国已有 12 个城市相继建立了这项制度。1997 年 8 月底，这一数字增加到 206 个，约占当时全国城市总数的 1/3。在这一阶段，制度的创建和推广已成为政府民政部门有组织的行为。此后，形势发展得更快，到 1998 年底，全国 100% 的直辖市、

---

① 民政部：《2013 年社会服务发展统计公报》。

90%的地级市、85%的县级市和90%的县都实行了这项制度。1999年9月颁布的《城市居民最低生活保障条例》（于10月1日正式实施）标志着低保工作从此走上法制化的管理轨道。1999年11月底，民政部在福建省泉州市召开城市低保建制工作总结会议，对进一步提高这项工作规范化水平进行了部署，自此，我国城市低保制度进入提高完善阶段。2001年，国务院发出《关于进一步加强城市居民最低生活保障工作的通知》，要求地方政府特别是省级政府必须加大对最低生活保障的资金投入力度。城市低保制度取得突破性进展。2001年全年的最低生活保障支出达到规模空前的42亿元。2003年全部低保经费达到150多亿元，资金问题得到解决。从2003年起，城市低保制度重点走向"配套措施"和"分类救助"。

截至2015年底，全国共有城市低保对象957.4万户、1701.1万人。全年各级财政共支出城市低保资金719.3亿元。2015年全国城市低保平均标准451.1元/人、月，比上年增长9.5%；全国城市低保月人均补助水平316.6元，比上年增长10.9%。①

2. 农村居民最低生活保障制度

20世纪90年代初，我国一些地方开始了农村最低生活保障制度的试点。1992年，山西省左云县率先开展了试点工作。1994年，民政部决定在农村初步建立起与经济发展水平相适应的层次不同、标准有别的最低生活保障制度。同年上海的3个区和山西省的阳泉县也进行了农村最低保障制度的试点。1996年，民政部在总结试点经验的基础上，颁发了《关于加快农村社会保障体系建设的意见》，并确定在山东烟台、河北平泉、四川彭州和甘肃永昌进行试点。1997年5月，民政部提出"巩固、扩大东部试点，积极启动西部试点，抓两头、带中间，因地制宜，稳步推进"的总体要求。到1997年底，全国已有997个市县初步建立了农村低保制度。但是1997年以后，政府对社会保障工作的重点日益转向城镇，各地农村最低生活保障制度试点工作从最初的大面积推广进入了各自为政的阶段，很多地方陷入了停顿。2003年4月，民政部要求中西部没有条件的地方不再实行有名无实的最低生活保障制度，只在沿海发达地区和大城市郊区继续实行最低生活保障制度。

---

① 民政部：《2015年社会服务发展统计公报》。

2007 年，中央财政加大了转移支付的力度，开始探索建立覆盖城乡居民的社会保障体系，以在更多地区推广建立农村最低生活保障制度。2007 年 7 月，国务院下发了《关于在全国建立农村最低生活保障制度的通知》，要求切实解决农村贫困人口的生活困难，决定 2007 年在全国建立农村最低生活保障制度。农村最低生活保障制度自 2007 年以来已经得到初步发展，2015 年，全国农村低保平均标准 3177.6 元/人·年，增长 14.4%；全国农村低保年人均补助水平 1766.5 元，比上年增长 13.8%。随着农村最低生活保障制度的建立和发展，实现了居民最低生活保障制度均等化，城乡居民基本生活最后一道保障网编制成形。

农村居民最低生活保障制度的建立，是健全和完善农村社会保障体系的基础工程。在中国农村社会保障制度尚处于救助型的初期发展阶段，以保障基本生活为宗旨的社会救助、五保供养和抚恤制度等，是农村社会保障体系的主干。这种低层次的、基础性的制度供给，与农村社会生产力的发展水平相适应。它的建立是政府义不容辞的责任，也是维护农村人口基本生存权利的重要机制。农村最低生活保障制度自出台之日起就受到了广大农民的拥护，它的推行，也为贫困农民的生活带来了巨大的改观。但是在实施过程中，仍然存在着各种问题。比较突出的有：一是难以确定低保对象。二是保障水平低。三是低保易进难出。四是各地区之间保障水平很不平衡。

3. 农村五保供养制度

我国农村地区的五保供养制度经历了一个由社区供养到社区与政府联合供养再到政府供养的转变。1956 年 6 月通过的《高级农业生产合作社示范章程》明确规定：农业合作社对缺乏劳动力或者完全丧失劳动力、生活没有依靠的老、弱、孤、寡、残疾社员，在生活上给予适当安排和照顾，使他们生养死葬都有依靠。改革前的农村五保供养制度是建立在集体经济基础之上的。随着人民公社的解体、家庭联产承包责任制的进一步发展，1985 年 10 月发布的《中共中央、国务院关于制止向农民乱派款、乱收费的通知》，要求以税收或其他法定收费方式筹集所需资金，使五保供养资金有了稳定的来源，并具有财政供养的特征。1991 年 2 月 7 日国务院颁布的《农民承担费用和劳务管理条例》，确立了以乡统筹和村提留支付五保供养的措施。

2000 年随着农村税费改革的启动，农村五保供养的经费筹集方式由原来的乡镇统筹和村提留为主，演变为以农业税附加、农业特产税附加（两税附加）为主，不足部分由乡镇财政补足。五保供养资金集中于乡镇管理，由村级组织统一使用，五保供养的责任主要还是以村级组织承担。民政部在 2004 年《关于进一步做好农村五保供养工作的通知》中要求：免征、减征农业税及其附加后，原从农业税附加列支的五保供养资金，列入县乡财政预算。以县级财政为最低统筹单位的新的五保供养政策初步形成。据统计，2000 年时五保供养率仅为 53%，到 2006 年 9 月，全国五保对象总数为 5164652 户，供养率达到了 85%。

4. 灾害救助制度

灾害救助是对公民因自然灾害而造成生活困难时，由国家和社会提供必要的资金和物品，以维持其最低生活水平的社会救助项目。新中国成立初期，我国救灾工作的方针是"以工代赈"，许多地方的救灾款被用于兴办各项工程上，导致灾害来临时实际用于发放给灾民的救济经费不足。1960 年明确了灾害救助必须专款专用、专物专用。20 世纪 80 年代，针对当时救灾资金由中央拨付、渠道单一的问题，一些地方实行了救灾款包干的办法。

1993 年 11 月，民政部在福建省南平市召开了全国救灾救济工作座谈会，提出深化救灾工作改革，改革的思路是救灾工作分级管、救灾款分级承担。随后，各地按照这一思路将灾害分为特大灾、大灾、中灾、小灾四个等级，由各级政府分级管理。并建立了专项救灾拨款科目，实行救灾款分级负担，并设立预备金以供调剂。2006 年 1 月，国务院发布《国家突发公共事件总体应急预案》，包括 25 个专项预案和 80 个部门预案。目前我国自然灾害紧急救助机制基本确立，救灾物资储备网络不断完善，救灾社会动员体系初步形成。

5. 医疗救助制度

2003 年 11 月，民政部、卫生部、财政部联合发布了《关于实施农村医疗救助的意见》，指出：农村医疗救助制度是政府拨款和社会各界自愿捐助等多渠道筹资，对患大病农村五保户和贫困农民家庭实行医疗救助的制度。2005 年，发布的《关于建立城市医疗救助试点工作的意见》，提出对城市居民最低生活保障对象中未参加城镇职工基本医疗保险人员、已参加基本医疗保险但个人医疗费用负担仍然较重的人员和其他有特殊困难的人员实行医疗救助。2013 年民政部门资助参加城镇居民基本医疗保险 1490.1 万人，人均资助参保水平 96.7 元，各级财政共支出资助参保资金 14.4 亿元；民政部门资助参加新型农村合作医疗 4868.7 万人，人均资助参合水平 61.7 元，各级财政共支出资助参合资金 30.0 亿元；直接医疗救助 2126.4 万人次，各级财政共支出直接医疗救助资金 180.5 亿元。[①]

2015 年资助参加基本医疗保险 6634.7 万人，资助参加基本医疗保险人均补助水平 93.0 元。2015 年资助参加基本医疗保险 6634.7 万人，支出资助参加基本医疗保险资金 61.7 亿元，资助参加基本医疗保险人均补助水平 93.0 元。2015 年直接医疗救助 2889.1 万人次，其中，住院救助 1307.9 万人次，门诊救助 1581.2 万人次；支出资金 236.8 亿元，其中，住院救助 208.7 亿元，门诊救助 28.0 亿元。2015 年全年累计资助优抚对象 436.5 万人次，优抚医疗补助资金 34.6 亿元，人均补助水平 793 元。

三、社会福利制度

社会福利是国家或政府通过社会化的福利津贴、实物供给和社会服务，满足社会成员的生活需要并促使其生活质量不断得到改善的一种社会政策。[②]社会福利具有权利义务单向性、待遇标准一致性、保障待遇高层次性等特征。福利制度按性质和服务对象不同可分为：公共福利、职业福利、弱势群体福利和社区福利。我国目前公共福利主要包括住房福利和教育福利。1999 年 4月，国务院发布了《住房公积金管理条例》，2002 年 3 月对该条例进行了修改。1998 年发布的《国务院关于进一步深化城镇住房制度改革加快住房建设的通知》要求重点发展经济适用房和对最低收入家庭提供廉租房。此后，建设部于 1999 年 4 月发布了《城镇廉租住房管理办法》，2003 年 11 月，该《办法》经修订后重新发布实施。在教育福利方面，根据《义务教育法》的规定，国家实行九年制义务教育，对义务教育的学生免收学费。我国从 2012年秋季入学起，将中等职业教育免学费范围扩大到所有农村（含县镇）学生、城市涉农专业学生和家庭经济困难学生。另外在中等以上学校设立了助

---

① 民政部：《2013 年社会服务发展统计公报》。
② 郑功成：《社会保障学》，中国劳动社会保障出版社 2005 年版。

学金和贷学金，帮助寒门学子完成学业。弱势群体福利主要包括：未成年人福利、老年人福利、妇女福利和残疾人福利等。

四、社会优抚

社会优抚是一项特殊的社会保障制度，保障的对象是军人及其家属。1950年内务部颁布了《革命烈士家属、革命军人家属优待暂行条例》《革命残疾军人优待抚恤暂行条例》《革命军人牺牲、病故褒恤暂行条例》，使我国社会优抚工作有了统一的政策和法规。1955年我国颁布了第一部《兵役法》，其中对现役军人的优待做出了规定，从法律上明确了社会优抚工作的地位。1978年，国务院颁布的《中国人民解放军干部服役条例》，对干部服役的条件、待遇等做了具体的规定。1982年我国《宪法》规定，国家和社会保障残疾军人的生活，抚恤烈士的家属，优待军人的家属。1999年，国务院发布的《中国人民解放军士官退出现役安置暂行办法》对士官退出现役、复员安置和退休安置、转业安置等方面问题做出了具体的规定。2011年9月，民政部、财政部发文对部分优待对象等人员抚恤和生活补助标准进一步调整，提高了残疾军人的残疾抚恤金，烈属的定期抚恤金和在乡退伍红军老战士的生活补助标准。

近年来，社会优抚政策不断完善，优抚对象的抚恤补助标准得以提高。截至2012年底，全国共抚恤、补助各类优抚对象950.5万人。接收军队离退休人员3.9万人，保证了军休干部等人员的政治待遇和生活待遇。

第三节　完善我国城乡社会保障制度的思考

我国已初步建立了比较完整的社会保障制度，随着中国社会的发展，我们还要不断地完善社会保障制度，尤其是农村社会保障制度。

一、完善城乡社会保障制度的原则

构建覆盖城乡居民的社会保障制度体系已成为完善我国社会保障迫切需

要解决的问题，加快完善社会保障制度，使所有社会成员都有覆盖在社会保障范围之内，共同享受社会保障的权利和现代社会文明的成果，才能实现城乡社会和谐发展。城乡社会保障制度的进一步完善需要遵循以下原则。

1. 公平与效率相统一原则

公平与效率是对立统一的两个方面。市场经济中，效率优先，兼顾公平；而社会保障则相反，首先追求社会成员享受公平，向社会成员提供公共利益，社会保障会积极削减因效率而产生的不公平。因此，社会保障公平包括权利公平、机会公平、结果公平。效率包括调节收入实现缩小收入差距，促进劳动力再生产；以转变经济发展方式优化资源配置，促使效益最大化。因此，社会保障需要实现公平与效率相结合。改革开放前，中国社会保障制度是以国家财政兜底为特色的社会保障，不能体现公平和效率相统一的原则。改革开放后社会保障新制度坚持了效率和公平的统一，确保社会保障制度的可持续性，并把公平放在首要地位，尤其是城乡社会成员之间的公平是今后完善社会保障制度的重点。

2. 保障水平与经济社会发展相适应原则

从国内外社会保障制度发展历程分析，一个国家或地区的社会保障发展水平与经济社会发展水平必须相适应，才能促进社会保障制度健康和可持续地发展；反之，会不利于社会经济的健康、可持续发展。一定时期内，一个国家或地区的社会保障水平是否适度与当时的社会生产力水平、消费水平、社会的伦理道德水平是密切相关的。当前，中国社会保障发展需要与转型时期的经济社会发展阶段相适应。

3. 权利与义务相对等原则

国外一些国家法律规定，国民需要履行义务与享受待遇相结合，合理分配政府、企业、个人的责任，共同分担社会保障，才能有利于整个经济和社会的发展。在世界各国向小政府转变的改革大潮中，不断完善社会保障制度成为政府主要职责趋势之一，一是正式的社会制度中，政府承担主导责任，企业和个人参与其中；二是非正式制度中，政府只是起到支持作用，依据权利和义务对等原则，由企业、社会、个人三方各自承担应有责任，结合正式和非正式制度，增大了保障效能，提升了国民的福利效应，我国在完善社会保障制度中既要发挥政府的作用，也要发挥企业和个人的积极性，还要调动社会各方面的力量。

4. 普遍性与选择性结合原则

普遍性一直以来是西方国家奉行的一项原则，该原则强调的是社会保障制度要惠及全体国民，讲究和提倡社会公平。选择性原则是一个国家或地区根据自身财政实力以及受保障人员的收入水平来确定对社会保障的需求程度；对于发展中国家，选择性原则在不超越社会经济发展水平的前提下，可满足社会成员的不同社会需求。在中国二元经济社会发展水平下，地区之间、城乡之间的差别短时间无法消除时，中国实行普遍性和选择性相结合原则，以确保社会转型时期社会保障制度良好发展。

5. 社会互济性与法制性原则

社会保障的理念具有互济性，无论是家庭，还是社会，都体现了不同群体人员中的经济关系，也是群体性意识的发展和体现，是对社会保障制度的强化。人类历史的发展使现代社会更具有法制性，社会保障制的建立和发展需要以立法为根本，以相关法律为依据，体现公平与效率相统一等原则，政府需要建立相关的法律法规进一步监督社会保障项目，促使社会保障制度有法可依，保障社会保障制度健康发展。[①]

二、完善城乡社会保障制度的建议

城乡社会保障制度的进一步完善，要大力推动城乡社会保障的统筹发展；加强对社会保障基金的监督管理；完善基本社会保障的公共财政投入机制。

1. 推动城乡社会保障的统筹发展

第一，整合并完善相关的社会保障制度。对农村的社会保障制度进行规范化、科学化、信息化管理，取其精华、去其糟粕，改善不合理的地方，保留合理的方面，不全面的进行相应的补充，最终形成一套适合农村居民的农村社会保障制度。这就要求构建一个符合失地农民和农民工需要的社会保障制度体系。设立失地农民社会保障制度可以让失地农民与城镇的社会保障模式相一致，但是由于他们的经济条件较差，国家应给予相应的补贴，可以相

---

① 李雪：《中国社会保障制度的经济学分析》，吉林大学博士学位论文，2014 年。

应地放宽一些标准。而对于农民工社会保障制度的设计，完全可以实行"一卡通"的保障模式，因为农民工的流动性比较大，所以更适合使用"一卡通"，方便快捷，最大可能地满足农民工的需要。

第二，建立健全管理体制。目前，我国的社会保障管理比较分散，各自为政，各部门不相协调，管理措施欠缺，这对于我国社会保障事业的发展是不利的。所以，我们应该尽快建立一个统一的管理机制，提高管理水平，使社会保障资金拥有一个良好的运作环境。一是按照统一协调管理的办法实施，设立一个单独的社会保障工作体系，管理各方面的协调。二是设立特定的监督机构，监督管理社会保障金的集中收集和分配，目的是保证基金的安全以及保值增值。三是政府应该发挥宏观管理的作用，以调动各方面的积极性，确保社会保障管理工作顺利进行。

第三，建立城乡经济一体化发展体制。城乡发展的体制欠缺是城乡之间发展不平衡的最主要原因，要想消除这种障碍，就必须给农民平等的待遇以及平等的发展机会，并建立一套完备的体制。早在2003年召开的中共十六届三中全会上，胡锦涛首次提出"建立有利于城乡二元经济结构逐步改变系统"。在后来的十六届五中全会上，胡锦涛又提出了"建立以工促农，以城带乡的长效机制"。在党的十七大三次会议上，再次提出了到2020年，"农村经济体制更加完善，城乡经济社会发展一体化体制机制基本建立"。会议还提出了一系列的措施来促进城乡经济一体化发展，尽快实现城乡一体化，统筹城乡经济协调发展。完善城镇和农村的基础设施建设，建立城乡统一的公共服务体系。统筹城乡劳动就业，鼓励农民转移就业，给予返乡创业的农民工一定的支持。国家还对其他方面进行规划管理，从而城乡经济发展实现一体化，最终目的是实现城乡社会保障的统筹发展。

2. 加强社会保障基金的监督管理

（1）加强社会保障基金监督管理的法制建设。

第一，明确从中央到地方以及各级财政、基金监管部门的职责。首先，应建立独立、高效、统一的社会保障基金监督和管理委员会。监管委员会应由各级政府部门、人力资源和社会保障部门、财政部门、人民银行、保监会、证监会、卫生部门、工商行政管理部门、税务部门、审计部门、监察部门、工会组织以及企事业单位代表共同组成，制定专门的政策和措施实施基金监管，尽快在基金监管中迈出实质性的步伐。监管委员会按城市设立地方监管办事处实行垂直管理。其次，建立专业性养老社会保险基金管理局，改变目前社保部门既是基金管理政策的提供者同时又是基金运营的主体的不规范局面。基金管理局依据社保基金保值、增值要求和国家宏观经济政策取向，将统筹账户基金投资于以固定收益金融工具为主的对象（如定期存款、国家债券）和国家重点开发的建设项目。同时，基金管理局按社保部门的指令将资金划入财政专户，社保部门建立临时性账户，从财政专户划出给付资金并按时足额进账职工在国有商业银行的个人养老金账户。各级财政对社会统筹部分的给付负有最后责任。

第二，建立全国统一的社保基金监督机构。社保基金监管是一个极其复杂的系统工程，社保制度自身的长期性及运行机制的高度复杂性需要高度重视基金监管综合配套政策的构建，建立全国统一的社保基金监督机构是刻不容缓的。

第三，加强社会监督，发展多样的民间监督组织。扩大宣传力度，增加群众对社保基金相关政策的了解，有利于配合和帮助监管部门的工作，组织一些民间监督组织，虽然这些民间监督组织不具有法律形式，也不会产生强制性的法律效果，但它密切群众，深入基层，有利于多层次监管社保基金。还可以发挥新闻机构的作用，产生舆论监督的效果，对不良行为的管理机构或工作人员进行报道，对潜在的威胁施加社会压力。

（2）加强社保基金的预算管理，进行事前监督。

第一，遵循社会保障基金征、管、用三分离。我国社保基金的监管长期没有权威性机构进行统一管理，社会保障处于一种政出多门、多头管理的混乱局面，参与社会保障管理和监督的有劳动和社会保障部门、财政部门、卫生部门、民政部门以及金融机构等，各个部门独立工作，缺乏沟通，因此，研究制定统一的监督指标、监督标准和监督程序是十分必要的。同时，社保基金监管机构的人员构成也要体现"三方性"制衡原则，形成内部监督，更为重要的是提高监管人员的综合素质，对监管人员进行专业技术和职业素质的培训，使他们掌握国内外最先进的监管方法和最新的社保基金监管技术，提高监管的效率。

第二，预防社会保障基金被蓄意冒领。一是建立和健全离退休人员领取养老金资格认证制度。实行离退休人员领取养老金资格认证是防止冒领养老金行为，保证基金安全的重要手段，应加大养老金资格认证工作的宣传力度。同时采取日常认证与集中认证，普遍认证与重点认证，居委会、社区、乡镇劳动管理服务站认证与本级社会保险机构认证三结合的方式进行，针对不同人员采取不同方法（如：本地区认证可采取街道居委会、社区、乡镇劳管站和社保部门合力进行；异地居住的离退休人员可采取电话约访，指纹鉴定、网络视频、本人最新照片邮寄等认证措施）。二是加强认证机构的知识培训和认证程序培训，使本社保机构工作人员及各街道、乡镇、社区具体负责认证的工作人员熟知认证工作流程，尽快掌握认证工作的方式方法，更好地为认证工作服务。三是建立举报奖励制度。社保部门加大监管力度，制定举报奖励办法，并向社会公布，对举报他人冒领养老金的，一经查实，给予举报人相应的奖励，同时对冒领者加大处罚力度。

第三，规范社会保障基金存蓄行为，实现基金保值增值。按照国家政策规定整合财政社保专户，按照规定开设基金支出户，确保在国有商业银行开立财政专户账户和基金支出户，实行按险种分账核算，并按照国家规定计息。研究实现基金保值增值渠道和方法，可根据地方实际采取定期存储、购买国债等方式。

（3）加强监管人才的培养、提高监管的专业化水平和效率。

要积极培育审计师、精算师、资产评估机构等中介组织，是这些中介组织成为社保基金日常运营监管的承接者，从而实现社保基金监管的市场化，减少基金监管机构对社保基金管理运营的干预和限制，提高监管的专业化水平和效率。要加强监管人才的培养，提高监管部门工作人员的职业道德素质和业务素质。只有建立健全和完善的社会保障基金的监管体系，借鉴和采用先进的监管模式和监管方法，才能保证社保基金监管的有效性，从而对社保基金的功能得以最有效地发挥。

3. 完善社会保障公共财政投入机制

（1）继续加大财政投入力度，支持社会保障事业发展。

为建立与社会主义和谐社会相适应的、城乡协调的社会保障体系，使广大人民群众能够享有基本生活和医疗保障，随着经济发展水平提高和国家财力的进一步增强，有必要通过调整财政支出结构，加大各级财政对社会保障事业的投入力度。一是支持城镇职工基本养老保险等制度，应对人口老龄化挑战，确保退休人员基本养老金按时足额发放。二是推进覆盖全体居民的基本医疗保障制度建设。支持城镇困难群体参加基本医疗保险等基本医疗保障制度，逐步提高对新型农村合作医疗的补助标准，加大社会医疗救助投入，保障城乡居民基本医疗需求。三是整合农村各项生活救助政策和资金，逐步推动建立制度统一、标准有别、资源共享的城乡低保制度。合理确定中央和地方各级政府在低保工作中的职责，完善中央财政专项转移支付"以奖代补"办法，规范资金管理，充分发挥地方政府作用。在增加投入的同时，也要进一步转变投入机制，提高资金使用效益，特别是要进一步强化社会保险基金收支预算的约束力，推动建立社会保险基金自求平衡机制。

（2）充分调动中央和地方支持社会保障事业发展的积极性。

我国绝大多数社会保障事务的具体组织执行是由地方政府负责的，但自1998年以来，随着社会保障制度改革和转轨力度的加大，中央财政通过实施大规模的专项转移支付发挥了越来越重要的作用。今后，适应以人为本的科学发展观和构建和谐社会的要求，中央财政有必要继续在支持社会保障事业发展方面发挥重要作用。这是因为，我国经济社会发展的地区差距较大，且很多地区特别是中西部地区基层财政困难，发挥中央财政的作用有利于促进各地社会保障事业协调发展，实现基本公共服务的均等化，也有利于推动全国社会保障制度和政策的统一，为经济活动提供公平竞争的平台。从国际经验看，中央财政在社会保障事业中承担重要责任甚至主要责任也是比较普遍的现象，有的是将主要的社会保障事务直接界定为中央事权，有的是通过专项转移支付对地方政府负责的社会保障事务给予大力支持。

当然，发挥中央财政的重要作用并不意味着中央政府直接负责大部分社会保障事务，也不意味着忽视发挥地方政府的积极性，一味增加它们对中央政府的依赖性。由于不同的社会保障项目有其自身特点，有些项目适合中央管理，另一些项目由地方政府管理可能更有效率。特别是在我国，由于人口众多，政府级次也多，加之地区发展不平衡，中央政府直接管理社会保障事务将比其他国家面临着更多的约束条件。除基本养老保险可以将全国统筹作为目标加以推进外，医疗保险可以在较长时期内维持地方管理，适当提高统筹层次，这是因为医疗保险的全国统筹虽然对提高劳动力市场的效率具有积极作用，但是在支出控制方面会面临更大的困难，因此应在技术和管理手段进一步完善后再考虑推动全国统筹问题。失业保险制度（基金）的规模和风险及对提高劳动力市场效率的作用相对较小，从长远来看实行全国统筹的意义也不是很大。此外，社会救助工作由基层政府承担也更加有效。对地方承担的项目，中央财政也可根据需要安排一定的专项转移支付给予支持，但是专项转移支付制度的设计一定要规范、透明，并尽量与地方努力程度等因素挂钩，以调动其完善制度、规范管理和增加投入的积极性。

（3）健全社会保障筹资机制，建立多渠道筹资体系。

目前，我国已经基本建立了由政府、企业、个人、社会共同负担的、能够较好地满足社会保障制度资金需求的多渠道社会保障筹资机制，为社会保障事业发展提供了有力的资金保障。要继续推进社会保障筹资工作：一是在总结税务机关征收社会保险费实践经验的基础上，修订和完善《社会保险费征缴管理暂行条例》，明确由税务机关全面负责社会保险费的征缴管理，并赋予税务机关比照《税收征收管理法》进行征收管理的权利，以加强社会保险费征管，降低征管成本，提高征管效益。二是研究开征社会保障税。社会保障税是以税收形式筹集社会保险基金，具有强制性、规范性的特征。目前我国现行社会保障制度模式仍在完善过程之中，社会保障覆盖面小、统筹层次低、费率不统一等问题也需进一步规范，因此尚未开征社会保障税。但从长远来看，为建立健全具有可持续性的社会保障制度，保证社会保障制度有充足可靠的资金来源，我国应根据社会保障制度改革推进情况，在认真研究论证的基础上，积极稳妥地推动开征社会保障税工作。三是通过预算内安排、国有土地转让收入划拨、国有资产变现等方式继续充实全国社会保障基金，允许有条件的地区建立区域性的社会保障储备基金，以应对人口老龄化的挑战。四是在基本养老保险基金结余较大的情况下，适当放宽投资渠道，允许基金结余较多的地区在确保发放和基金安全的前提下开展多元化投资运作。

（4）明确财税优惠政策，促进慈善事业、社会福利事业的发展。

一是在分门别类的基础上逐步盘活国家控制的社会福利存量资源，对其中属于营利性的社会福利服务进行民营化，推进政企分离和政事分离，实现政府退出；对其中具有公共产品特征、针对"三无"对象和孤儿等特困群体的社会福利服务，也要积极引入社会力量，充分发挥慈善机构和其他非营利组织的作用，政府通过财政直接补助或购买服务等方式给予鼓励和支持。二是通过税收等优惠措施促进集体、村（居）民自治组织、社会团体、个人和外资以多种形式捐助或兴办新的社会福利事业。三是深化社会福利机构用人用工制度、分配制度和管理制度改革，改进和完善对公立福利机构的财政投入政策，由原来按机构行政管理费用、服务对象的基本生活费用、机构工作人员工资福利费用等分块计算改为按服务对象单位成本核算的项目管理方式，实现从"养人办事"向"办事养人"的转变。

| 第八章 |
对 外 开 放

第一节　对外开放是我国长期的基本国策

一、对外开放的含义

实行对外开放，一个关键是要正确地对待资本主义社会创造的现代文明成果。邓小平明确表示："我们要有计划、有原则地引进技术和其他对我们有益的东西，但是我们决不学习和引进资本主义制度，决不学习和引进各种丑恶颓废的东西。对外开放必须坚持社会主义原则，坚持党的领导，坚持社会主义道路，反对资产阶级自由化，反对走资本主义道路。既不能因噎废食，对国外的东西一概加以拒斥，从而放慢对外开放的步伐，也不能对国外的东西不加批判地全盘接受，甚至以各种形式主张全盘西化。"要大力发展和不断加强对外经济技术交流，积极参加国际交换和国际竞争，由封闭型经济转向开放型经济，以加速社会主义市场经济的建设步伐。

因此，对外开放，一方面是指国家积极主动地扩大对外经济交往；另一方面是指放宽政策，放开或者取消各种限制，不再采取封锁国内市场和国内投资场所的保护政策，发展开放型经济。对外开放是中国的一项基本国策。

二、对外开放的基本内容

邓小平对外开放理论重点是经济对外开放，但又不限于经济，同时也包括政治、文化、社会等方面。邓小平对外开放理论不仅仅是强调要发展对外贸易、利用外资和各种形式的对外经济合作与交流，而且是与社会主义市场经济体制相结合，利用两个市场、两种资源，走开放型经济发展道路。这是邓小平对外开放理论对马克思主义的一个重大贡献。

关于经济领域的对外开放，邓小平指出，不仅要继续扩大对外贸易，而且可以让外商来华直接投资办企业、搞加工贸易，我们还可以间接使用外资，包括向国际金融机构、外国政府和商业银行贷款，甚至可以到国际市场融资等。同时，还要考虑利用外国智力，请一些外国人来参加我们的重点建设以及各方面建设。请来之后，应该很好地发挥他们的作用。① 因此，对外开放的主要内容包括：

（1）大力发展对外贸易，特别是发展出口贸易；

（2）积极引进国外先进技术设备，特别是有助于企业技术改造的适用的先进技术；

（3）积极合理有效地利用外资，特别是更加积极地吸引外商直接投资，兴办中外合资、中外合作与外商独资企业；

（4）积极开展对外承包工程与劳务合作；

（5）发展对外经济技术援助与多种形式的互利合作；

（6）设经济特区和开放沿海城市，以带动内地开放。

三、对外开放的必要性

对外开放，是实现我国社会主义现代化的一项长期的基本国策，是邓小平和中国人民建设有中国特色社会主义的历史性选择。

第一，实行对外开放政策，是科学总结我国历史经验教训的必然结果。

---

① 邓小平：《邓小平文选》（第3卷），人民出版社1993年版，第32页。

我国历史上经济社会长期停滞落后，一个重要的原因就是闭关自守。历史经验教训说明，不开放不行。

第二，实行对外开放政策，是追随世界经济发展趋势的客观选择。在当代，世界最新通信技术的运用和现代交通工具的变革，使各种交往手段越来越现代化，国际经济生活的时空大大缩短，使国际交往互惠更加便利；资源、劳力、技术、资金、信息等生产要素普遍纳入经济生活国际化的洪流之中，生产、流通和消费领域的社会化、国际化、一体化普遍要求各国打开国门，采取更加开放的政策。世界市场的扩大，要求各国实行开放政策，既发展自己，也推动全世界的发展。

第三，实行对外开放政策，是加速我国社会主义现代化建设的迫切需要。处于社会主义初级阶段的中国，在推进传统产业革命，赶上世界新技术革命，实现社会主义现代化的过程中，面临着诸如资金短缺、技术落后、管理经验不足、生产效益不佳等困难。这些困难如果得不到克服，已经确定的经济社会发展战略目标就有流产的危险。而要尽快妥善地解决现代化建设中面临的困难和矛盾，一个不可缺少的条件就是实行对外开放，参与国际分工与合作，发展对外贸易和经济技术交流。实行对外开放，是保证中国经济持续、快速、健康发展的一个极其重要的条件。

首先，当今的世界是开放的世界。20世纪中叶以来，由于科学技术革命的突飞猛进，带动了整个世界和各国产业结构的巨大变动，极大地改变了世界面貌和人类生活状况，现代生产力的社会化、国际化程度更加提高，世界经济一体化的趋势更加明显，各个国家和地区之间的联系更加密切，世界各国之间的互相开放、互相依存程度更加增强。据此，邓小平在1984年就指出："现在的世界是开放的世界"。互相开放，不仅是发展中国家的需要，也是世界发展的大趋势。从当代生产力发展水平来看，生产的社会化和国际化程度在近几十年中空前提高，国际分工有了长足发展，许多产品都是国际分工合作的产物；从科学技术的研究、运用和发展来看，国际合作成果与互惠步伐加快，动用世界范围的人力、财力和物力，通力合作，共同攻关，日益明显；从市场经济发展方向来看，开放化与一体化已经成为世界潮流，统一的国内市场已经发展成为世界市场；在当代，任何一个国家要发展，都必须扩大对外开放，加强国际交往。中国的对外开放政策，就是对当代世界经济、科技发展和国际形势发展科学观察和概括的结果。

其次，中国的发展离不开世界。早在 1984 年 10 月，邓小平明确地指出："关起门来搞建设是不能成功的，中国的发展离不开世界。"他强调指出：对内经济搞活，对外经济开放，不是短期的政策，而是长期的政策，即使是变，也只能变得更加开放。

四、对外开放对改革的促进作用

30 年的实践经验表明对外开放极大地推动了改革。这段时期，国有企业改革加快，民营经济迅猛发展，金融改革、投资体制、住房体制、社会保障体制改革全面推开。对内改革为中国经济增长奠定了根基，对外开放为中国经济腾飞注入了强劲动力。对内改革和对外开放的有机结合实现了中国的大发展和大繁荣，也推动了中国的国际地位不断提升。2011 年，中国一跃成为世界第一大出口国、全球第二大经济体，成为全球经济增长的"发动机"。

开放促进了我国经济社会的全面进步，为改革事业提供了较好的基础条件。开放提升了国内标准，促进了各领域的改革与国际接轨，尤其是参与国际竞争和国际规则制定，也倒逼国内体制改革。在微观领域，企业广泛参与国际竞争，充分发掘国际市场和国际资源，在全球竞争中赢得了一席之地；在宏观领域，随着我国对外经贸关系的不断推进，我国作为 G20 等国际组织和机构的重要成员国，在国际经济治理中的地位和发言权已有重大跃迁，基本实现了从被动到主动、从外围到核心、从配合讨论到参与决策的角色转变。这些，客观上要求我国在国内经济体制改革方面做出表率，从而在国际经济舞台上展现负责任的大国形象。这一点在这次国际金融危机以来表现得尤为明显。

尤其是 2001 年加入 WTO 之后，对外开放取得了明显成效，对于促进各个领域的体制机制改革发挥了有力推动作用。

1. "引进来"和"走出去"的历程

1992 年 10 月，党的十四大明确我国要建立社会主义市场经济体制。十四大报告中用专门篇幅明确阐述，要"进一步扩大对外开放，更多更好地利用国外资金、资源、技术和管理经验"。强调"对外开放的地域要扩大""利用外资的领域要拓宽",要"积极开拓国际市场,促进对外贸易多元化,发展外向型经济"。1993 年 11 月党的十四届三中全会通过了《中共中央关于建立社会主义市场经济体制若干问题的决定》(即"50 条"),第一次以党的文件的形式明确提出要发展开放型经济,进一步强调"坚定不移地实行对外开放政策,加快对外开放步伐,充分利用国际国内两个市场、两种资源,优化资源配置。积极参与国际竞争与国际经济合作,发挥我国经济的比较优势,发展开放型经济,使国内经济与国际经济实现互接互补"。

这一时期中国对外开放的重点在于引进外资、引进技术、引入人才、引进机制,利用国外管理经验改革国企、建立民企。根据 IMF 统计,改革开放初期的 1980 年,中国进出口贸易规模仅占全球的 2.0%,是名副其实的贸易小国;1990 年中国贸易全球占比上升至 3.4%,位居世界第 14 位;到了 2000 年,占比扩大至 7.3%,位居世界第 7 位。至此,我国基本确立了沿海、沿江、沿边、内陆地区相结合的全方位、多层次、宽领域对外开放的格局。

2001 年 12 月 11 日,中国正式加入世贸组织,中国对外开放已经从区域性的推进转变为全国性的开放。在过去的十多年间,中国经济在国际整体经济格局中所处的地位和影响力都显著提升。根据世界银行统计,中国的对外贸易总额从 2000 年的 0.5 万亿美元迅速增长至 2011 年的 3.6 万亿美元,年均复合增长率高达 20%,中国的对外贸易总额在全球的排名也从 2000 年的全球第 7 位迅速攀升为 2011 年的第 2 位,进出口分别占全球的比例均达到 10% 左右,是 2000 年占比的近 3 倍。与此同时,中国的外汇储备从 2000 年的 0.17 万亿美元提升至 2012 年的 3.31 万亿美元,规模扩大了 20 倍。

入世之后,中国全面开放的对外政策不仅包括"引进来",还包括"走出去"。中国企业逐渐发展壮大,走出国门,成为国际市场上的重要一员。据联合国贸发组织发布的《2012 年世界投资报告》,2011 年全球外国直接投资流出量 1.5 万亿美元,以此为基期进行计算,2011 年中国对外直接投资为 746.5 亿美元,占全球当年流量约 5%,名列全球前十位。

2. 相关行业经受住竞争考验并空前发展

我国加入 WTO 后,不同行业的发展差异提供了一个很好的观察窗口。在开放度较大的行业中,无论是入世前我们有比较优势的纺织服装产业,还是当时在国际竞争中处于明显劣势的家电、机电、机械等行业,在加入 WTO 后都得到了快速发展，国际竞争力、市场占有率大幅提升，助推中国成为新的世界工厂。甚至一些当时被普遍认为属于弱势产业、将遭受重大冲击的行业，如汽车、银行业等，也都获得了空前发展。

（1）汽车业。业界预计加入WTO后中国汽车业将面临"灾难性毁灭"，几代人发展汽车工业的努力会付诸东流。但实际情况却大相径庭，中国汽车业通过合资、并购和重组等多种形式，竞争力稳步提高，获得了前所未有的黄金发展期。到2011年，中国汽车产销量分别跃升至1842万和1851万辆，均为世界第一位，分别超过美国2倍和1.5倍。汽车工业总产值2.1万亿元，是2001年的4.7倍。汽车生产的零部件国产化率达到80%左右，每个职工年生产汽车已达10辆之多（入世前为1辆）。一批民族汽车企业从无到有逐步崛起，出口快速增长；有的还收购了国际一线汽车品牌企业，进军国际市场。

（2）金融业。按照加入WTO承诺，我国银行业、保险业到2006年末结束5年过渡期，全面取消外资银行经营人民币业务的地域和客户限制；保险业外资除不得经营法定财产险业务、寿险不超过50%的持股比例外，无其他限制。当时国内反应强烈，很多人认为将对国内银行业、保险业产生巨大影响，特别是国内银行业被普遍认为处在技术性破产边缘，国有银行实际不良资产比例估计超过50%，资本充足率更是远低于8%的最低标准。世界银行也认为中国银行业大约需要10年才能做好准备而不至于陷入险境。当时预计，入世十年后外资银行在中国的市场份额将达10%~15%。现实情况是，入世后外资银行的确在华迅速发展，但国内本土银行在竞争的压力中锐意改革，在公司治理、经营管理上不断向国际标准靠拢，获得了跨越式发展。截至2012年末，中国银行业的资本充足率13.25%，不良贷款率仅为0.95%；4家大型银行全部跻身全球十大银行之列。过去一直担心的外资银行重大冲击并没有发生，外资银行市场份额最高也仅为1.6%。保险业也类似，入世后外资保险公司在华获得了快速发展，但并未对中资保险公司产生重大冲击，2012年外资保险在中国保险市场的占有率仅为3.5%左右。

（3）电信业。电信业在对外开放中一直受到较多保护，虽然加入WTO以来扩张也很快，其发展水平、竞争力提升和服务质量也广受诟病，甚至落后于国际平均水平，与国际先进水平相比差距很大。过度保护使国内电信业形成了典型的寡头垄断格局，市场竞争程度不仅远低于发达国家，也明显低于印度等发展中国家。根据国际电信联盟《2012 年衡量信息社会发展》报告，按照由 11 个指标综合的信息和通信技术发展指数来衡量，中国发展水平列全球第 78 位，其资费则是第一名韩国的 124 倍；世界宽带平均网速大概为100 兆/秒，而中国网速仅为其 1% ~ 2%。

（4）农业。入世后，中国坚持对一些重要产品保留必要的保护措施，保留了关税配额制度，并通过国家干预来维护基本农产品供给及价格稳定。同时采取农业生物技术安全管理、进口许可证、检验检疫等非关税贸易措施实施保护，据测算，其效果相当于征收 42.6% 的农产品进口关税。这些措施固然在一定程度上保护了农业部门，但也导致中国农业发展水平滞后，技术创新相对落后，国际竞争力较差。十余年来，中国农业总体发展水平与国外先进水平相比不是缩小了，而是扩大了。国际上，农业早已成为资本密集型、技术密集型、高度机械化的现代产业，而中国农业还停留在封闭的、以家庭零散耕种为主的传统生产方式。大豆业是一个比较典型的例子：保护主义政策导致国产大豆在国际竞争中全面落败，2012 年我国大豆自给率已降至18%，最终没有起到保护国产大豆及豆农利益的作用。

3. 极大地促进了对外贸易的发展

1979 ~ 1999 年，中国对外贸易以年均 15.3% 的速度增长。而到 2000 年，与进出口直接相关的三个指标均首次突破 2000 亿美元大关：出口总额 2492亿美元，进口总额 2251 亿美元，海关税收 2421 亿美元，进出口额达到 4743亿美元。2001 年，中国进出口贸易额又突破 5000 亿美元大关，达到 5097.7亿美元，其中出口 2661.6 亿美元，进口 2436.1 亿美元，2002 年进出口额突破 6000 亿美元。2005 年，我国的进出口额超过 14000 亿美元达到 14221 亿美元排在世界第三，差不多是 2000 年的 3 倍。直接利用外资 603 亿美元，是世界上吸收外资最多的国家。这些数据充分说明我国对外开放的速度在加快和获得辉煌成就，特别是在加入世界贸易组织后的变化更大。

中央高瞻远瞩地提出要不失时机地实施"走出去"的战略。这是中央面对当前国内外新形势，并在总结自 1978 年的十一届三中全会确定对外开放以来所获的经验的基础上作出的扩大开放的战略决策。贯彻执行这一政策，对于我们更好地利用国内外两种资源、两个市场，在更广阔的空间里进行经济结构调整和资源优化配置，不断增强我国经济发展动力和后劲，对促进我国经济持续、快速、健康发展都有着重要意义。

要对外开放，我们就"走出去"。经济全球化是现在时代发展的主旋律，对外开放是当今时代发展潮流，中国不能脱离这个潮流也不可能脱离这个潮流，这个时代是我们发展的黄金时期、是一个机遇。"走出去"是我们在参与国际竞争中掌握主动权，是主动出击开拓国际市场的必由之路，对我国更好地利用国内外两种资源和两个市场，实现更好地进行经济结构调整和资源优化配置有着重要意义。我们要融入这个潮流就是要让国内经济和国际经济接轨，实质是国内市场和国际市场接轨。我国地大物博资源丰富，但我国人口多，资源的平均率却是大大地落后于国际平均水平；国内市场潜力大，但与国际市场来比就显得小得多。所以我们要强大就要"走出去"利用国际资源和开拓国际市场为我们发展中国特色社会主义作贡献。

实施"走出去"战略，企业走出去是关键。国家鼓励国内有实力的国有、民营企业走出去，实施"走出去"战略的当务之急是培养人才"走出去"，要投身到变化莫测、竞争激烈的国际市场中去。这里，有经济竞争、科技竞争。品牌竞争以及其他错综复杂的竞争。所有这些竞争的成败，最终都取决于人才的竞争。不管是经济竞争、科技竞争，还是品牌竞争都是要靠人才去实现的。人才是最宝贵的资源，谁有人才特别是高素质人才谁就能成功。包括自然资源、资本资源和信息资源等资源在内都是要人力资源使用下才被赋予活力、价值。我们不仅要"走出去"还要"引进来"。过去我们引进来的技术主要是生产线和机器设备等硬技术和成熟的技术，很少有核心技术；利用外资的产业和区域不尽合理，大多都是集中在东部，因此要着重引进高新技上、先进的管理经验和高素质的人才，做好引进技术的吸收消化和创新提高。积极引导外资向研究开发等领域拓展，引导资金向东、中、西部平衡分布。

入世后的发展表明，当时广为担心的情况并没有出现。总体而言，凡是对外开放比较彻底，积极参与全球资源配置的领域，都是发展得比较好、竞争力强、与国际接轨比较密切的领域；凡是保护比较多，对外开放、参与全球化比较滞后的领域，都是改革发展也相对落后、创新能力不强、竞争力差、产品或服务质量不高、社会满意度较低、与国际标准和前沿水平差距比较大的领域。当时出于各种考虑对部分行业给予更多保护，其实际效果是适得其反，反而保护了落后，保护了垄断。

党的十八大报告明确提出，要"适应经济全球化新形势，必须实行更加积极主动的开放战略，完善互利共赢、多元平衡、安全高效的开放型经济体系"。"着力培育开放型经济发展新优势"，"全面提高开放型经济水平"。积极主动地推行开放战略，不仅是更好地参与国际分工、国际规则制定，促使社会主义市场经济体制更好地与国际接轨，更是推动我国经济发展转型，形成促进竞争机制充分发挥作用的国内统一市场的推动力量。

国际贸易与投资规则发展也呈现出不同于以往的新趋势。一是服务贸易和投资协定成为新一轮国际贸易谈判和规则制定的核心内容。二是具有更高标准的新自由贸易协定将引领全球贸易新规则。三是 WTO 多边贸易体制将日益边缘化。

第二节　我国对外开放的阶段性与战略步骤

一、我国对外开放的阶段性

自 1978 年的十一届三中全会确定对外开放以来我国的对外开放取得巨大的成就，特别是加入世界贸易组织后更是突飞猛进、令全世界瞩目：中国政府在 1978 年决定进行经济体制改革的同时，即有计划、有步骤地实行对外开放政策。我国对外开放经历了四个阶段。

第一个阶段是从 1978 年底到 1992 年，这个阶段实际上是一个放权、让利、减税来培育市场经济因素的阶段。我们会发现，到 20 世纪 80 年代中期，也就是我们农村改革进入到城市的时候，我们出口主要就是原煤、原油、原木，自然禀赋的产品。中国人多的优势要素禀赋并没有转化为市场的进一步优势，在这个时机我们是如何实现从自然禀赋的产品出口到以劳动力丰裕的市场为基础的比较优势，应该感谢海外华人，感谢港商，是他们通过三来一补，把市场经济的一些经营方式，通过珠三角，通过这个窗口和桥梁带到了我们的国家，使我们市场经济的因素在开放过程中能够得到培育，能够得到成长。

第二个阶段是 1992 年到 2001 年，这个阶段实际上是一个建立有中国特色社会主义市场经济体制的阶段。这个阶段按照市场经济的要求来初步建立起一个市场经济的体制框架，在对外经济方面，这使企业取得了很大的进步。从出口的角度我们发现，随着我国体制、机制的变化，我国出口的产品开始从纺织、服装、箱包、鞋帽，这些传统的劳动密集型的出口产品，转到非传统的机电产品。

第三个阶段是从 2001 年到 2007 年，这个时期中国加入了 WTO，我们对外开放一个重要的变化是体制在这个时候开始与国际同行的规则接轨。根据我国的经济发展成果，会明显发现，2001 年以后，我国的经济包括对外的经济和贸易进入到黄金增长时期。

第四个阶段，从 2007 年开始，中国进入到要建立起一个有中国特色社会主义开放大国的时期。在这个时期，我们需要建立起一个大国的责任，需要建立起一个全球的视野，而且要真正在实践中探索一个大国，继续走和平崛起之路。

可见，自 1992 年 10 月中国确立社会主义市场经济后，开放和改革齐头并进，良性互动，将中国一路推向全球第二大经济体。而今，中国正站在类似的关键历史时刻。所不同的是：改革已经进入深水区，而开放的边际收益递减。如何确立开放大战略的新布局？如何以开放促进国内下一阶段的全面改革？这是我们要深入思考的战略问题。

二、我国对外开放的战略步骤

第一步是创办经济特区。1979 年 7 月，党中央、国务院根据广东、福建两省靠近港澳，侨胞众多，资源丰富，便于吸引外资等有利条件，决定对两省的对外经济活动实行特殊政策和灵活措施，给地方以更多的自主权，使之发挥优越条件，抓紧当时有利的国际形势，先走一步，把经济尽快搞上去。1980 年 5 月，中央确定在深圳市、珠海市、汕头市、厦门市各划出一定范围的区域试办。1983 年 4 月，党中央、国务院批转了《加快海南岛开发建设问题讨论纪要》，决定对海南岛也实行经济特区的优惠政策。1988 年 4 月的七届人大一次会议正式通过了建立海南省和海南经济特区两项决定，海南岛成为我国最大的经济特区。创办经济特区迈出了我国对外开放的第一步。邓小平评价经济特区"是个窗口，是技术的窗口，管理的窗口，知识的窗口，也是对外政策的窗口。"

第二步是开放沿海港口城市。1984 年 5 月，党中央、国务院批转了《沿海部分城市座谈会纪要》，决定全部开放中国沿海港口城市，从北到南包括大连、秦皇岛、天津、烟台、青岛、连云港、南通、上海、宁波、温州、福州、广州、湛江和北海共 14 个大中港口城市。1990 年 4 月，在邓小平提议下，党中央、国务院正式公布了开发开放浦东的重大决策，"要把浦东建设成为世纪现代化上海的象征"，把上海建设成为国际金融、贸易、经济中心。沿海开放城市是国内经济与世界经济的结合部，是对外开展经济贸易活动和对内进行经济协作两个辐射扇面的交点，它直接影响全国改革开放形势的发展。

第三步是建立沿海经济开放区。1985 年 2 月，党中央、国务院批准了《长江、珠江三角州和闽南厦漳泉三角地区座谈会纪要》，将长江三角洲、珠江三角洲和闽南三角区划为沿海经济开放区，并指出这是我国实施对内搞活经济、对外实行开放的具有重要战略意义的布局。1988 年初，中央又决定将辽东半岛和山东半岛全部对外开放，同已经开放的大连、秦皇岛、天津、烟台、青岛等连成一片，形成环渤海开放区。中央还提出在这些经济开放区形成贸—工—农一体化的生产结构。

第四步是开放沿江及内陆和沿边城市。进入 20 世纪 90 年代以后，我国对外开放的步伐逐步由沿海向沿江及内陆和沿边城市延伸。1992 年 6 月，党中央、国务院决定开放长江沿岸的芜湖、九江、岳阳、武汉和重庆 5 个城市。沿江开放对于带动整个长江流域地区经济的迅速发展，对于我国全方位对外开放新格局的形成起了巨大推动作用。不久，党中央、国务院又批准了合肥、南昌、长沙、成都、郑州、太原、西安、兰州、银川、西宁、乌鲁木齐、贵阳、昆明、南宁、哈尔滨、长春、呼和浩特共 17 个省会为内陆开放城市。同时，我国还逐步开放内陆边境的沿边城市，从东北、西北到西南地区，有黑河、绥芬河、珲春、满洲里、二连浩特、伊宁、博乐、塔城、普兰、樟木、瑞丽、畹町、河口、凭祥、东兴等。沿江及内陆和沿边城市的开放，是我国的对外开放迈出的第四步。

到 1993 年，经过多年的对外开放的实践，不断总结经验和完善政策，我国的对外开放由南到北、由东到西层层推进，基本上形成了"经济特区"—
沿边开放城市—沿海经济开放区—沿江和内陆开放城市—沿边开放城市这样
一个宽领域、多层次、有重点、点线面结合的全方面对外开放新格局。至此，
我国的对外开放城市已遍布全国所有省区，我国真正进入了改革开放新时代。
利用国外的资金和技术是对外开放的重要形式。

三、中国当前对外开放面临的重大契机

1. 世界由单极向多极转变的趋势更加明显

和 20 世纪末期相比，当前最大的变化是在 2008 年金融危机之后，美国
的实力有所削弱。新兴市场凭借多年的发展，经济实力大大增强，经济总量
和比重上升的同时在国际事务中的话语权也相应上升。欧洲未来的情况虽然
不乐观，但其经济总量和美国相当，仍然不可忽视。得益于过去十年原油和
能源价格的上涨，俄罗斯已经摆脱了"休克式"经济改革带来的后遗症，财
政和经常账户状况大为改观。日本在经历了两个"失去的十年"后也将面对
严峻挑战，在货币和财政政策方面实施激进政策，意图扭转颓势。在全球力
量更趋均衡的情况下，中国在和美国的博弈中将有更多的"筹码"在手，可
以凭借自身的优势，与欧盟和主要新兴国家都建立良好的关系，在国际事务
中取得更大的话语权并承担更多的国际义务。例如，在获取 IMF 和世界银行
的份额和话语权方面，更广泛地参与国际事务和全球治理等方面，中美、中
欧都可以合作、可以有作为。

2. 加快实施更高标准的自由贸易区战略

中国加入 WTO 获益良多，但中国能否在对外开放的道路上更进一步，与
其他国家建立更为紧密、更高标准的经贸关系？总体看，我国自贸区发展相
对滞后。2011 年美国、欧盟、韩国、墨西哥与其自由贸易协定伙伴的贸易额
占其贸易总额的比例分别为 37%、27%、35% 和 73%，而当前我国同自由贸
易协定伙伴的贸易额仅占我国外贸总额的 24%，如果剔除港澳台地区，仅占
11%，这与国际水平差距较大，也与我国当前在国际贸易中的地位完全不相
符。同时，加快实施自由贸易区战略也是扩大开放、提高标准的一条重要途
径。一方面，在多哈回合受阻、发达国家急于经济复苏的背景下，推进以

TPP 和 TTIP 为代表的自由贸易区谈判已成为发达国家和很多新兴市场国家、发展中国家的不二选择，我国在这个浪潮中已然落后，亟须迎头赶上；另一方面，发展不同层级的自由贸易区，有利于我国在提高标准、扩大开放中进行各种尝试，以摸索经验，控制风险，如可以台港澳、中韩、中日韩、中澳、中瑞、中冰自贸区协定谈判为突破口，小范围内先行推动部分领域的高标准开放试点，为逐步扩大乃至全面开放积累经验。

3. 推动服务业领域的扩大开放

我国加入 WTO 十多年来的发展经验充分表明，不管是制造业还是服务业，凡是对外开放比较彻底、积极参与全球资源配置的领域，都是发展得比较好、竞争力强、与国际接轨比较密切的领域。因此，当前宜重新全面审视我国加入 WTO 时保留的限制措施，下决心加快仍然留有保护和限制措施的行业特别是服务业的改革开放步伐，尽快主动推出取消限制和保护、进一步扩大开放的实质性举措。

在银行业、证券业、保险业、电信业、邮政快递业、建筑业和法律服务彻底放开市场准入，取消外资持股比例或经营范围限制，实现实质性开放的同时，也要注意控制风险，可以设计相应的投资审查制度，在加强监管的透明度和公平性的同时，确保国家经济安全和稳定。在教育、医疗、文化等行业扩大开放试点。现阶段我国教育、医疗、文化等公共服务领域发展主要面临供不应求的问题。政府职能缺乏科学定位，在公共资源有限的情况下，政府难以在基础教育、基本医疗、基础设施等基本公共服务领域提供足够的、公平的、高效率的公共服务。因此，要加快事业单位改革，促进公共服务与市场化服务并行发展。一方面要加快推进市场化进程，将政府提供的公共服务与市场竞争业务进行拆分。对能够实行市场化经营的服务，可以引导民间资本和外国资本增加市场供给，实现产业化发展；对于公益性服务、保障社会公平的基本公共服务，应加快创新公共服务提供方式，从原来政府单一提供、直接提供的方式，转变为政府与社会多元化提供相结合的方式。以政府公共财政作为支撑，在继续发挥事业单位积极作用的同时，采用政府补贴、采购等方式鼓励民营组织、非营利机构参与提供公共服务。另一方面要加快健全事业单位法人治理结构方面的改革，探索建立理事会制度，作为事业单位的决策机构，决定本单位业务发展规划、财务预算方案、人事管理等重大事项，促进事业单位向非营利机构或现代企业转变，并积极引导和鼓励社会资本通过控股、参股、收购、兼并等方式参与事业单位改革。

4. 推进农业领域的对外开放

对农产品的过度保护不仅对以其为原料的工业发展不利，会损害消费者的利益，而且也不利于我国农业在参与国际竞争中发挥比较优势和不断提高农业科技水平，从而阻碍农业生产力的提高。

进一步扩大农业对外开放主要是为了促进农业生产也参与全球分工，发挥比较优势，通过自由贸易更好扩大粮食供给，保障我国粮食安全，节约土地、水资源。主要举措包括：一是基于粮食结构性保障措施，取消过多的农产品进口限制、贸易保护政策。二是注重发挥我国农业生产的比较优势，调整农产品出口结构，按更高标准推进农产品贸易自由化。三是优化和整合农产品支持体系。对重要农产品实行适度的价格支持，为生产者提供最低收入保障，继续加大对种粮农民的直接收入补贴，减少对贸易产生的扭曲。四是积极扩大农业"走出去"。一方面需要政府采取财政、税收、金融等方面的支持政策措施；另一方面需要企业提高自身竞争力，发挥主动性、积极性和创新性，不仅可采取农产品出口、对外劳务输出建立渠道的方式，还可通过对外直接投资模式、境外农业资源开发、农业对外承包工程、农业对外劳务合作、设立境外研发中心、建立国际营销网络、提供境外咨询服务等多种途径"走出去"。五是建立全球大宗商品交易中心及风险调节机制。在现有商品交易所的基础上，筹建全球大宗商品交易中心，逐步掌握在全球大宗农产品定价中的话语权，统筹利用国际国内两个市场、两种资源。

5. 加快实现人民币资本项目可兑换

资本项目可兑换是指以投资或融资为目的，一国货币与外币之间可以自由兑换，并可以比较便利地使用本币或外汇开展跨境的资本项目交易。1993年，党的十四届三中全会首次提出要使人民币成为一种可自由兑换的货币；1996年，我国承诺了国际货币基金组织第八条款，正式宣布了经常项目可兑换；21世纪以来，随着国力增强以及利率、汇率、国有银行和金融市场改革的深化，推进资本项目可兑换的条件越来越成熟。

目前，我国资本项目可兑换的程度偏低，同时影响了经常项目的可兑换，造成对外贸易和投资不够便利，"引进来"和"走出去"面临较多限制，不利于我国融入新一轮国际贸易投资一体化。同时，较低的资本项目可兑换水平，也造成我国金融市场相对封闭，不利于金融机构摆脱惰性，影响了金融支持实体经济发展的能力。在新形势下，为了进一步扩大开放，促进贸易投资便利化，更好促进金融为实体经济服务，提高我国参与全球资源配置的能力和效率，增加国民福祉，有必要加快人民币资本项目可兑换的进程。

一是制定并公布人民币可兑换的路线图、时间表。

二是对现有政策进行梳理，对已经"可兑换"或"基本可兑换"的项目进一步做实，如货物贸易、服务贸易和直接投资项下绝大部分跨境收付与汇兑等，大幅简化审核手续，降低政策门槛，为企业提供更大的便利性和自由度。

三是近期加快推进跨境贸易结算及资本市场跨境投资领域改革。推动人民币成为更广泛的交易和结算货币，同时推行 QDII2、股票市场国际板、境外发行熊猫债等资本市场改革，推动形成以人民币定价的国际资产，并在条件基本许可的范围内加大试点和推广力度，测试人民币实现交易和定价国际资产的功能后对我国金融体系的影响。

四是中期可全面推进外债、资本市场领域的对外开放。将外债管理转向以负债率和币种匹配为核心的宏观审慎管理；允许部分非居民金融机构进入我银行间市场；进一步扩大 QDII 和 QFII 主体资格，增加投资额度；允许境内银行和企业参与境外衍生品市场，允许非居民机构投资境内衍生品市场；允许个人接受或发放跨境贷款以及合法资金转移等。同时，构建与资本自由流动相适应的跨境资金流动监测预警体系，健全风险防控措施。此外，要将资本项目可兑换纳入法制框架，加快推进相关法规清理。

第三节　经济特区的建立与发展

一、中国经济特区的建立及特点

1. 经济特区的含义及建立

经济特区是指在国内划定一定范围，在对外经济活动中采取较国内其他地区更加开放和灵活的特殊政策的特定地区。

意大利于 1547 年在里窝那湾创设免税自由港。之后,有许多国家纷纷仿效,但自由港与当代经济特区还不完全相同。第一次世界大战后,各种类型的经济特区在中南美、非洲、中东、南亚等地纷纷成立,到第二次世界大战爆发前,世界上已有 26 个国家设立了 75 个以自由贸易为主的经济特区。第二次世界大战结束后,新独立国家相继成立,它们也纷纷建立起以利用外资发展加工出口为主的经济特区。20 世纪 70 年代以来,第三世界国家中有 40 多个国家和地区建立了经济特区 80 多个。南斯拉夫、罗马尼亚也有类似设置。当代最著名的是爱尔兰香农出口加工、巴拿马科隆自由贸易区、墨西哥边境自由贸易区等。在 1980 年,世界上各种特区已发展到 350 多个,分布在 75 个国家,其类型日益增多,业务范围日益扩大,而且第一代出口加工区已开始从劳动密集型工业转向资本和技术密集型工业。

1979 年 4 月邓小平首次提出要开办"出口特区",后于 1980 年 3 月,"出口特区"改名为"经济特区",并在深圳加以实施。按其实质,经济特区也是世界自由港区的主要形式之一。以减免关税等优惠措施为手段,通过创造良好的投资环境,鼓励外商投资,引进先进技术和科学管理方法,以达促进特区所在国经济技术发展的目的。经济特区实行特殊的经济政策,灵活的经济措施和特殊的经济体制,并坚持以外向型经济为发展目标。1979 年 7 月,中共中央、国务院同意在广东省的深圳、珠海、汕头三市和福建省的厦门市试办出口特区。1980 年 5 月,中共中央和国务院决定将深圳、珠海、汕头和厦门这四个出口特区改称为经济特区。同年 8 月 26 日,第五届全国人民代表大会常务委员会第十五次会议批准《广东省经济特区条例》。截至目前中国共有 7 个经济特区。中国经济特区诞生于 20 世纪 70 年代末 80 年代初,成长于 90 年代。经济特区的设置标志中国改革开放进一步发展。1992 年中国加快改革开放后经济特区模式移到国家级新区,上海浦东等国家级新区发展起来,成为中国新一轮改革开放的重要标志(见表 8 - 1)。

表 8 - 1 中国经济特区名单

序号	批准时间	所在省市区	经济特区名称
1	1980.08.26	广东省	深圳经济特区
2	1980.08.26	广东省	珠海经济特区
3	1980.10.07	福建省	厦门经济特区
4	1981.10.16	广东省	汕头经济特区
5	1988.04.13	海南省	海南经济特区
6	2010.05	新疆维吾尔自治区	喀什经济特区
7	2014.06	新疆维吾尔自治区	霍尔果斯经济特区

2. 中国建立经济特区的重大意义

（1）可以利用外资引进技术，提高产品质量，增强产品竞争力；

（2）可以利用外商销售渠道，适应国际市场需要和惯例，从而扩大出口，增加外汇收入；

（3）有利于引进先进技术，了解世界经济信息；

（4）有利于学习现代经营管理经验，培训管理人才；

（5）可以扩大我们走向世界的通道，开辟世界了解我国改革开放政策的窗口。

3. 中国经济特区的主要特点

中外经济特区都具有下列特点：

（1）在国内划出一定地区，一般选择在港口附近、交通方便的地方，以有利于货物流转，节省费用，降低成本；

（2）在对外经济活动中推行开放政策，并采用减免关税办法，吸引外资；

（3）为外商创造方便安全的投资环境（见国际投资法），订立优惠条例和保障制度；

（4）产品以外销为主；

（5）集中管理，特区行政管理机构有权制定因地因时制宜的特区管理条例；

（6）区内企业享有相当的自主权。

而中国经济特区具有以下特征：

（1）建设资金以外资为主。

（2）经济结构以"三资"（外资、侨资、港澳资）企业为主。产品以外销为主。

（3）其经济运行机制是在国家计划指导下的市场调节为主。

（4）特区经济以发展工业为主、实行工贸结合，并相应发展旅游、房地产、金融、饮食服务等第三产业。

二、中国经济特区的发展

1. 中国四大特区扩容

1980 年在广东、福建成立 4 个经济特区，当时批准的面积都很小，厦门经济特区的面积仅 2.5 平方公里，汕头的面积仅 22.6 平方公里，珠海的面积仅 1.7 平方公里，1984 年国务院批准扩大 4 个经济特区的面积，汕头的面积扩大到 52.6 平方公里，厦门的面积扩大到 131 平方公里，珠海的面积扩大到 15.16 平方公里，1988 年又扩大到 121 平方公里。2011 年 5 月 1 日起，汕头范围扩大至全市。在近 1 年的时间里，深圳、厦门、珠海、汕头等中国最早的 4 个经济特区都扩大了范围。

2. 中国经济特区的发展

从 1980 年起，中国先后在广东的深圳、珠海、汕头，福建的厦门，海南省，新疆的喀什、霍尔果斯分别建立了 7 个经济特区，现在中国的经济特区面积：深圳（2020 平方公里），珠海（1687.8 平方公里），厦门（1565 平方公里），汕头（2064 平方公里），海南省（33920 平方公里，海南省全省面积），喀什（111794 平方公里，介于经济特区和其他特殊经济区的一种国家级试验区），霍尔果斯经济特区（73 平方公里，介于经济特区和其他特殊经济区的一种国家级试验区）。1984 年进一步开放了大连、秦皇岛、天津、烟台、青岛、连云港、南通、上海、宁波、温州、福州、广州、湛江、北海等 14 个沿海城市；1985 年后又陆续将长江三角洲、珠江三角洲、闽南三角地区、山东半岛、辽东半岛、河北、广西辟为经济开放区，从而形成了沿海经济开放带。1990 年中国政府决定开发开放上海浦东新区，并进一步开放一批长江沿岸城市，形成了以浦东为龙头的长江开放带。1992 年以来，又决定对外开放一批边疆城市和进一步开放内陆所有的省会、自治区首府城市；还在一些大中城市建立了 15 个保税区、47 个国家级经济技术开发区和 53 个高新技术产业开发区，2001 年中国加入 WTO（世界贸易组织）。现在中国和世界上 200 多个国家和地区建立了外贸关系，有发达国家也有发展中国家、有社会主义国家也有资本主义国家。这样，中国对内就形成了沿海、沿江、沿边、内陆地区相结合的全方位、多层次、宽领域对外开放的格局，对外也和更多的国家有了外贸关系。

3. 中国经济特区建设和发展的基本经验

第一，完善投资环境，包括完善投资的物质环境和人际环境。前者为基础设施结构中以通电、通水、通路、通信、通煤气、通排污、通排洪和平整土地为主体的"七通一平"等；后者包括政治条件（政治、社会、政策等的稳定和法制的健全）、管理水平（政府的效率等）、经营条件（货币和物价、外汇管制、金融、信息服务和自主权等状况）、人口素质和市场、政策优惠（税费等）等。第二，外引内联有机结合，发挥特区的"四个窗口"（技术、知识、管理和对外政策）和两个扇面辐射（对内和对外）的"枢纽"作用。第三，努力探求建立一种灵活而有效地适应国际市场规律的特区经济体制模式。为此，需在计划管理体制、企业管理体制、基本建设管理体制、流通体制、价格体制、劳动人事制度和工资制度以及财政金融体制等方面进行一系列改革。

第四节　自由贸易区的建立与发展

一、自由贸易区的建立

1. 自由贸易区的含义

自由贸易区（free trade zone）是指在贸易和投资等方面比世贸组织有关规定更加优惠的贸易安排；在主权国家或地区的关境以外，划出特定的区域，准许外国商品豁免关税自由进出。实质上是采取自由港政策的关税隔离区。

狭义的自由贸易区仅指提供区内加工出口所需原料等货物的进口豁免关税的地区，类似出口加工区。广义的自由贸易区还包括自由港和转口贸易区。

1973 年国际海关理事会签订的《京都公约》，将自由贸易区定义为："指一国的部分领土，在这部分领土内运入的任何货物就进口关税及其他各税而言，被认为在关境以外，并免于实施惯常的海关监管制度。"

2. 自由贸易区的历史发展

自由贸易区从自由港发展而来。通常设在港口的港区或邻近港口地区，尤以经济发达国家居多。13 世纪法国开辟马赛港为自由贸易区。1547 年，意大利正式将热那亚湾的里窝那港定名为世界上第一个自由港。其后，为了扩大对外的国际贸易，一些欧洲国家陆续在一些港口城市开辟自由港。50 年代初，美国提出：可在自由贸易区发展以出口加工为主要目标的制造业。如美国有对外贸易区 92 个。早在 50 年代初，美国提出：可在自由贸易区发展以出口加工为主要目标的制造业。60 年代后期，有发展中国家利用这一形式，并建成特殊工业区，发展成出口加工区。80 年代开始，许多国家的自由贸易区向高技术、知识和资本密集型发展，形成"科技型自由贸易区"。自由贸易区在全球范围内其数量已经达到数十个，范围遍及各大洲，是区域经济一体化的主要形式之一。其中，北美自由贸易区也是世界上最大的自由贸易区。其他还有中欧自由贸易区、欧盟—拉美自由贸易区等。截至 2013 年 6 月 19 日，全球已有 1200 多个自由贸易区，其中 15 个发达国家设立了 425 个，占 35.4%；67 个发展中国家共设立 775 个，占 64.6%。

3. 中国自由贸易区的建立

2007 年 12 月，天津东疆保税港区一期封关后，天津就将自由贸易港区作为自己未来的发展方向，并提上议事日程。2008 年 3 月国务院批复的《天津滨海新区综合配套改革试验总体方案》明确表示，东疆保税港区在"条件成熟时，进行建立自由贸易港区的改革探索"。2011 年批复的《天津北方国际航运中心核心功能区建设方案》，又再次重申在天津东疆进行自贸区改革探索的目标。2012 年年底，天津市委十届二次会议和 2013 年年初天津市推进滨海新区新一轮开发开放十大任务，均将建设自贸区作为天津市 2013 年的重点工作。2013 年 6 月前，天津自贸区方案由天津市上报中央相关部门。

2013 年上半年，商务部、上海市人民政府会同国务院有关部门拟定
《中国（上海）自由贸易试验区总体方案》（草案），上报国务院审批。
2013 年 7 月 3 日，国务院常务会议讨论并原则通过该方案草案。2013 年
8 月，国务院正式批准设立中国（上海）自由贸易试验区。2013 年 10 月
26 日上海自贸区正式开通微信公众平台"上海自贸区销售中心"。2013
年 9 月，广东省牵头广东自贸区申报事宜。2014 年 4 月，广东省政府证
实正打包申报自由贸易园区。2013 年 9 月，天津自贸区申报方案初步成
型，2014 年初正式上报国务院。2013 年 12 月底，福建省委提出建设福
建自贸区。

截至 2014 年 1 月 22 日，中国 12 个地方自贸区获得国务院批复，进入到
多部委联合调研阶段。2014 年 12 月，国务院决定设立中国（广东）自由贸
易试验区，广东自贸区涵盖三片区：广州南沙新区片区、深圳前海蛇口片区、
珠海横琴新区片，总面积 116.2 平方公里，广东自贸区立足面向港澳深度融
合。2014 年 12 月 28 日，全国人民代表大会常务委员会授权国务院在中国
（广州）自由贸易试验区、中国（天津）自由贸易试验区、中国（福建）自
由贸易试验区以及中国（上海）自由贸易试验区扩展区域暂时调整有关法律
规定。2015 年 3 月 24 日，中共中央政治局审议通过广东（三大片区：广州
南沙自贸区、深圳蛇口自贸区、珠海横琴自贸区）、天津、福建自由贸易试
验区总体方案、进一步深化上海自由贸易试验区改革开放方案。2016 年 8
月，国务院决定设立中国（辽宁）自贸区、中国（浙江）自贸区、中国（河
南）自贸区、中国（湖北）自贸区、中国（重庆）自贸区、中国（四川）
自贸区和中国（陕西）自贸区等 7 个自贸区。

二、自由贸易区的发展

1. 自由贸易区基本功能与类型

自由贸易区内允许外国船舶自由进出，外国货物免税进口，取消对进口
货物的配额管制，也是自由港的进一步延伸，是一个国家对外开放的一种特
殊的功能区域。

自由贸易区除了具有自由港的大部分特点外，还可以吸引外资设厂，发

展出口加工企业，允许和鼓励外资设立大的商业企业、金融机构等促进区内经济综合、全面地发展。

按性质来分，自由贸易区可分为：商业自由区和工业自由区。前者不允许货物的拆包零售和加工制造；后者允许免税进口原料、元件和辅料，并指定加工作业区加工制造。

按功能来分，世界自由贸易区的功能设定是根据区位条件和进出口贸易的流量而确定的，并且随着国内外经济形势的发展而调整和发展。其主要类型有以下几种：（1）转口集散型，这一类自由贸易区利用优越的自然地理环境从事货物转口及分拨、货物储存、商业性加工等。最突出的是巴拿马的科隆自由贸易区。（2）贸工结合、以贸为主型，这类自由贸易区以从事进出口贸易为主，兼搞一些简单的加工和装配制造。在发展中国家最为普遍。例如阿联酋迪拜港自由港区。（3）出口加工型，这类自由贸易区主要以从事加工为主，以转口贸易、国际贸易、仓储运输服务为辅。例如尼日利亚自由贸易区。（4）保税仓储型，这类自由贸易区主要以保税为主，免除外国货物进出口手续，较长时间处于保税状态，例如荷兰阿姆斯特丹港自由贸易区。

2. 服务贸易规则的制定

服务贸易总协定（GATS）作为历史上第一个服务贸易多边框架，极大地推动了全球服务贸易的自由化。在乌拉圭回合结束之后，各成员方又就金融、电信、海运和自然人流动等服务部门和方式进行了一系列后续谈判，至今各成员仍在执行和消化这些承诺。多哈回合开始以来，除部分在服务贸易出口方面有重大利益和优势的国家外，大多数国家缺乏进行新一轮谈判的热情。为了推动本国服务贸易出口，美国和欧盟在其签订的自贸区协议中都列有服务贸易自由化的条款，其广度和深度超越了服务贸易总协定的承诺。为了保护对外投资者的利益，美国和欧盟在其签订的自贸区协议中也都列有关于投资的条款。

（1）负向清单方式。

在大多数自由贸易协定下，美国和欧盟自贸区对服务贸易自由化都采取了"负向清单方式"，除了包含在保留清单中的领域外，其他的服务贸易是没有贸易限制的，并且新的服务部门被自动地纳入到该协定下。这一方式与服务贸易总协定的方式不同，服务贸易总协定采用列明清单方式。"负向清单方式"有效地扩大了协定覆盖的领域，能够产生更大的贸易创造。同时，由于新的服务部门自动地同时纳入到各个自由贸易协定下，从而减少了贸易转移。

（2）资金的充分流动性。

结成自由贸易区后，同盟内各国经济从一个均衡点向另一个均衡点的发展将产生过渡性调整的代价。短期内这种代价可能很大，表现为暂时的失业和生产能力闲置，从而引起过渡时期福利的损失。在过渡时期结束后，资源将通过重新配置转向较好的用途。显然，在区域集团的成员国之间劳动和资本的流动性越强，这些过渡性损失就可能越小。

第五节　"一带一路"战略构建与中国
对外开放的新格局

古代海陆"丝绸之路"曾是中国联系东西方的"国道"，是中国、印度、希腊三种主要文化交汇的桥梁；今天，"丝绸之路"重焕活力，成为新形势下中国对外开放重要战略布局。

一、"一带一路"战略构想的提出

"一带一路"是"丝绸之路经济带"和"21世纪海上丝绸之路"的简称，贯穿欧亚大陆，东边连接亚太经济圈，西边进入欧洲经济圈。

经过30多年改革开放，中国对外经济形势出现重大转变。国内部分行业产能过剩，资源能源对外依存度持续攀升，依靠拼优惠、拼资源的"三来一补"加工贸易模式已经不适应当前中国社会经济的发展。同时，全球经济复苏前景不明朗，投资格局酝酿深刻调整，亚欧国家在基础设施领域有着巨大的投资需求，亟待激发域内发展活力和合作潜力。在这样的背景下，"一带一路"战略应运而生。

2013年9月，习近平主席在哈萨克斯坦纳扎尔巴耶夫大学演讲时倡议用创新的合作模式，共同建设"丝绸之路经济带"。同年10月，习近平主席访问印度尼西亚期间，又提出构建"21世纪海上丝绸之路"的战略构想。"一带一路"战略构想高瞻远瞩、审时度势，对密切我国同中亚、南亚周边国家以及欧亚国家之间的经济贸易关系，深化区域交流合作，统筹国内国际发展，维护周边环境，拓展西部大开发和对外开放的空间，都有着重大的意义。2013年12月，习近平总书记在中央经济工作会议上提出，推进"丝绸之路经济带"建设，抓紧制定战略规划，加强基础设施互联互通建设。建设"21世纪海上丝绸之路"，加强海上通道互联互通建设，拉紧相互利益纽带。

进入21世纪以来，美国、日本、俄罗斯等国都先后从自身角度出发，提出了新丝绸之路的构想，其共同特点是都以中亚为轴心，但通达的目的地却差别很大。不同版本的"丝绸之路"，其背后的潜台词是视中亚为联通欧亚的物流、资源、经济乃至政治的枢纽，力争在"枢纽之争"中占据上风，从而扩大自己经济、能源安全的外延，并更加有效地拓展自身经济辐射圈和商路。相比之下，中国提出的"一带一路"构想计划更详，范围更广，涉及国家、地区更多，受益面更大。简而言之，这是一个更加开放、更加包容和更强调合作共赢的宏伟蓝图。因此，这一构想不仅受到中亚各国，也受到上合组织成员国及观察员国以及如联合国、欧盟等国际组织的赞扬和积极响应。

"一带一路"沿线国家人口占世界总人口六成，经济总量近三成，专家指出，无论从发展经济、改善民生，还是从应对金融危机、加快转型升级的角度来看，这条世界上跨度最长的经济走廊将对全球经济产生深远影响。中国国务院侨务办公室副主任何亚非说，"一带一路"建设是中国积极参与21世纪全球治理和区域治理顶层设计，致力于维护世界和平、促进共同发展的体现。1年来的实践表明，共建"一带一路"逐步成为各国走向共识的合作构想。中国进一步巩固了来自中亚和俄罗斯的能源供给，为经济持续发展提供了可靠、安全的周边保障；而与中国的合作也有助于中亚国家摆脱"内陆国""双重内陆国"的困扰，为其经济发展提供了更大的地缘空间和广阔市场。此外，本地区国家之间合作关系发展的成果，又为"一带一路"建设打下坚实基础；中国与海湾国家、与南亚和西亚国家、与中东欧国家以及欧盟、东盟的合作也日益深化。"一带一路"战略有近60个国家参与支持。已经有50多个国家明确表示愿意参与"一带一路"战略。这意味着，在欧亚大陆上至少有一半的国家已经明确表示愿意参与，愿意参与的国家数量还在不断增加中。"一带一路"战略目标是要建立一个政治互信、经济融合、文化包容的利益共同体、命运共同体和责任共同体。也就是说，中国推动的是包括欧亚大陆在内的世界各国，构建一个互惠互利的利益、命运和责任共同体。中国的这种态度，在2014年5月的亚信峰会上表现得淋漓尽致，中国明确表示要在2014～2016年中国作为亚信主席国期间，推动建立"亚洲人的亚洲"，要将亚信平台变成解决亚洲安全问题的总平台。

二、"一带一路"构想的丰富内涵

千百年来，不同的文化在古丝绸之路上交相辉映、相互激荡，积淀形成了世人共知和推崇的和平、开放、包容、互信、互利的丝绸之路精神，而且不断注入时代内涵。作为多元文明碰撞与交流的遗产，丝路精神并非中国独享，它一直是全人类的共同财富。"一带一路"构想具有十分丰富的内涵。

首先，它体现了对古丝绸之路精神的继承和发扬。2000多年的交往历史证明，只要坚持丝绸之路精神，不同种族、不同信仰、不同文化背景的国家完全可以共享和平、共同发展。在建设"丝绸之路经济带"和"21世纪海上丝绸之路"的今天，更需要将丝绸之路承载的和平合作、开放包容、互学互鉴、互利共赢精神薪火相传，在文明交流史上续写灿烂篇章。习近平主席提出的"一带一路"倡议，充分体现了互信和互利的精神。"一带一路"建设将贯穿"亲、诚、惠、容"的周边外交理念，以经济和人文合作为主线，不搞封闭性的集团，不妨碍既有的多边机制。

其次，与以往西方地缘政治学者所认为的包括中亚在内的欧亚大陆腹地是全球战略竞争中心不同，"一带一路"构想旨在使中国发展引擎所驱动的地缘经济潜力，形成巨大的正外部性，为相关国家和地区所共享。它展示出中国将自身发展的宏伟愿景与相关国家和地区的发展愿景相结合，将"中国梦"和"亚洲梦""欧洲梦"相连接，支持有关国家改善民生、增加就业和工业化的努力，积极为沿线地区提供国际公共产品，让有关国家安心、舒心、开心。为了消除一些国家的疑虑，中国庄严宣布绝不干涉中亚国家内政，不谋求地区事务主导权，不经营势力范围，而是要相互坚定支持，做真诚互信的好朋友；要将政治关系优势、地缘毗邻优势、经济互补优势转化为务实合作优势、持续增长优势。

三、"一带一路"构想的重大意义

中国改革开放是当今世界最大的创新，"一带一路"作为全方位对外开放战略，正在以经济走廊理论、经济带理论、21世纪的国际合作理论等创新经济发展理论、区域合作理论、全球化理论。"一带一路"强调共商、共建、共享原则，超越了马歇尔计划、对外援助以及走出去战略，给21世纪的国际合作带来新的理念。比如，"经济带"概念就是对地区经济合作模式的创新，其中经济走廊——中俄蒙经济走廊、新亚欧大陆桥、中国—中亚经济走廊、孟中印缅经济走廊、中国—中南半岛经济走廊等，以经济增长极辐射周边，超越了传统发展经济学理论。"丝绸之路经济带"概念，不同于历史上所出现的各类"经济区"与"经济联盟"，同以上两者相比，经济带具有灵活性高、适用性广以及可操作性强的特点，各国都是平等的参与者，本着自愿参与、协同推进的原则，发扬古丝绸之路兼容并包的精神。对于中国而言，"一带一路"构想寄托着多层次的区域合作愿景，对于丝绸之路中国国内段和国际段都有着重要的发展意义。

其一，从国内段而言，这是一个引领未来中国西部大开发、实施向西开放战略的升级版。西部地区拥有中国72%的国土面积、27%的人口，与13个国家接壤，陆路边境线长达1.85万公里，但对外贸易的总量只占中国的6%，利用外资和对外投资所占的比重不足10%。因此，中国扩大对外开放最大的潜力在西部，拓展开放型经济广度和深度的主攻方向也在西部。西部大开发已实行了15年，取得了前所未有的成就，而未来的西部大开发，需要建立在对内对外开放的基础上，通过扩大向西开放，使中国西部地区与中亚、南亚、西亚的贸易往来和经济合作得以加强。"丝绸之路经济带"是中国形成全方位对外开放格局、实现东西部均衡协调发展的关键一环。

其二，从国际段的中国紧邻区域而言，这一构想符合上海合作组织框架下区域经济合作发展的新方向。中国与上海合作组织内正式成员的中亚国家、俄罗斯等都面临经济发展的重大任务，安全与合作是推动组织发展的两个

"轮子",而区域经济合作已成为该组织元首峰会和总理会议的重要议题。此外,"丝绸之路经济带"与"欧亚经济共同体"存在一定的互补性。特别是欧亚经济共同体和上海合作组织成员国、观察员国地跨欧亚、南亚、西亚,有一定重合,大都处于"丝绸之路经济带"之间,通过加强上海合作组织同欧亚经济共同体的合作,有关国家都可获得更大发展空间。

其三,从整个国际段而言,这一构想展现了中国发展区域共赢合作的新理念、新蓝图、新途径和新模式。构想提出丝绸之路沿线国家合力打造平等互利、合作共赢的"利益共同体"和"命运共同体"的新理念;描绘出一幅从波罗的海到太平洋、从中亚到印度洋和波斯湾的交通运输经济大走廊,其东西贯穿欧亚大陆,南北与中巴经济走廊、中印孟缅经济走廊相连接的新蓝图。构想通过加强政策沟通、道路联通、贸易畅通、货币流通、民心相通等新途径,以战略协调、政策沟通为主,不刻意追求一致和强制性的制度安排,与现有的区域合作机制如上合组织、欧亚经济共同体、亚太经合组织、东盟、海合组织和欧盟等合作协调发展,可谓讲求实际、高度灵活、富有弹性。中国将以带状经济、走廊经济、贸易便利化、技术援助、经济援助、经济一体化等各种可供选择的方式与沿线国家共同推进欧亚区域经贸发展,这种创新的合作模式,可以使欧亚各国经济联系更加紧密、相互合作更加深入、发展空间更加广阔。

总之,中国政府倡议并推动"一带一路"建设,不仅有利于推动中国自身发展,而且惠及亚洲、欧洲、非洲乃至世界,对提升世界经济发展繁荣与和平进步具有深远意义。可以预见,这一造福于世界各国人民的宏伟蓝图必将在各国互信合作中得到实现。古代丝绸之路由当时富裕的中国开辟。今天,经济实力日益强大的中国再次打造这条新丝路。专家指出,建设这条世界跨度最大的经济走廊旨在从海陆空三维贯通中国东中西部以及亚太和欧洲两大经济圈,使圈内近 60 个国家和地区实现全方位、立体化、网络状的大联通。未来沿线各国将在发展经济、改善民生,应对金融危机、结构调整、转型升级等方面优势互补,休戚与共,其整合辐射作用将对全球经济产生深远影响。清华大学经济外交研究中心主任何茂春说,中国现在的资本输出规模已经接近或是超过了我们引资的规模。中国而今是一个从资本到产能到人才各方面都需要走出去的国家。这是成为大国的必经之路,意义堪比加入世贸组织。

四、"一带一路"的参与省份与合作内容

习近平主席 2013 年 9 月在哈萨克斯坦首提共建"丝绸之路经济带"时，提出应加强政策沟通、道路联通、贸易畅通、货币流通、民心相通的"五通"方式，指明了"一带一路"战略的实施方向。业内人士指出，"五通"建设相辅相成，以政策沟通和道路联通为先导。"一带一路"的参与省份包括新疆、陕西、甘肃、宁夏、青海、内蒙古等西北的 6 省，黑龙江、吉林、辽宁等东北 3 省，广西、云南、西藏等西南 3 省，上海、福建、广东、浙江、海南等 5 省，内陆地区则是重庆。

沿线各国资源禀赋各异，经济互补性较强，彼此合作潜力和空间很大。以政策沟通、设施联通、贸易畅通、资金融通、民心相通为主要内容，重点在以下方面加强合作。

（1）政策沟通。加强政策沟通是"一带一路"建设的重要保障。加强政府间合作，积极构建多层次政府间宏观政策沟通交流机制，深化利益融合，促进政治互信，达成合作新共识。沿线各国可以就经济发展战略和对策进行充分交流对接，共同制定推进区域合作的规划和措施，协商解决合作中的问题，共同为务实合作及大型项目实施提供政策支持。

（2）设施联通。基础设施互联互通是"一带一路"建设的优先领域。在尊重相关国家主权和安全关切的基础上，沿线国家宜加强基础设施建设规划、技术标准体系的对接，共同推进国际骨干通道建设，逐步形成连接亚洲各次区域以及亚欧非之间的基础设施网络。强化基础设施绿色低碳化建设和运营管理，在建设中充分考虑气候变化影响。

第一，抓住交通基础设施的关键通道、关键节点和重点工程，优先打通缺失路段，畅通瓶颈路段，配套完善道路安全防护设施和交通管理设施设备，提升道路通达水平。推进建立统一的全程运输协调机制，促进国际通关、换装、多式联运有机衔接，逐步形成兼容规范的运输规则，实现国际运输便利化。推动口岸基础设施建设，畅通陆水联运通道，推进港口合作建设，增加海上航线和班次，加强海上物流信息化合作。拓展建立民航全面合作的平台和机制，加快提升航空基础设施水平。

第二，加强能源基础设施互联互通合作，共同维护输油、输气管道等运输通道安全，推进跨境电力与输电通道建设，积极开展区域电网升级改造合作。

第三，共同推进跨境光缆等通信干线网络建设，提高国际通信互联互通水平，畅通信息丝绸之路。加快推进双边跨境光缆等建设，规划建设洲际海底光缆项目，完善空中（卫星）信息通道，扩大信息交流与合作。

（3）贸易畅通。投资贸易合作是"一带一路"建设的重点内容。宜着力研究解决投资贸易便利化问题，消除投资和贸易壁垒，构建区域内和各国良好的营商环境，积极同沿线国家和地区共同商建自由贸易区，激发释放合作潜力，做大做好合作"蛋糕"。

第一，沿线国家宜加强信息互换、监管互认、执法互助的海关合作，以及检验检疫、认证认可、标准计量、统计信息等方面的双多边合作，推动世界贸易组织《贸易便利化协定》生效和实施。改善边境口岸通关设施条件，加快边境口岸"单一窗口"建设，降低通关成本，提升通关能力。加强供应链安全与便利化合作，推进跨境监管程序协调，推动检验检疫证书国际互联网核查，开展"经认证的经营者"（AEO）互认。降低非关税壁垒，共同提高技术性贸易措施透明度，提高贸易自由化便利化水平。

第二，拓宽贸易领域，优化贸易结构，挖掘贸易新增长点，促进贸易平衡。创新贸易方式，发展跨境电子商务等新的商业业态。建立健全服务贸易促进体系，巩固和扩大传统贸易，大力发展现代服务贸易。把投资和贸易有机结合起来，以投资带动贸易发展。

第三，加快投资便利化进程，消除投资壁垒。加强双边投资保护协定、避免双重征税协定磋商，保护投资者的合法权益。

第四，拓展相互投资领域，开展农林牧渔业、农机及农产品生产加工等领域深度合作，积极推进海水养殖、远洋渔业、水产品加工、海水淡化、海洋生物制药、海洋工程技术、环保产业和海上旅游等领域合作。加大煤炭、油气、金属矿产等传统能源资源勘探开发合作，积极推动水电、核电、风电、太阳能等清洁、可再生能源合作，推进能源资源就地就近加工转化合作，形成能源资源合作上下游一体化产业链。加强能源资源深加工技术、装备与工程服务合作。

第五，推动新兴产业合作，按照优势互补、互利共赢的原则，促进沿线国家加强在新一代信息技术、生物、新能源、新材料等新兴产业领域的深入合作，推动建立创业投资合作机制。

第六，优化产业链分工布局，推动上下游产业链和关联产业协同发展，鼓励建立研发、生产和营销体系，提升区域产业配套能力和综合竞争力。扩大服务业相互开放，推动区域服务业加快发展。探索投资合作新模式，鼓励合作建设境外经贸合作区、跨境经济合作区等各类产业园区，促进产业集群发展。在投资贸易中突出生态文明理念，加强生态环境、生物多样性和应对气候变化合作，共建绿色丝绸之路。

（4）资金融通。资金融通是"一带一路"建设的重要支撑。深化金融合作，推进亚洲货币稳定体系、投融资体系和信用体系建设。扩大沿线国家双边本币互换、结算的范围和规模。推动亚洲债券市场的开放和发展。共同推进亚洲基础设施投资银行、金砖国家开发银行筹建，有关各方就建立上海合作组织融资机构开展磋商。加快丝路基金组建运营。深化中国—东盟银行联合体、上合组织银行联合体务实合作，以银团贷款、银行授信等方式开展多边金融合作。支持沿线国家政府和信用等级较高的企业以及金融机构在中国境内发行人民币债券。符合条件的中国境内金融机构和企业可以在境外发行人民币债券和外币债券，鼓励在沿线国家使用所筹资金。

加强金融监管合作，推动签署双边监管合作谅解备忘录，逐步在区域内建立高效监管协调机制。完善风险应对和危机处置制度安排，构建区域性金融风险预警系统，形成应对跨境风险和危机处置的交流合作机制。加强征信管理部门、征信机构和评级机构之间的跨境交流与合作。充分发挥丝路基金以及各国主权基金作用，引导商业性股权投资基金和社会资金共同参与"一带一路"重点项目建设。

（5）民心相通。民心相通是"一带一路"建设的社会根基。传承和弘扬丝绸之路友好合作精神，广泛开展文化交流、学术往来、人才交流合作、媒体合作、青年和妇女交往、志愿者服务等，为深化双多边合作奠定坚实的民意基础。

第一，扩大相互间留学生规模，开展合作办学，中国每年向沿线国家提供1万个政府奖学金名额。沿线国家间互办文化年、艺术节、电影节、电视周和图书展等活动，合作开展广播影视剧精品创作及翻译，联合申请世界文化遗产，共同开展世界遗产的联合保护工作。深化沿线国家间人才交流合作。

第二，加强旅游合作，扩大旅游规模，互办旅游推广周、宣传月等活动，联合打造具有丝绸之路特色的国际精品旅游线路和旅游产品，提高沿线各国游客签证便利化水平。推动"21世纪海上丝绸之路"邮轮旅游合作。积极开展体育交流活动，支持沿线国家申办重大国际体育赛事。

第三，加强科技合作，共建联合实验室（研究中心）、国际技术转移中心、海上合作中心，促进科技人员交流，合作开展重大科技攻关，共同提升科技创新能力。

"一带一路"连续2年列为中国下年度经济工作的主要任务。同时，在2014年一年的时间中，还推出一系列配套制度和资源：4月，我国提出建立亚洲基础设施投资银行的设想；10月，亚洲21个国家签署了筹建亚投行的备忘录；11月在北京APEC峰会期间，中方宣布出资设立丝路基金。

商务部数据显示，2014年前11个月，我国承接"一带一路"沿线国家服务外包合同金额和执行金额分别为106.1亿美元和80.5亿美元，同比分别增长22.3%和31.5%。

据悉，商务部下一步将从五方面推动"一带一路"建设：抓紧制定推进"一带一路"建设经贸合作的时间表和路线图；推动交通、能源、通信等互联互通水平的提升，构建覆盖各国的基础设施网络；引导企业加大对沿线国家投资力度，建立一批产业园区；进一步提高与沿线国家的贸易投资便利化水平。

第三篇

科学发展

处理好改革与发展速度的关系非常重要。推进改革需要相应的经济环境，从实际情况看，速度过高或过低都不利于改革。如果发展速度过低，就业会出问题，居民收入增速及民生改善步伐也会相应放缓，老百姓就会不满意，改革就难以推进。但发展速度高了，会使各方面的关系绷得很紧，容易引发通胀，妨碍结构调整，也会影响改革。我们要坚决纠正单纯以经济增长速度评定政绩的偏向，保持合理的、没水分、有质量、有效益、有利于保护环境的经济增长。改革是发展的动力，总体有利于经济增长。今后，我们要更好地把改革与发展结合起来，使之相辅相成、相互促进、相得益彰。[①]

——李克强

现阶段，我国正处于进入建设全面小康社会前的决胜时期，我国的经济也处在增长阶段的转换时期，从表面上来看我国经济的增长速度在不断的调整甚至是处于下降趋势，但是从其本质上来讲，这是经济增长动力的转换。中国经济在世界经济动态变化中始终推行稳步前行的经济发展战略，但还是产生了一些比较突出的问题，一系列资源性、结构性、社会性和环境破坏等问题逐步凸显，经济的发展仍然依赖于国家政策的扶持，进一步加大经济结构调整的任务依然相当艰巨。因此，我们必须增强紧迫意识，把保持经济平稳较快发展与结构调整有机结合起来，更加注重推动经济发展方式转变和经济结构调整，发挥市场经济体制的调节作用，并给予必要的政策支持，只有坚定不移地推进经济结构调整，转变经济发展方式，优胜劣汰，整合资源，挖掘发展潜力，才能真正变挑战为机遇，实现经济效益与社会效益的统一，增强国民经济的发展潜力。

本篇以中国共产党第十八次全国人民代表大会中关于加快完善社会主义市场经济体制和加快转变经济发展方式的理论为现实依据，通过研究政府对经济的宏观调控和管理以及经济发展方式的转变，指出我国经济发展方式要实现由主要依靠增加物质资源消耗向主要依靠科技进步、劳动者素质提高以及管理创新转变，并以福建省为例对我国当前经济发展方式存在的区域发展问题进行实证分析。

---

① 李克强：《关于深化经济体制改革的若干问题》，载《求是》2014 年第 9 期。

| 第九章 |
政府的宏观调控和管理

第一节 政府调控和管理的必要性

一、社会化大生产的客观要求

生产社会化是指由分散的、孤立的、小规模的个体生产转变为集中的、相互联系的、大规模的社会生产的过程。生产社会化是随着科学技术的发展以及社会生产力和社会分工日益发展的必然趋势。社会化生产的发展主要从两个方面要求政府对经济活动进行调控。

一方面，生产的社会化所导致的广泛的社会分工和专业化协作使各部门、企业之间的经济活动相互制约、相互依赖关系进一步加强，这种通过市场交换形成的相互依赖关系又使经济运行的各个方面、各个环节紧密相连、环环相扣，使整个社会经济如同一个紧张运转的复杂的有机体。一旦经济运行链条中的某一个环节出现断裂，就会造成"骨牌效应"，导致整个经济运行的失衡甚至全面崩溃。特别是随着生产社会化的发展，生产规模的日益扩大，分工和协作关系的不断深化和紧密相连，国民经济活动就更不能离开宏观经济管理。正如马克思指出的："一切规模较大的直接社会劳动或共同劳动，都或多或少地需要指挥，以协调个人的活动，并执行生产总体的运动——不同于这一总体的独立器官的运动——所产生的各种一般职能。一个单独的提琴手是自己指挥自己，一个乐队就需要一个乐队指挥。"①

另一方面，在社会化大生产条件下，要求通过政府的调控来保持各部门、行业之间按一定的比例协调发展。因为单靠市场机制的自发调节是难以实现彼此独立的企业和部门之间形成协调比例关系的。特别是一些涉及长远发展而利润率低的产业，在一定时期是难以靠市场调节来发展的。这就需要政府主动地、自觉地根据经济发展的实际情况进行必要的干预和调节经济活动，使各企业各行业之间能保持协调的比例关系，以保证社会化大生产的顺利进行。

二、协调市场各方利益的需要

在经济活动中，各利益主体之间的矛盾是普遍存在的，如一条河流上下游之间用水的矛盾、企业排放对周边的影响等，仅靠市场的力量难以解决，又如北方的雾霾天气是由于生态环境破坏产生的矛盾，市场的力量仍难以解决。市场有时显得十分脆弱，需要有一个凌驾于各经济主体之上的力量来协调，政府是充当这个角色最好的主体。这里，政府的宏观经济管理是以一种超越个别利益之上的力量来协调、处理经济主体之间的利益冲突的。在市场经济中，相互竞争的各经济主体一旦发生利益冲突，当事人自己是无法界定各自的利益分界的，因为市场本身不具备划分经济主体利益界限的机制。各经济主体在竞争中发生利益冲突是难以避免的，但同时又不具备化解冲突的能力。所以，需要政府来设定划分经济主体利益的规则并根据既定的规则来确定经济主体之间冲突的经济利益，保证各经济主体能在公平的条件下竞争，防止超经济的强制发生。

三、解决市场失灵的需要

1. 市场不能解决经济周期性波动引起的失业问题
经济的周期性波动是经济运行的基本现象，同时也是一个规律，我国经

---

① 江勇：《宏观经济管理学》，武汉大学出版社 2010 年版，第 3 页。

济的运行同样不能摆脱这个规律。根据经济周期理论，一个完整的经济周期包括复苏、高涨、危机、萧条四个阶段。市场的周期性波动是市场本身的必然规律，当市场总供求关系发生以超额供给或超额需求为特征的宏观经济总量失衡时，如果某一市场存在超额供给，国民收入以小于充分就业的水平达到均衡，从而引起生产过剩、经济衰退和大量的周期性失业；当存在超额需求时，以货币计算的国民收入增长超过以实物计算的国民收入增长，国民收入超额分配，诱发过度需求，引起严重的通货膨胀；当两者交替出现或同时并存时，又引起"滞""胀"的交替出现，或同时并存。无论是超额供给或超额需求，政府的出手可以部分地解决市场的失衡状态。

2. 市场不能满足公共产品提供

私人物品具有两个鲜明的特点。一是"排他性"，即只有对商品支付价格的人才能够使用该商品；二是"竞争性"，是指如果某人已经使用了某个商品，则其他人就不能再同时使用该商品。公共物品则刚好与私人物品相反。首先，公共物品的消费具有非竞争性，如一盏路灯，当别人使用它时，并不能使它对你的效用降低；消费它的人多了，也不会使所有使用它的人的消费水平受到影响。其次，公共物品的消费具有非排他性。只要它被生产出来人们就可以免费使用，如果强行收费，或不让人们免费使用，则会使整个社会支付的成本上升或整个社会得到的福利降低。

由于公共物品所具有的非竞争性和非排他性，使得消费者不会自愿向公共物品提供者付费，即出现所谓的"搭便车"现象，市场也无法通过供求双方的力量为其形成一种均衡价格①。在单纯的市场机制作用下，由于投资者追求自身利益最大化，对一些关系到国民经济长期发展的基础设施，如能源、交通、通信等投资大、周期长、盈利小或非盈利的项目，不愿意或无力进行投资；一些公共事业、文化教育卫生、环境保护、基础性科学研究等事业也难以得到应有的发展，只有靠政府来组织投资和宏观管理。同时，市场也不能提供国防、公安、司法、公共教育等一些关系到国家安全的公共物品，这些也需要政府来组织提供。可见，在公共物品领域，市场的自由选择原则是行不通的，市场机制在这里无法实现社会资源的最优配置。

---

① 黄新华：《政府经济学》，北京师范大学出版社 2012 年版，第 47 页。

3. 市场不能解决外部性问题

外部性指某些市场主体的行为给社会或其他经济主体带来影响，包括有利影响和有害影响。所谓的外部性失灵表现在当某些市场主体的行为给社会或其他经济主体带来有利或有害的影响时，通过市场机制的自发调节作用将难以使其获得应有的收益或承担应有的成本，从而无法达到有效配置社会资源的目的。

外部效应有正外部效应和负外部效应之分。在市场经济中，资源的有效配置，要求市场价格等于社会成本。当不存在外部的消极影响时，生产者私人成本等于社会成本，即一个生产者给其他生产者造成的没有补偿的损失为零。又由于生产者的产品价格总是等于其私人成本，因此，当社会成本等于私人成本时，其产品的价格也就等于社会成本，而这一符合有效配置资源的要求。但是，当存在消极的外部影响时，私人成本和社会成本在量上就会出现差异，即社会成本大于私人成本。比如，当化工厂将污水排放到河流中，给下游的养鱼场带来损失时，化工厂的私人成本并未增加，而养鱼场却要为此支付更多的成本。从全社会的角度来看，鱼场主要支付的成本就是社会成本的一部分，即社会成本是化工厂的私人成本加上他强加给养鱼场的成本。由于私人成本等于价格，因此社会成本必然大于价格，这样就不符合配置资源的要求。虽然当私人成本等于价格时，私人生产者可获得最大利益，但由于社会成本高于私人成本，社会效益便会因价格不能补偿社会成本而遭受损失。外部性失灵的另一种表现形式是有益效应得不到鼓励，比如一项新发明在给社会带来较大的生产力时，其他人也跟着收益。虽然社会得到的外部收益远远大于发明者的发明所付出的成本，但在许多情况下，发明者只能够得到他的发明带给社会利益报酬的一部分，这样不利于鼓励有益的外部效应，同样达不到资源的最优配置[①]。由此可见，无论是有害还是有益的外部效应，市场配置都不是有效的。

4. 市场不能解决收入不公平问题

个人收入的影响因素主要包括个人努力程度、教育程度（学历、专业）、继承权、个人拥有的各种要素（土地、房产、资本等）、机遇与预期五个方

---

① 王彩波、王庆华：《政府经济学》，首都经济贸易大学出版社2009年版，第24页。

面。在市场经济中，人们是根据自己提供的生产要素的稀缺性以及它的效率的大小而从市场上获得报酬的，这种分配机制虽然具有激励作用和促进效率的功能，但是由于人们天赋能力、后天受教育以及拥有资源和机会的差别，这种收入分配机制又必然会导致收入分配的不公平甚至收入差距过分悬殊。而且，这种收入的悬殊差异在没有外力作用的情况下，会不断积累，从而出现收入分配的马太效应，出现贫者愈贫、富者愈富的现象。如果收入分配出现严重不公，将会导致一系列社会矛盾和冲突的加剧。因此，只有依靠政府实施正确的收入政策、税收政策和社会救济政策来调节分配，才能在确保效率优先的前提下，实现公平与效率的统一，才能解决收入差距悬殊的矛盾，真正实现全民共享改革与发展带来的成果。

5. 市场不能解决垄断问题

市场机制有效性的一个重要前提就是市场处于完全竞争的状态。这就意味着任何经济主体在市场活动中都无法左右价格的形成，只能适应市场的价格水平，并以此为依据确定自己的生产目标或消费目标。然而，现实的市场并不具备完全竞争的环境，一般来讲，只要达到垄断竞争市场就已经比较理想。当某一市场上只有为数很少的几家供应商，甚至出现独家垄断的局面时，垄断厂商就会通过操纵物价，谋取暴利，使市场均衡作用失灵，资源不能得到合理配置。市场本身有这样一个悖论：市场的良好状态是竞争状态，不管是完全竞争的理想状态，还是垄断竞争这种市场状态，只有保持竞争，市场机制才能有效地发挥作用。可是，竞争又必然会产生垄断，其基本原理是自由竞争产生生产集中或资本集中，集中到一定程度，就自然而然地走向垄断，特别是那些适合规模经济的行业更容易出现垄断，从而抑制竞争。例如，高档电器、汽车等产业部门，生产规模大的厂商往往比生产规模小的厂商享有成本低廉的优势，从而可以"以大欺小"，击败对手，垄断市场，降低市场机制的作用。由此可见，市场竞争本身具有走向垄断的趋势，尤其是在规模经济意义显著的行业，这种趋势更为明显。而垄断反过来又抑制竞争，抑制市场机制的有效运作，妨碍经济效率的提高。

6. 市场不能解决自发性、利己性、滞后性和盲目性

在市场经济中，商品生产者和经营者都是在价值规律的自发调节下追求自身的利益。但是价值规律在自发调节资源合理配置的同时，也使得一些企

业或个人由于对自身利益的过分追求而产生不正当的行为。比如生产和销售假冒伪劣产品、欺行霸市、不讲职业道德等。市场调节自发性的特征是"损人利己",但其结果往往是"损人不利己"。三鹿奶粉事件就充分表现出了市场经济的这种自发性,为了追求不正当的利润,不顾消费者的利益,在奶粉中添加三聚氰胺,造成了消费者的重大损失,同时也导致了自身的破产。

市场调节是一种事后调节,生产经营者单纯地根据市场上的价格信号来决定其生产经营,但价格变动往往与供求变动并不完全同步,而且经常出现失真和扭曲,加之企业和个人掌握的经济信息不足,这就使生产经营者的决策不可避免地具有盲目性。如 20 世纪 80 年代中期以来我国各地竞相上马彩电生产线、冰箱生产线的所谓"彩电热""冰箱热";90 年代中期又出现"空调热""VCD 热";以及近期出现的"光伏热"。因厂家瞄准的是市场价格,什么好卖就生产什么,于是各地"蜂拥而上",其结果是重复上马、重复引进,而又形不成生产规模。

市场调节具有滞后性,市场价格对短期商品供求反应比较敏感,但未必能反映出供需的长期趋势。当人们争相为追求市场上的高价而生产某一产品时,该商品的社会需求可能已经达到饱和点,而商品生产者却还在那里继续大量生产,只是到了滞销引起价格下跌后,才恍然大悟。然而,此时即使转产、停产,也已造成产品积压,不得不贱价拍卖,有的鲜活产品还会因变质而蒙受巨大损失。

四、发展对外关系的需要

在经济全球化发展的大趋势下,随着科学技术和国际分工的发展以及生产社会化程度的提高,世界各国、各地区的经济活动越来越超出一国或地区的范围而更加紧密联系,即具有了经济全球化的资源在世界范围的优化配置,加快技术进步和产业结构的调整,但同时也导致了国际竞争的加剧以及各种矛盾和冲突的凸显,从而增大了各国的经济风险。因此,在经济全球化的条件下,各国政府都在为本国的企业能够更好地进入国际市场、提高市场竞争力创造条件。在国际范围内,这种条件的创造是离不开政府的。

第二节　政府调控的目标和职能

一、宏观调控目标

宏观调控目标一般包括充分就业、稳定物价、经济增长和国际收支平衡。我们认为对于中国来说，宏观经济调控的目标仅仅包含上述四个部分还不够，还应包括总需求与总供给平衡（总量平衡）和生态平衡。

1. 充分就业

充分就业这一概念源自英国经济学家凯恩斯的《就业、利息和货币通论》一书，是指在某一工资水平下，所有愿意接受工作的人，都获得了就业机会。充分就业并不等于全部就业，而是仍然存在一定的失业，但所有的失业均属于摩擦性的和结构性的，而且失业的间隔期很短。[①] 通常把失业率等于自然失业率时的就业水平称为充分就业。或当一个国家失业人口占就业人口比重在4%以下时，通常被认为充分就业，超过4%的水平时才被认为存在失业人口。

就业率高低与生产力水平密切相关。高的产出水平有利于吸收更多的劳动力，但由于经济循环和经济结构发生变动等原因，往往存在一些有工作能力且愿意工作的人不能找到适当就业岗位的情况，即出现一部分非自愿失业。如果失业率过高，既给失业者造成个人和家庭生活困难，又可能引起社会不安。2012年中国15～59岁或者15岁以上不满60周岁的劳动年龄人口比重首次下降，比重继续下降的同时，劳动年龄人口的绝对数减少了345万人。这看似有利于缓解就业压力，但是实际上2013年中国大学生又遭遇了"最难"就业年。因为1999年学校扩招后迎来的毕业季进入就业高峰，又碰到经济结构转型和经济增长减速的双重影响，所以政府必须对此给予高度重视，在发展经济的同时，努力创造条件，为有劳动能力的人口创造更多的就业机会，

---

① 高鸿业：《西方经济学》（宏观部分），中国人民大学出版社2007年版，第542页。

提供更多的就业信息、咨询服务，将失业率控制在合理的水平。

2. 稳定物价

稳定物价是指维持物价总水平保持在一个价格区间内运行。就是要抑制住通货膨胀，避免通货紧缩，维持币值的稳定。经济学上，一般把通货膨胀按物价上涨幅度分为三类，如果年物价上升的比例在10%以内，称之为温和的通货膨胀。年物价上涨幅度在10%以上在100%以内，称为严重的通货膨胀。年物价上涨幅度在100%以上称为恶性通货膨胀。适度温和的通货膨胀有利于经济的增长似乎已经成为经济学家们的共识，适度的通货膨胀有利于刺激投资、消费和出口，但是如果通货膨胀过度，物价上涨过快则会影响到人们的正常生活。

在传统的计划经济体制下，我国的物价完全由国家通过计划价格控制，长期稳定不变，结果使价值规律的作用无从发挥，生产效率低下，物资匮乏。自1979年以来，国家逐步放开物价，尤其是在确立了社会主义市场经济体制目标以后，绝大多数商品的价格已经由市场形成。但在此期间，经济发展过程中也出现过通货膨胀、物价大幅度上涨的问题。其中，严重的有三次：第一次是在1985年，全年食品物价指数上升了14.4%；第二次是在1988年，全年通货膨胀率为18.5%；第三次是在1994年，全年通胀率为21.7%。由于物价牵涉到千家万户，与企业生产和人民生活息息相关，因此，物价涨幅太大、通胀率过高，不利于人民生活的改善，会损害经济的健康发展和社会安定。①

在防止通货膨胀的同时也要防止通货紧缩。通货紧缩表示货币价值或者实际购买力增加，物价水平持续普遍下降，通货紧缩会导致企业利润下降，企业生产和销售萎缩，大量社会资源闲置，失业增加，经济发展缓慢。在中国历史上也曾经出现过通货紧缩，但在现代的社会中出现通货紧缩的概率比较小，因为政府希望加快经济增长的高速度通常带来通货膨胀，而且毕竟印钞票的成本和难度都是很低的。

3. 经济增长

经济增长是一国在产出方面追求的宏观经济管理目标。对于中国这样一

---

① 江勇：《宏观经济管理学》，武汉大学出版社2010年版，第23～24页。

个发展中国家，虽然不是宏观经济管理的首要目标，但它是重要目标。如果没有一定的经济增长速度，中国各项事业的发展就会缺乏根基。经济增长可以为国家综合经济实力的增强和人们生活水平的提高提供物质保证。从宏观经济管理各目标的关系来看，只有实现经济的快速增长，才能为实现宏观经济管理的其他目标创造条件。因此可以说，经济增长是宏观经济管理的条件目标。

经济增长要保证一定的增长率，经济增长的速度快慢应该和经济周期联系在一起，既要和同一国家或地区的历史经济周期比较，又要和世界主要国家的经济周期比较，过快或过慢，都是不利于国民经济正常发展的。如果经济增长速度过快，造成各方面比较紧张，就会使国民经济比例失调，结构不合理，最终使经济发展遭受挫折；如果经济增长速度过慢，又会耽误发展时机，使资源条件不能得到充分利用，许多经济和社会问题会因为缺乏必要的物质条件而难以解决。为了使国民经济健康发展，必须有一个适度的经济增长率。因此，宏观经济管理应该选择适度的经济增长率作为其管理目标。衡量或评价经济增长率是否适度的标准有两个：一个是速度的快慢，即适度的经济增长率是否考虑各有关因素的基础上的一个较高的经济增长率。二是经济增长的稳定性，即这种增长率还要求是有利于结构优化和经济的可持续。稳定发展基础上的较高经济增长率。如果经济增长忽上忽下、大起大落，从长期来看，就不可能实现经济的快速增长，而且会在很大程度上阻碍经济的发展。[①] 长期以来，我国的经济增长率大约维持在10%左右，尤其改革开放以来的平均增长率为9.6%，但随着经济总量的增大，经济增长率也将相应地下降，今后的10年我国经济增长率大约保持在7%~8%为宜。

4. 国际收支平衡

国际收支是指一国在一定时期（通常为1年）内，对外国全部经济交易所引起的收支总额之差。国际收支主要包括两项：一是经常项目，又称贸易项目，是指一国产品（含劳务）进口和出口；二是资本项目，是指一国资本的流入和流出。

国际收支平衡是指经常项目收支与资本项目流入流出的差额之和为零。

---

① 江勇：《宏观经济管理学》，武汉大学出版社2010年版，第22~23页。

经常项目和资本项目同时平衡时，国际收支平衡。经常项目有赤字，资本项目盈余能够弥补经常项目赤字，国际收支平衡。资本项目有赤字，经常项目盈余能够抵补资本项目赤字，国际收支平衡。经常项目赤字（盈余）和资本项目盈余（赤字）不相等时：赤字大于盈余，国际收支为赤字；赤字小于盈余，国际收支为盈余。当国际收支和经常项目都为赤字时，国际收支为赤字。在国际收支和经常项目都为盈余时，国际收支盈余。

在开放经济条件下，国际收支是个综合性指标，既影响国际贸易和国家资本流动，也影响国内经济发展。一国收支出现逆差，表明国际交易活动的净结果使其他国家对该国储备的索取权增加，从而削弱了该国的储备地位。如果一国国际收支长期不均衡，将使该国外汇储备不断减少、外债负担逐步增加，严重削弱其在国际金融体系中的地位，并导致该国国民收入增长率下降。随着经济全球化的发展，国际经济交往日益密切，国家之间经济发展的相互依赖性不断提高，各国政府越来越重视本国的国际收支平衡。①

5. 总供给与总需求的平衡

社会总供给与总需求的平衡包括总量上的平衡和结构上的优化两个方面。首先要保证供求总量的平衡，也就是社会提供各种产品和服务的价值总量与全社会对各种产品和服务需求的价值总量大致相等。其次，要保证供求结构的优化。如果仅有总量平衡而没有结构优化，一国经济仍不能很好地运行，会出现一些部门的产品供过于求，而另一些部门的产品供不应求的局面，特别是一些落后产品要及时淘汰，否则这不利于社会再生产的顺利进行。比如目前我国，一方面钢铁产能过剩，供过于求；而另一方面，一些食品，比如牛奶供不应求，导致价格上涨，严重影响了人们生活水平的改善。这就是一种典型的供求结构优化问题。

6. 生态平衡

生态平衡就是保持人的发展与自然的平衡，就是经济发展与自然环境保持平衡。现代化生产为自然资源的合理开发创造了条件，但是也为环境污染和生态平衡的破坏提供了可能。环境保护、生态平衡是关系到资源再生和人类生存的大事，因此，在宏观经济发展中不仅要追求经济的快速发展、先进

---

① 王健等：《政府经济管理》，经济科学出版社 2009 年版，第 16～17 页。

技术的采用和劳动效率的提高，而且要注意生态效益，使经济发展有利于环境保护和生态平衡。[①] 生态平衡是政府的责任，企业以利润为目的，有时为了发展会造成环境破坏，政府要起到监督与保护环境的作用。中国发展对环境的破坏已到了非常严重的地步。近几年北方雾霾持续时间长、面积大，已经严重影响着经济发展和人民生活。

二、政府调控与管理的职能

著名的管理学家法约尔认为管理的职能包括计划、组织、指挥、协调、控制五个方面。从现代管理学角度看，管理的职能包括计划、组织、领导和控制。计划主要是指目标计划、方案计划等。组织即管理者为实现组织目标而建立与协调组织结构的工作过程。领导是指管理者的指挥协调功能，主要体现在做决策与选人用人方面。控制主要体现在保障与监管上。党的十六大对政府调控的职能进行了新的概括："经济调节，市场监管，社会管理，公共服务"四个方面。政府的调控和管理职能又可分为宏观调控和管理、中观微观调控和管理职能。

1. 政府调控与管理的宏观职能

（1）制定国民经济中长期发展规划与发展战略。

经济发展战略是各级政府决策的重要内容，为宏观经济管理的全过程设定基本的框架，是制定宏观经济发展规划的重要依据。经济发展战略具有全局性、长远性、稳定性、综合性等特点，这些特点也决定了它只能由政府部门来制定。国民经济和社会发展规划是国家管理和调节国民经济的基本依据，在宏观经济管理体系中居于核心地位。按照规划的时限长短不同，可以将国民经济和社会发展规划分为长期规划（10 年或 10 年以上的规划）、中期规划（5 年左右的规划）和短期规划。三者相互衔接，体现出宏观经济发展规划的动态结构。在社会主义市场经济中，宏观经济规划工作的重点是中长期规划，有利于国家集中精力解决国民经济中带有战略性、方向性、总量性、结构性意义的重大问题。

---

① 何翔舟：《政府经济管理学》，浙江大学出版社 2009 年版，第 79 页。

（2）对国民经济宏观调控，创造稳定的发展环境。

国家依据制定的战略、规划及政策，从市场关系入手，对社会供给和社会需求从总量和结构上进行调控。通过政府宏观调节机构综合运用各种经济手段、政策法规及其必要的行政手段来调节经济运行，使社会经济中的各种主要比例关系相互衔接和协调，实现资源优化配置，为微观经济运行提供良好的宏观环境，保证全社会的生产和需要基本平衡，使整个国民经济得以持续、快速、健康发展。

（3）制度创新（或经济改革）。

政府承担着引导和推进经济体制改革、培育市场经济的任务。我国的社会主义市场经济体制的建立是在政府的规划和引导下进行的。政府各部门，无论是直接经济管理部门，还是非经济部门，都承担着引导改革、完善社会主义市场经济体制的任务，它们制定的管理经济和管理社会的政策，都与市场经济体制的培育和经济社会发展有关。

政府推进经济体制改革是个破旧立新的过程，政府经济管理体制具有新旧交替的特点。在传统的计划经济向市场经济转轨过程中，原有的管理体制已不适应和无力管理市场经济中出现的问题，新的与市场经济相适应的管理体制和法律体系又不完备。中国政府在处理新、旧经济管理体制的矛盾和摩擦方面有其特殊性，既不同于发达市场经济国家的经济管理，也不同于计划经济体制下的经济管理。

（4）发展对外关系。

发展对外关系是政府的又一项重要的宏观经济职能。现代的世界是开放的世界、全球化的世界，如果不对外开放，经济就不可能发展。中国的对外开放，极大地促进了中国经济的发展，但是随着对外贸易的增加，与原有的贸易伙伴难免会发生一些利益冲突，这就需要政府出面协调，比如最近欧盟针对中国光伏产业的反倾销调查，最后经过政府各部门的努力，终于使得问题得到了比较理想的解决；另外，我们必须开拓新的市场，与一些潜在贸易对象发展合作来推动经济的发展。

我国对外经济活动是为社会主义现代化建设和满足人民的物质和文化生活需要服务的，这就决定了它必须置于国家的统一领导之下。国家按照经济发展的要求和对外政策的需要进行统筹规划，搞好综合平衡，协调好外贸与生产、外贸与内贸等各方面的关系，保持国际收支平衡，维护国家的主权和经济利益。

（5）保障经济社会可持续发展（环境、资源、人口、技术等协调发展）。

可持续发展问题是一个世界性难题，也是各国政府发展的难题，尤其是中国这样的发展中大国只有实现可持续发展才能根本摆脱发展的"瓶颈"。第二次世界大战以后，世界经济进入繁荣发展的黄金阶段，西方发达国家经济飞速增长，各国竞相模仿其工业化进程。然而这种传统工业化、城市化进程的弊端终于在20世纪60年代开始全面暴露，伴随着经济指标年年攀升的同时却是植被的破坏、河流与大气的污染和城市生活质量的全面退化。人口问题、环境问题、能源问题的协调发展全面进入了各国政府以及国际组织的议事日程。

我国目前主要面临以下可持续发展问题：①经济发展速度与发展质量，即产业结构转换与可持续发展后劲的关系。②人口与资源的比例关系制约着可持续发展。③资源相对短缺是可持续发展的"瓶颈"。④生态破坏与环境污染成为未来中国可持续发展的最大危机。⑤国民经济整体素质过低是经济可持续发展的最大障碍。这些问题的解决都需要发挥政府的作用，比如，近来出现的北方雾霾问题，只有依靠政府制定相应的法律、法规，也只有靠政府通过行政手段、法律手段和一定的强制性手段，才能使这一问题得到根本解决。

2. 政府调控与管理的中、微观职能

我们在讨论政府干预时，常常将之简单地归纳为"宏观调控"，这造成了理论上的混乱。在我国体制转轨过程中，这种理论上的混乱已经造成了实践中政府在加强宏观调控的口号下对微观经济的过度干预。因此，对政府经济职能进行严格的界定和划分，显得十分重要。由于市场机制存在着某些缺陷，因此在市场经济中，需要政府采取一些中、微观经济政策对市场经济进行管理。政府的中、微观经济职能主要包括以下几个方面。

（1）对市场进行监管。

对市场的监管是政府的管理职能之一，也是政府的管理难点之一。目前，在国内市场上，食品安全问题令人担忧，假冒伪劣产品混迹于市，不良企业发布的名不副实的广告随处可见，无视知识产权模仿名牌产品屡见不鲜，人们对这些现象已经见怪不怪。市场经济秩序混乱，导致奉公守法的企业生存困难，违法乱纪的企业大赚黑心钱，既造成社会资源的浪费，也损害消费者利益，国家创新体系难以建立，产业缺乏国际竞争力。这些现象是转轨国家必然经历的阶段，完全依靠市场的力量难以解决这些问题，政府须通过"有形之手"进行管理，首先是立法，其次是执法。立法要全，具有可操作性，执法要严。这就需要政府通过完善法律、法规体系，规范执法行为来维护正常的市场经济秩序。

（2）建立公民社会保障系统，扩大就业水平。

建立和完善社会保障体系，是保证社会安定的需要。从我国实际情况出发，建立和完善社会保障体系的内容主要包括：建立和完善养老保险制度，建立和完善劳动失业保险制度，建立和完善医疗保险、工伤保险和生育保险等保险制度。就业是民生的基础，是最基本的社会保障。我国要保持一定的经济增长率在很大程度上是为了使失业率维持在一个比较低的水平上。

（3）提供公共产品。

公共产品因其特殊的性质而不可能有价格，其成本通过政府预定的税收计划在公民之间分摊。公共产品的决策过程要比一般产品的决策过程复杂得多。市场经济条件下，一般产品的生产决策和供给决策由企业或个人依据市场供求关系来制定，其目标偏重于企业效益、经济效益和近期效益。公共产品的生产和供给决策目标则偏重于国家利益、社会利益和长远利益。这里要注意的是并不是所有的公共产品都一定要由政府来提供，某些既具有公共产品属性又具有一般产品特征的产品，如医疗卫生、文化教育、体育、设施等，可以分情况或政府直接提供，或授权特定的单位生产和提供，并引入竞争机制，提高这些产品的生产效率。对一些难以满足经济发展和公众需要的诸如公路、交通、文化设施等公共产品，政府应多方筹集资金，增加供给。同时，增强决策的科学性与可行性，以最小投入获得最大经济效益和社会效益。

（4）参与重大项目建设。

重大项目建设指建设大型的交通、冶金、化工、航空等项目，有些涉及竞争性的行业的大项目。在市场经济发展远未完善的现阶段，我们还处在一个发展期，在重大项目建设方面，个人和市场的力量往往不能起到很好的效果，这时需要发挥政府的作用。特别是在涉及到国家安全的项目上，一定要充分发挥政府的作用。在一些自然垄断的行业也应该由政府来办，这样才能保证合理的价格。还有某些战略部门的发展，新兴产业的开拓，重大科技开发，这些领域的投资规模一般比较大，而且建设周期较长，资金回收缓慢，需要从国家的整体利益出发，统筹部署和组织实施。这些都是阶段性要求，在市场经济发展的完善阶段，当中国已进入发达国家行列，竞争性的重大项目就应由企业去兴建，政府一般不介入，充分发挥市场的作用。

（5）监管国有资产，履行国有资产管理者角色。

资产是指可作为生产要素投入到生产经营过程中，并能带来经济利益的财产。[①] 根据《中华人民共和国国有资产法（草案）》的规定，国有资产是国家以各种形式投资及其收益、拨款、接受馈赠、凭借国家权力取得或者依据法律认定的各种类型的财产或者财产权利。国有资产简单来说就是所有权属于国家的资产。

考虑到管理的需要，为了提高国有资产的管理效率，政府通常把国有资产分为非经营性国有资产和经营性国有资产。非经营性国有资产包括行政事业单位国有资产、资源性国有资产和国防资产等。行政性事业单位国有资产指国家机关和非产业化的事业单位占用的以及社会公众共同使用的公共设施等国家资产。资源性国有资产指以自然资源形态存在的国家资产，如土地、矿藏、森林等。国防资产指由国家公共预算军费形成的国家资产。这种划分有利于简化管理体制，适应政府管理职能的需要。经营性国有资产指在企业中由国家投资形成的各种资产。我国国有资产总量已经超过100万亿（不含金融资产），是一个庞大的数字，国家作为国有资产出资人代表履行职责，政府管理的目的主要是提高资产的经济收益，实现国有资产保值增值。

（6）调节国民收入再分配。

国民收入分配包括初次分配和再分配，初次分配一般在企业内部进行，并且主要通过市场机制进行分配的。通过市场机制进行的收入初次分配是不均等的，政府需要通过再分配的手段如税收政策和某些福利政策来进行调节，以达到分配更加公平。例如，实行对不同收入水平征收不同比例的个人所得

---

① 郭小聪：《政府经济学》，中国人民大学出版社 2011 年版，第 325 页。

税，采取某些福利措施，转移国民收入等，以便消除或减少个人收入分配方面的差距，缓和贫富对立和社会矛盾。

税收在政府的收入再分配政策中占有重要的地位。在市场经济比较发达的国家里，税收可以占到国民生产总值的 20% ~ 50%。税收可分为三类：累退税、比例税和累进税。累退税是税率随着征收对象数量的增加而递减的税。比例税是税率不随征收对象数量变化的税，即按固定比例从收入中抽取的税。累进税是平均税率随课税对象数量的增加而递增的税。个人所得税是一种累进税，在累进税制下，对高收入水平征税的比率要远远超过低收入水平的税率。一般来说，它是缩小收入差距、实现收入均等化的手段，可以在一定程度上减少收入分配的不平等。

三、我国政府管理职能的转变过程

我国学术界对政府经济职能的研究大致可以分为三个阶段，即计划经济时期、有计划的商品经济时期和社会主义市场经济时期。[①]

（1）计划经济时期理论界对我国政府经济职能的界定。

改革开放之前，我国实行的是高度集中的计划管理体制。在这种体制下，全国的生产经营活动是政府的计划部门统一调配，政府财政是计划机制的体现，是政府集中分配全国资源的工具，全国主要财力集中在财政，然后由财政部门再分配到各地方、各行业和企业以及个人手中。因此，传统政府财政理论把这种分配职能视为最基本和最首要的职能。正是由于在高度集中统一的计划经济体制下，政府财政不仅同国营企业的再生产过程紧密联系在一起，通过国家与企业之间的经济活动，对企业生产经营的耗费和成果进行计算和监督，而且还通过掌握固定资产投资的资金来源来控制投资，通过财政资金的拨付来检查固定资产再生产的进度和效果。于是，从分配职能中派生出监督职能。政府财政的分配职能和监督职能不仅是由当时的经济体制所决定的，也有其理论依据。分配职能源于马克思的社会再生产理论，监督职能源于列宁的国家监督理论。

---

① 黄新华：《政府经济学》，北京师范大学出版社 2012 年版，第 61 ~ 62 页。

（2）有计划的商品经济时期理论界对我国政府经济职能的界定。

20世纪80年代末，我国开始了经济管理体制改革，实行计划经济与市场经济的有机结合，进入了有计划的商品经济时代。以家庭联产承包制为特征的农村经济体制改革，改变了"公社化"的经济组织形式，并迅速从农村走向城市，而城市经济体制改革的突破口是财税体制改革。以"利改税"作为对国营企业"简政放权""减税让利"指导思想的实施，改变了国家与国营企业的纯收入的分配方式，形成新的国家、企业、个人三者之间的分配关系。因此，许多学者从政府财政收支过程中对再生产过程各环节的影响程度，提出政府还需要调节职能，即政府必须调节收入，调节生产、消费与流通，调节投资比例等。平衡需要调节，调节为了平衡。在这一时期，我国理论界对政府具有分配、监督和调节职能达成了共识。

（3）社会主义市场经济时期理论界对我国政府经济职能的界定。

1992年以来，党的十四大确定了我国经济体制改革的目标，即实行社会主义市场经济体制。这种从计划经济体制向市场经济体制的转变，意味着经济资源配置的主要机制是市场，市场机制在政府的宏观调控下发挥基础性资源配置作用。面对这种新的资源配置和新的经济体制，我国理论界关于政府职能的认识，开始逐步统一。目前，理论界主流观点认为，在社会主义市场经济体制下，政府应具有资源配置职能、收入分配职能、经济稳定职能和经济发展职能。

第三节　政府调控与管理的手段

政府宏观调控与管理一般包括三大手段：经济手段、法律手段和行政手段，本节主要讨论经济手段。

一、经济手段

经济手段是指政府在自觉依据和运用经济规律的基础上借助于经济政策和经济杠杆的调节作用，对国民经济进行宏观调控。经济手段主要是指经济政策和经济杠杆。因为政府调控，尤其是市场经济国家的政府调控，主要是通过经济政策和经济杠杆来进行的，经济政策包括货币政策、财政政策、产业政策、分配政策等。经济杠杆包括价格杠杆、资金杠杆、利率杠杆、物资杠杆等。

1. 资金杠杆调节

资金杠杆是政府调控经济的重要杠杆之一。各级政府部门，尤其是省、市、县这一级，主要不是靠财政政策、货币政策、税收政策进行调节，而是靠资金杠杆来调节地方经济的，因为资金杠杆是各级政府都可使用的。资金杠杆更多体现在对某些行业的补贴上。例如福建省为了发展光电企业，由省政府给予光电企业适当补贴，零地价，税收减半或是全减。资金也可以用于补贴物价。物价补贴分为明补和暗补两种，明补是直接补在消费者身上，暗补是补在中间环节，既不让消费品价格过高，也考虑到企业的经营损失。从改革的过程来看，不管是明补还是暗补，政府出资进行补贴是相当常见的调控手段。

2. 物资（或储备）杠杆调节

物资杠杆是政府调控经济的重要手段之一，物资杠杆是政府主要通过物资储备来调节市场上重要物资的市场供需平衡。物资储备主要是大宗生产、生活必需品，例如粮食、副食品、石油、建材等。首要是粮食储备。我国从20世纪90年代末开始建设粮食储备库。目前我国建有两级粮食储备库：国家粮食储备库和省市粮食储备库。粮食储备库主要起调节粮食供需平衡的作用，当粮食市场价格过低的时候，政府会通过提高收购价收购市场上多余的粮食用于储备，防止谷贱伤农的情况发生。当市场粮食价格过高或预期将会升高，国家便以低价抛粮。此外，由于中国是13亿人口的大国，一旦出现粮食短缺，不可能依靠世界粮食市场来供给中国，主要依靠自力更生解决粮食问题。其次是副食品，例如肉蛋类。国家没有建立统一的储备库，但省市一级一般都建立了储备库。肉类储备对市场供给影响很大。因为依靠自然条件，肉类要保存长期稳定的供应很难做到，肉类的价格会随着供需变化而变化，肉类价格的调节通常周期很长，如养猪周期以1年半为一个周期。猪肉过多，则价格下降，养猪户就会减少母猪的数量，从而减少其存栏数，造成猪肉供应紧张，因而带来价格回升。因此，真正到了市场猪肉短缺的时候，短时间内无法靠市场来弥补猪肉缺口的，只能靠国家储备库向市场投放猪肉来增加供给，平抑价格。又如石油储备。很多国家都在建立石油储备库，尤其是美国、日本等国。中国长期以来没有石油储备，都是现产现卖，中国是一个石油资源相对短缺的国家，同时也是一个石油需求大国，每年进口石油超过60%，占世界第二位，现在已经开始建石油储备库。建材，主要是钢材、水泥，可以由市场进行正常流通，不需要储备很多。但作为战略物资，为了平战结合，仍必须储备。

3. 经济政策调节

经济政策主要包括货币政策、财政政策、价格政策、反垄断政策、产业政策、收入分配政策等。

（1）货币政策。

货币政策主要是中央银行通过调节流通中的货币量来达到影响国民经济总量的运行和保持币值的稳定。货币政策只能是中央一级政策，地方政府没有货币政策的调控权。货币政策主要包括变动法定存款准备金、再贴现率和公开市场业务等调节手段。公开市场业务目前在我国没有得到充分发展，发行国债还有很大余地。此外，我国除了上述三个货币政策工具之外，还有贷款额度政策。贷款额度指的是央行给各个商业银行下达的年度贷款指标。由于中国国有银行的制度性安排，使国有银行风险意识不强，有可能发生超额贷款现象，因此中央银行要控制贷款头寸，贷款额度政策成为中央银行的特殊政策。

（2）财政政策。

财政政策是根据稳定经济的需要，通过财政支出和税收政策来调节总需求。财政政策的实施主体主要是中央和省市两级财政，市县以下没有财政政策的调控权。财政政策包括预算政策、财政收入政策和财政支出政策。预算政策有三种具体形式，即赤字预算、盈余预算和平衡预算。财政收入政策主要是税收和债券。财政支出政策主要是公共产品、政府采购和转移支付。

货币政策与财政政策经常是两者配合使用，货币政策主要是在保持币值稳定、总量平衡方面发挥作用。财政政策是促进经济增长、优化产业结构、调节收入分配。但不论是货币政策还是财政政策，都是逆经济调节。当经济过热，政府利用这两个杠杆降温，当经济萧条，政府利用这两个杠杆升温。

偏紧、宽松、稳健、积极、适度等是衡量某一阶段财政政策和货币政策的调控力度的程度。

（3）价格政策。

价格政策是政府为达到稳定价格的目标，在商品价格上所采取的一系列方针、措施的总称，价格政策目前也只有中央和省这两级拥有，涉及到全国性的价格政策要由国务院发改委出台。价格政策主要是对三类价格进行控制：垄断产品价格、公共产品价格和资源产品价格。垄断产品价格，例如城市供水供电费用，一旦价格放开就会危及公众利益，这类价格不可能放开。公共产品价格，例如高速公路收费，在一定时期也不能放开。机场建设费等也是如此。资源类产品，大部分的资源产品价格已经放开，例如煤矿，但少部分并没有放开，例如石油价格。铁矿价格在国内市场已经放开，但进出口的价格没有放开。烟草作为我国的特殊行业，由于其垄断地位给国家创造了极大的税收，它的生产仍由政府控制，流通中批发价格也是管制的，没有放开，但烟草的零售价格是放开的。

除了垄断行业等是由国家定价之外，我国还实行部分商品的最高限价和最低限价。如生活必需品的价格在特殊时期实行最高限价，而农产品收购大多实行最低保护价。

（4）反垄断政策。

反垄断政策，主要从干预市场和干预企业两方面发挥作用。在干预市场方面，主要是干预集中度过高的行业，使其集中度降低；消除行业进入障碍；降低产品差异化程度等。但是，降低产品差异化一般很少使用，因为产品差异化能够使顾客将企业的产品同其他竞争性企业提供的同类产品有效区别开来，从而达到使企业在市场竞争中占据有利地位的目的，因此，政府有意识地降低或是不允许产品差异化并不一定是合理的。在干预企业方面，最重要的是防止企业的合谋性行为或内部垄断协定。在市场竞争中，企业规模发展到一定程度，会通过市场竞争产生资本集中或生产集中现象，当资本集中或生产集中到一定程度就会自然而然形成垄断，垄断主要是通过少数几家企业签订内部协定，瓜分市场，垄断价格，保持垄断高价或是垄断低价，还有一种垄断行为就是企业的倾销行为，也就是低于成本价格的买卖行为。因此需要政府来打破这种垄断行为。

（5）产业政策。

产业政策，是指国家或政府干预和诱导产业形成和发展的政策。各级政府均可以使用产业政策，通过国家定期发布的白皮书，明确国家或政府支持哪些行业发展，限制哪些行业发展，禁止哪些行业发展。产业政策是各级政府都有的政策，但下级政府发布的产业政策必须服从上级政府的政策。产业政策具体分为产业结构政策和产业组织政策。产业结构政策主要是中央、地方对产业进行鼓励、限制和禁止的政策，主要通过国家白皮书的形式，且这种政策变化是动态的。以福建为例，污染严重的企业一般都禁止准入，科技含量低的企业一般被限制，对于科技含量高的企业鼓励发展。产业组织政策主要是促进产业结构的优化、调整和整合，这也是中央目前最紧迫要做的事情。良好的产业组织政策能够使现有产业结构更加优化，同时又实现产业升级。

产业结构调整是一件很复杂的事情，因为它是对现有落后生产力结构的一种破坏。不破坏现有生产力结构，就没有办法进行结构调整和升级。以大学专业为例，学校的一些传统专业，发展到一定阶段后就可能不适应市场的需要，就需要有新的专业来替换和更新，但是新专业的替换和传统专业的转型很难对接，传统专业中积累了大量的人才资源，很难转到新专业，尤其是对于工科专业而言，因为一些老专业转换为新专业需要很多知识的更新。再如福建钢铁业，企业由于缺乏相关方面的人才和设备，让其从原来生产建筑业的板材线材，转型为生产特种钢材、合金钢材，难度很大。因此，政府如何在产业结构调整中起作用很值得研究。西方国家在产业结构调整方面是怎么做的呢？第一点，他们将落后产业转移到落后国家，我们现在很难做到这一点。第二点，通过市场的力量调整。市场力量可能比政府力量更强大。政府力量是强制性的，市场力量也是强制的，但会使企业处在更加主动的状态，因为如果市场没有需求，企业迟早会衰败，所以企业会根据市场信息主动调整产品结构。

（6）收入分配政策。

收入分配政策，政府通过运用经济手段和经济杠杆对再分配、三次分配进行调节达到平衡社会分配的不合理现象，因为初次分配主要是由企业、组织来进行。尤其是在税收、福利政策方面调整。当前的初次分配不合理表现为企业间贫富不均，职工间差距过大，政府通过税收政策等调整的，其中个调税和企业所得税是最主要的调节手段。在福利政策方面，包括失业救济金、最低工资、廉租房、贫困家庭补助等，但目前还不完善。例如失业救济金，城镇户口才有，农村户口就没有。最低工资，地区、区域之间的差别很大。廉租房具有周转性，由于其没有产权，相当于国家的暗补贴，始终供不应求，当前最大的困难在于因为盖大量廉租房缺乏资金问题，政府的积极性不高。

二、法律手段

法律手段是指国家依靠法律的强制力量来规范经济活动，保障经济政策目标的手段。法律手段是国家通过立法和司法，调节和规范经济活动。运用法律手段进行宏观调控的作用在于，把市场经济主体行为、市场经济运行秩序，国家对市场经济的宏观调控等纳入法制轨道，依法调控，增强宏观调控行为的合法性和权威性。为了进一步提高宏观调控政策的约束力，对需要长时间坚持的政策也应将其纳入法制轨道，使重要政策转变为法律，以加大执行的力度。

1. 市场主体法律制度

市场主体是指在市场经济运行过程中，依法享受权利和承担义务的社会主体。它是整个法律关系主体的重要组成部分，是生产经营活动的直接参加者。市场主体法律制度，就是对市场主体的资格、权能等加以具体规定的法律规范的总称，是市场经济法律制度体系的重要组成部分。目前中国已初步建立起了以公司法为主干，以合伙企业法、个人独资企业法、股份合作制企业法、国有国营企业法为基干，适应市场经济要求的现代市场主体法律制度体系。

2. 市场行为法律制度

市场行为法律制度既包括对市场主体行为规则的一般要求，它引导市场主体行为朝着健康、有序的方向发展；又包括国家管理市场过程中所形成的经济关系，其实质是国家对市场交易活动的适度干预。市场行为法律制度的基本功能是建立公平竞争的交易规则和维护交易秩序。市场行为法律制度是一个有机的统一体，大致包含民事法律制度，如物权法律制度、合同法律制度、担保法律制度、侵权行为法律制度、知识产权法律制度等；商事法律制度，其中又包含票据法律制度、海商法律制度及保险法律制度等；此外，还有一类法律，即市场管理、秩序规制市场方面的法律，也包括一系列法律、法规，如反不正当竞争法律制度、产品质量法律制度、消费者权益保护法律制度，针对特定行业，还有房地产管理法律制度、广告管理法律制度等。

3. 宏观经济管理法律制度

宏观经济管理法律制度是指调整在宏观调控过程中发生的经济关系的法律规范的总称。中国宏观经济管理法律制度的体系结构十分庞大、复杂，层次多、分类有交叉涵盖，主要包括计划法律制度、财政法律制度、税收法律制度、金融法律制度、价格法律制度、自然资源管理法律制度、能源管理法律制度、对外贸易法律制度等。

4. 社会保障法律制度

社会保障法律制度通常是指政府为了保障社会安全和经济发展而建立的，在公民由于年老、疾病、伤残、失业、灾害、战争等原因而面临生活困难的情况下，由政府和社会通过国民收入分配对其提供物质帮助，以维持公民的一定生活水平的法律制度体系。社会保障法律制度体系由社会保险法律制度、社会救助法律制度、社会福利法律制度以及社会优抚法律制度四部分构成。

5. 行政法律制度

行政法律制度是关于行政权的法，是关于行政权的授予、行使和运作以及对行政权的授予、行使和运作进行监督的法律规范的总称。行政法由众多法律规范组成，包括法律、行政法规、地方性法规和规章等。行政法大致由三部分组成：一是关于行政权的授予和组织行政机关的法律，大致由行政组织法、行政编制法和公务员法等法律组成，可以统称为行政组织法。二是关于行政权的行使和运作的法律，统称为行政行为法。行政行为法又分为两种情形：一种是按行政管理事项划分的行政权具体运作的法律，如公安、工商、财政、税务、环保等。这些法律为数众多，范围很广，一般称为部门行政法。另一种是与各级政府和各个部门都有关的法律和规则，各级政府和各个部门都必须遵循。如关于行政立法的规则；关于行政执法的法律，包括行政处罚、行政许可、行政强制、行政征收、行政程序等。为方便区分，姑且称之为综合行政行为法。行政行为法还有另外一种分法，即行政立法法及行政执法法。三是对行政机关的组织、行政权的行使和运作进行监督的法律，统称为行政监督法，如行政监察法、审计法、行政复议法、行政诉讼法、国家赔偿法等。

法律手段是行政管理中运用其他方法的基础、前提和保障，为行政活动提供基本的规范程序；它调节各种管理要素之间的关系，使行政管理的各个方面都纳入法制化轨道，有助于行政管理的集中统一，保证行政管理工作和社会生活的秩序。法律手段的权威性、强制性使人们自觉抑制、摒弃不合法的思想和行为，提高行政管理的效率。但法律手段的规范性、稳定性，使其缺乏处理特殊问题的弹性和灵活性，对管理系统的发展可能起阻碍作用。在意识形态领域，法律手段常常无能为力，往往产生合理与合法之间的矛盾。因此，运用法律手段不仅要健全立法、有法可依、严格执法、违法必究，而且要与其他方法结合使用，以扬长避短，发挥其应有效能。

三、行政手段

计划经济时代政府主要靠的是行政手段进行调节。行政手段实行的前提是行政隶属关系。它调节的主要是国有企业、国有事业单位，以及各级政府官员。行政手段更多采用强制性的办法，或是指令性的指标调控。在市场经济的条件下，行政手段该不该使用是没有争议的，但怎样使用一直是存在争议的。目前的共识是，行政手段并不是任何时间、任何事项都能使用，而是在一些非常紧迫的情况下或关键时刻使用行政手段。如特殊时期的国家级大工程、重大项目的建设。比如大京九线的建设、三峡大坝工程建设等如果没有国家行政手段的干预，大京九线很难在香港回归的前夜建好。因为这条铁路的建设跨越9个省份，各个省份对铁路需求不同其态度不一，有些省份盼着建，有些省份不希望建。希望建的省份会积极配合，提供土地、劳动力，甚至提供配套的资金支持，而不希望建的省份则可能采取各种推脱，这时就需要行政手段来发挥作用。再比如在抗震救灾过程中，行政手段就发挥了巨大的作用。它能够在短时间内集中人力、物力、财力，并抵达救灾现场。自发性的行为虽出自善意，但很可能会打乱了整个部署，破坏受灾地区的交通、物资供应，反而增加了该地区的负担。此外，在经济硬着陆时，行政手段也能够起作用。最典型的事件发生在 1990～1991 年。当时，由于 1989 年全国经济过热，曾经出现两位数的通货膨胀，引发社会不安，这时国务院果断采取行政手段"一刀切"的硬办法，将所有在建项目按照一定比例强制削减下来，结果在很短的时间内，国家的投资热一下子降下来，经济降温效果明显。

此外，即使是采取了行政手段，但仍需依法行政，要根据法律要求和法律规定来采取行政手段，不能过当，这是现在需要特别强调的。例如城管部门监管市场，在行政执法中不能过当，不能够伤害老百姓。

第四节　政　府　失　灵

一、政府失灵定义

正如市场不是万能的，政府也不是万能的，因此在调控过程中政府也可能出现失灵现象。萨缪尔森将政府失灵定义为"当政府所采取的政策措施不能改善经济效益或在道德上不能接受时，政府失灵就发生了"。任何国家政府都可能发生政府失灵问题，如决策失误、决策效率低下等。

二、政府失灵表现及原因

1. 政府决策失误

政府决策失误是政府失灵的表现之一。政府决策失误的主要原因是因为政府决策是集体决策，而集体决策相对个人决策或企业决策而言较为复杂。政府决策既是集体决策，又是复杂决策，这就决定了决策失误是可能的，而政府决策失误主要来自两个方面原因：一方面是信息不完全，政府虽然掌握了很多统计数据，政府信息比较企业或个人要全面的多，完整的多。但仍然做不到信息完全。另一方面是政府往往与公共利益并不完全一致，因为政府有时与集团利益联系密切，可能代表某些集团的利益，所做出的决策，可能对利益集团有好处，或好处更多一些。

2004 年，国家统计局公布自 1958～2003 年间政府作出重大决策失误造成的损失率接近 50%。以福州长乐机场为例，2002 年，国家审计署公布了对长乐机场的审计报告，指出福州长乐机场是决策失误造成国有资产投资重大损失。福州长乐机场的投资达到 32.8 亿元，从 1993 年筹建到 1997 年通航，前后建了 4 年，原来建设的跑道是能够跑当时最大的飞机，即波音 747 - 400 型飞机，但是建完之后 10 年内都没有飞过一架这种飞机。当时计划每年能够容纳 650 万人次，但实际上到 2005 年进出港人次才达到 240 多万。因此，福州长乐机场年年亏损，累计 5 年（1997～2002 年）亏损 11 亿元，这在当时是一个典型的案例。

2. 政府扩张成本过大

根据帕金森定律和瓦格纳法则，政府本身存在着不断扩张的要求。西方发达国家政府也在不断扩张。政府扩张主要自以下四个原因。第一，政府垄断公共产品的供应，会提供过量的公共产品。正是因为如此，需要庞大的管理队伍。第二，利益集团的存在。政府通常也会为利益集团服务。第三，收入分配的自利倾向。政府手中掌握的大量分配权，再分配权。政府毕竟也是经济人有自利倾向。第四，官僚主义的存在。监督不力很容易产生官僚主义。监督政府是一件很难的行为。政府扩张自然带来政府的成本过大问题。这也是一个世界各国都难以解决的问题。

3. 政府机构低效率

政府机构低效率是目前世界各国普遍存在的问题。尽管各国政府都在努力解决这个问题，至今还没有一个有效的解决办法。政府机构低效率的原因是多方面的。首先，是政府部门缺乏竞争，它不像企业，企业之所以有效率是因为其处于竞争环境中，不提高效率则必然为市场所淘汰。政府提供的是公共服务、公共产品，由于缺乏竞争必然导致效率低下。其次，政府部门缺乏追求利润的动机。当然，我们不希望政府过分追求利润，但如果不追求利润，政府就缺少激励动因，促使其效率低下。最后，更重要的是，政府缺乏有效监督。普通公民监督政府是件很困难的事。虽然公民监督政府不易，而政府监督公民确很容易。政府机构的低效率就要求深化政府机构改革，减少管理的权力，市场能解决的问题就交由市场解决。

4. 政府角色错位

政府角色错位表现为政府管了一些不该管的事情，而政府该管的事情却没管好。许多事情政府不该管，管了未必能管好，比如分钱、分物、审批项目、直接干预企业经营。这几年在审批项目方面，国务院已经先后多次撤销了政府部门的大量审批权。但目前，国家各级政府仍还有近万的审批权没有下放。因此，政府部门的管理实际上就变成了报批、审批。政府该管的事情主要是：经济调节、市场监管、社会管理、公共服务等，但这些事情又不一定管好。

以教育系统为例。政府是否该管学校开办什么专业？如果政府不管，那么学校就会依据市场信号来选择所要办的专业，哪些专业市场最需要，学校就去办这些专业，哪些专业市场不需要，学校就会停办这些专业。因为学校不依据市场需求来办专业，这些专业的学生毕业后无法就业，来年这所学校的生源就会大幅度减少，甚至学校也会因招生不足而倒闭。但至今，学校办专业仍需经由教育主管部门审批，而教育主管部门依据的是现有学校办的专业总量来管理某所学校是否开办专业，每个专业的市场需求量是有差别的，必须承认，学校处于市场竞争中，比政府更加了解市场需要，如果政府开放专业管制，学校有自主权，更能办出市场需要的专业。

5. 政府调控滞后效应

经济中的许多现象都具有滞后效应。政府调控的滞后效应即政府调控的时滞性。世界各国的政府调控经常会出现时滞性或滞后效应。而时滞性最明显的表现就是一个政策出台总达不到预期的效果。如房价上升，政府出面调控，但达不到预期目标——稳定房价。我们经常看到政府在调控中出现政策失灵或上有政策、下有对策的现象，很多政府的政策下传后就会发生走样、变形，或者是无法贯彻执行。之所以会造成时滞性，主要有以下三方面原因：第一，政府的政策从制定到实施需要有一个过程，有时时间较长；第二，政策发挥效果也需要一段时间；第三，在不完全信息的情况下，市场对政策的反应会采取一些变通的办法，而可能改变了政策的效果。

6. 政府寻租行为

政府部门的个别官员会利用手中权力，在行政事务中寻求自身的利益。

所谓寻租，是指政府、企业或个人用较低的贿赂成本获得较高的收益的行为。寻租行为的产生主要有以下三方面原因：第一，政府能从各种行政管制中获得租金。审批权就是一种管制。以刘铁男事件为例，他历任发改委能源局局长时，就利用手中的审批权获取巨额收益。第二，掌握政策的差异或区别。政府出台的部分政策，有一定的灵活性，有一些执行政策的差别空间可利用，容易产生租金。以土地政策为例，有招、拍、挂三个形式，每个形式都存在差价，这就为政策寻租创造了空间。第三，政府采购。目前采取集中采购制度，减少了寻租行为。但集中采购制度的一个缺陷就是所需时间较长，有可能降低了效率。

三、政府失灵的矫正

中国从 20 世纪 90 年代初期开始走向市场经济到现在的二十几年的时间中，一方面经济迅猛发展，另一方面也积累了一些矛盾。例如国有企业深化改革问题。原计划将国有企业改造成为市场经济的主体，结果却将国有企业改成了市场经济的垄断者。再如社会保障。社会保障理应朝着不断完善的方向努力，但事实可能是不改革的部门比改革的受益更多，如行政事业单位社会保障中的养老制度一直未改革其待遇远远高于其他已经改革的企业，造成了新的贫富不均。例如政府调控。在市场经济中，政府应当利用市场的力量，不断下放权力，使得市场主体更加灵活，但就目前而言，现有过多的审批制度使得企业无法应对市场的需求，所以，矫正政府失灵，其实也是改革的内在要求。

1. 必须利用市场机制

政府通过宏观调控解决市场问题，必须利用市场机制。在市场中，政府应该在必要的情况下发挥作用。政府对于市场经济中的市场行为可以分为三种情况：第一，市场本身可以解决，政府不需要干预。第二，市场无法解决，政府需要出手干预，仍然无法解决，或者能解决，但成本过大，在这种情况下政府也不一定出手干预。第三，市场无法解决，而政府出手能够解决问题的，且成本不高，政府才必要出手干预。即使在这种情况下，政府也必须充分利用市场机制进行管理。

2. 合理界定政府作用边界

市场能解决的问题就由市场解决，市场不能解决的问题，政府才出手，市场与政府之间有个边界。

第一，在竞争领域，政府不需要直接干预。政府要做的事情，一方面制定法律，监督法律的实施；另一方面反对不正当竞争，维护市场机制。在这一领域，即使存在一定数量的国有企业，也要让这些国有企业自主平等地参与市场竞争，政府只以宏观调控者的身份进行监管。

第二，对于产生外部性效应的企业，政府主要采取补贴和收费这两种管理方法。尤其是针对产生负效应的企业，如排放污染物企业要采取适当的收费制度，甚至对污染严重企业要实行重罚，这时政府要出面，因为仅靠企业之间或企业与个人之间解决负效应的问题是不可能的。但政府可以利用这部分收费筹措的资金对污染进行处理。例如福建省泉州市集中治污问题。泉州市是福建省的工业发展重地，纺织服装行业发展很快。但其中的漂染环节，排放大量废水。由单个企业处理废水成本高是很难实现的，泉州市政府就将这些企业的漂染环节产生的污水污物集中起来，然后将各个企业的排水管道通向一个公共的处理厂进行处理。此外，在水暖器材电镀环节也是这样处理，因为水暖器材需要电镀，而电镀过程排放强酸强碱，因此排出的水也存在污染问题。目前，泉州市政府将所有的电镀企业都集中到南安市水头镇的电镀企业集控区域，每一个企业都有一个通向水处理厂的管道，最后由水处理厂对这些污水进行统一处理。由于水处理厂具有规模效应，因此能够真正确保这些污水得到最好的解决。

第三，对于具有战略性的行业的企业，特别是涉及到国计民生的先导型的高科技企业，政府的干预主要是采取补贴的方法。政府不需要直接干预研发、制造过程，只需要进行直接补贴。

第四，对于稳定宏观经济环境的行业的干预政府需要发挥更大的作用。主要是金融系统，政府应当承担维持宏观经济稳定的责任，在出台一些财政政策、货币政策时，都应当从有利于宏观经济稳定的角度出发。政府在这方面需要发挥更大的作用。

第五，在分配领域，政府的作用是保障劳动者的合法权益和调节收入分配的不公平现象，实现公平的目标。政府可以不介入初次分配，只需考虑在再分配、多次分配中发挥作用，采取税收机制以及财政转移支付手段来调节社会的分配不公的问题。

第六，对于垄断型企业，政府需要加强监管。因为垄断型企业对市场的影响非常大，而且一旦垄断企业控制了市场，会导致市场效率低下，所以他们的部分经营活动必须受到政府的监管。

3. 提高政府决策的科学性

政府决策是一个复杂的过程，存在着种种困难、障碍和制约因素，使得政府难以制定并实施好的或合理的公共政策，导致政府决策失误。为了减少政府决策失误，有必要建立必要的程序来提高政府决策的科学性。首先，要建立科学决策的程序和系统，例如信息的收集、调研、咨询"三位一体"。其次，要建立决策评估、反馈制度。政府必须对决策的各个方面进行评估，并且在决策实施时还要进行不断的反馈。最后，要建立追究责任制度。一旦发生问题，或造成失误损失，必须对责任人进行追究。

4. 提高政府机构的效率

政府在一定程度上相当于一个垄断组织，因此要提高政府机构的效率，可以采用两种方法：第一，在政府机构内部引入竞争机制。这个方法在实现上存在一定的难度，但并非完全不可能。例如我国的邮政快递业，由于引入了竞争机制，我国的快递业在短短几年时间迅速发展起来。而如果当初没有引入竞争机制，仅仅依靠邮政部门的快递运输，效率就会非常低下，根本无法适应今天物流业的快速发展需要。第二，在政府机构内部引入利润动机或是利润观念，即在政府机构办事效率运用成本理念，效率高的部门意味着成本节约，这些节约的经费归部门使用，效率低的部门意味着浪费，人均经费也要适当减少。我国目前还没有进行这方面的探索。

5. 用法制规范政府的行为

政府在执行行政公务时要有法制意识，即依法行政。首先，必须将政府干预职能以法律的形式确立下来，使得政府职能有法可依。其次，以法律的形式明确规定政府行使干预职能的运行方式和程序，克服主观随意性。再次，以法律的形式规定不同主体对政府的监督权利及实现方式，做到有法必依。

6. 不断改革和完善政府体制

布坎南提出，要克服政府干预的局限性及避免政府失灵，关键是要不断地改进政府的行政过程，也就是要建立一个权力制衡机制，完善的民主制度、评价机制、反腐机制等。比如对官员监督问题，就是一个涉及到体制的大问题。在西方国家，政党仅仅作为一个普通的团体，置于国家之下，而在中国，政党具有较高的地位，这就产生了对党员的监督问题，尤其是对于党员干部的监督问题，这是中国政府体制改革中无法回避的问题，改革就是不断完善政府管理体制，加强外部监督和内控，同时还要不断提高工作效率。

第五节　主要经济学流派对政府管理与调控的观点

一、重商学派

重商学派产生于 16 世纪~17 世纪的资本原始积累时期，其主张政府干预经济，尤其是干预对外政策。主要的理论观点是少买多卖，早期重商学派是少买，晚期重商学派的是多卖，其核心思想是获取更多的货币（金银）财富。代表人物为托马斯·孟、马利尼斯以及威廉·配第，其中威廉·配第处于重商学派和古典学派的过渡阶段。在资本主义的原始积累阶段，西方的部分殖民主义遇到了一个发展"瓶颈"，即缺少资本，因此，他们利用自己政治、军事上的强大，对外展开大量商业掠夺，以及殖民扩张。当时的经济学家普遍认为，所谓的财富就是金银。而获得金银的主要途径就是少买多卖，早期重商学派认为主要是少买，因为这样可以剩下更多的金银，从而进行资本积累，晚期重商学派认为主要是多卖，因为若仅仅是少买，很可能造成买卖双方的金银交易量很小，因此重点应放在多卖，通过多卖来获得财富。因为早期的殖民帝国为了迅速发展需要大量的资金，因此仅仅靠正常的对外贸易很难打破其他国家的贸易壁垒，因此他们开始强调政府的作用，甚至由政府直接成立垄断公司对外进行贸易，需要注意的是，早期的公司概念往往都带有政治上的权力。例如东印度公司，在很大程度上垄断了印度、中国的贸易权，包括海关权等。

重商学派的基本主张主要包括以下三个观点：首先，要建立强大的中央政府，通过政府来保证重商主义者目标的实现。政府授予外贸公司垄断权、特许权，控制国内外的商业活动。其次，政府应该对国内的产业提供必要的补贴，发展国内产业以生产大量产品出口。再次，主张政府对殖民地的贸易权进行垄断。

二、重农学派

重农学派产生于17世纪～18世纪的法国，重农学派强调政府不干预。这一时期仍属于资本原始积累时期，同时也是工业革命的前夕。代表人物有法国人魁奈、杜尔阁。重农学派关于政府对经济的管理职能的观点主要表现在以下三个方面：第一，主张政府不干预，认为社会可以正常运行，政府没有必要去干预经济，尤其是在正常的经济秩序建立之后。第二，强调自由贸易，认为政府对工业征收各类税费阻碍了货物流动。第三，政府主要保证最低的绝对必需的基本保障，例如生命安全、产权制度、法律上的合同关系等，其他的由社会、企业及个人自由发展。

不论是重商学派还是重农学派，都出现在经济学研究的早期，经济学家还没有对经济理论进行系统的研究，因此经济理论都相对比较零散、片面、幼稚。真正形成完整经济学理论是古典学派时期，即工业革命时期经济学。

三、古典学派

古典学派产生于18世纪中叶～19世纪初的工业革命时期，代表人物为亚当·斯密、李嘉图、马尔萨斯、穆勒等。古典学派的基本思想是主张经济自由，反对政府干预。亚当·斯密在《国富论》中有这样一段著名的"看不见的手"的理论："每个人都应利用好自己的资本，使之产生最大的价值。从主观上讲，这个人并不想增进公共福利，更不知道他实际上增加了多少公共福利，他所追求的仅仅是个人的利益所得，但他这样做的时候，有一只看不见的手在引导着他去帮助实现增进社会福利的目标，而这种目标并非是他本意想追求的东西。通过追求个人利益，却无意识地增进的社会利益，其效果比真的想促进社会利益时所得到的效果要好。"因此，亚当·斯密认为，政府的作用主要是作为"守夜人"，只需要做以下三件事：第一，保卫国家使之不受其他独立社会侵犯。第二，保护每个人不受他人侵害或压迫。第三，建设并维护某些公共事业以及公共设施。归纳起来，即政府负责建设国防，维护司法制度，建立军队，维护公共产品和公共事业。斯密所界定的国家职能主要是构建一个保证市场健康地、稳定地运行的外部环境，政府不要干预经济的自由运行。穆勒认为应限制政府职能，政府的职能主要包括：第一，保护不能照顾自身利益的儿童和其他人。第二，当个人对他遥远未来的利益作出不可挽回的决定时，政府应当干预。第三，只能由代表来执行的事情，国家通常比个人干得好。第四，对个人判断有必要实施法律干涉的一些事情，政府应当干预。

新古典学派与古典学派在政府调控方面的基本观点差异不大，只是增加了政府应当明确界定产权，政府应提供国家防御及公共教育等内容，但仍然主张政府少干预。

四、社会主义学派

社会主义学派是主张政府管理与调控的一个学派，其发展分为两个阶段，一个是空想社会主义阶段，一个是科学社会主义阶段。

空想社会主义诞生于 18 世纪末～19 世纪初，代表人物为圣西门（法）、傅立叶（法）、欧文（英）。空想社会主义强调政府管理与调控，他们主张财产共有、共同劳动，他们对未来的理想社会提出了许多美妙的天才设想，企图通过国家的力量来建立一个美好的社会，但由于理论的不成熟等原因，最终以失败告终。

科学社会主义诞生于 19 世纪初～19 世纪中叶，代表人物为马克思、恩格斯。马克思关于科学社会主义理论的主要观点，即社会主义社会的特征有以下几点：第一，由国家、社会、全民占有全部的生产资料。根据后人的解读，国家占有生产资料，即在剥夺资产阶级的私有财产之后，由政府代表全国人民来占有生产资料。全民占有生产资料，指的是由劳动人民共同占有生产资料，劳动人民对生产资料有决策权、话语权、分配权。后人将其统一为公有制理论。第二，社会有计划地组织生产。这点是与今天的社会主义现实最难结合的一点，社会主义国家搞了几十年的计划经济，还没有很成功的案例。因为如果由政府全面地组织生产，这在一个小国家有可能做到，但作为一个泱泱大国难以实现，因为信息无法完全获取，要实现这点存在相当难度。第三，分配制度。科学社会主义与空想社会主义在这方面的不同主要体现在，马克思将分配制度分为两个阶段。在共产主义的第一阶段，国家实行按劳分配。到了共产主义的高级阶段，生产力高度发达，财富像源泉一样涌流出来，国家可以实行按需分配。但需要强调的是，今天建立的社会主义特征同马克思设想的社会主义是存在一定差别的，马克思设想的社会主义是在发达的生产力水平上建立的，但现实中的社会主义国家都不是发达国家。科学社会主义学派是主张政府干预。

五、德国历史学派

德国历史学派产生于 19 世纪中叶 ~ 20 世纪初，代表人物为李斯特、罗雪尔等。德国历史学派强调政府干预，甚至最后发展成为极端民族主义，他们认为，不加限制的自由企业不一定能为社会生产出最佳产品，因此仍需要政府干预。德国历史学派的思想对现今的德国仍有巨大的影响力，德国近200 年的发展同德国历史学派有密切关系。早期在欧洲建立了最强大的国家，20 世纪发动了两次世界大战，如今，德国在欧盟中仍是最强大的国家。历史学派的观点不仅影响着德国的经济发展，也影响了根植于历史学派的制度学派的观点。

六、制度学派

制度学派产生于美国，但根植于德国，是在德国历史学派基础上的发展起来的，代表人物为凡勃伦、米切尔等，新制度学派的代表人物为加尔布雷斯、科斯等。制度学派强调政府干预，基本观点包括以下两点：其一，谴责自由主义，主张政府在经济与社会事务中发挥更大作用。其二，主张国家计划、国家对生态的保护以及充分就业，特别是环境保护问题，这是制度学派强调最多的一个问题。新制度学派与制度学派存在部分差异，以科斯为例，科斯强调的是减少政府干预，强调政府的主要作用是界定产权，一旦产权界定清晰，市场可以自发地进行调节。

七、福利经济学

福利经济学是研究社会经济福利的一种经济学理论体系，于 20 世纪 20 年代创立，代表人物为帕累托、布坎南、庇古、兰格等。福利经济学并没有形成一个完整、统一的体系，而是存在着明显差异的两派，一派主张政府干预，另一派主张自由发展。庇古主张政府干预，他认为外部性问题只能由政府通过补贴、罚款、收税等手段来进行管理。兰格强调中央计划，认为中央计划能够更大范围地获取关于产品短缺或过剩的信息，因此更加有利于调控宏观经济。相反，帕累托和布坎南则反对政府干预，主张自由发展。

八、凯恩斯学派

凯恩斯强调政府调控，他推翻了萨伊提出的"有效供给创造需求"的理论，认为由于边际消费倾向递减、资本边际效率递减和流动性偏好三大心理规律的作用，导致有效需求不足，因此消费者、投资者对前景总是抱有悲观预期，影响消费、投资积极性。为了解决这个问题，就需要政府出手干预，通过财政政策、货币政策对经济进行调节。凯恩斯认为，有效需求不足所引起的总需求小于总供给是市场经济的一般常态，因此他所提出的具体财政政策和货币政策都是扩展性的政策。

九、新古典综合派

新古典综合派是近二三十年来发展起来的新型学派，代表人物为汉森、萨缪尔森、莫迪利安尼、托宾和索洛等。他们在总结了前人的观点的基础上，提出了混合经济的概念。所谓混合经济，即私有制度通过市场机制的无形指令发生作用，政府机构的作用则通过调节性的命令和财政刺激得以实现。他们认为，市场机制与政府干预同时在起作用。

新古典综合派把政府对经济的作用概括为以下三个方面：第一，在效率方面，通过政府纠正垄断造成的失灵。第二，在平等方面，通过政府的二次分配、财政转移支付来进行贫富调整。尤其是财政转移支付，是目前大多数国家广泛运用的调整手段。第三，在稳定方面，通过政府经济干预削平经济周期峰谷。

十、新自由主义学派

新自由主义学派包括芝加哥学派、理性预期学派和伦敦学派。他们对于政府调控的观点存在着差异。芝加哥学派也称为货币学派，代表人物为弗里德曼。弗里德曼始终强调货币政策，他不完全排斥政府调控，因为货币政策要由政府出台。理性预期学派的代表人物为卢卡斯，他更强调市场的作用。伦敦学派的代表人物为哈耶克，他强调极端自由主义，认为自由胜过一切，失业和通货膨胀并不是资本主义所特有的，而是资本主义政府干预造成的，因而反对任何形式的政府干预，并认为私人自由企业经济是最合理的经济，市场机制本身是最完善的机制。

以上的 10 个学派，不论是自由主义学派还是政府干预学派，都有两个特点：第一，自由主义学派并不是反对一切政府干预（除了两个极端学派，伦敦学派和重农学派外，重农学派时期经济理论还不成熟，可以忽略不计），强调政府干预也并不是反对市场（德国历史学派、社会主义学派早期反对市场）。第二，与经济发展的周期相关，往往经济发展繁荣时，自由主义学派占据主流思想；而出现经济危机或大规模失业时，政府干预学派占据主流思想，这一特点在历史上表现得十分明显。

第六节　我国政府机构的改革

从 1949 年 10 月新中国成立开始，党和政府为建立和完善结构合理、人员精干、灵活高效的党政机关进行了多次精兵简政。改革开放以来，中国已进行了 6 次国务院政府机构改革，国务院组成部门已由 1982 年的 100 个削减为 2013 年的 25 个。1949 年中国政府成立了政务院，下设 35 个部、委、办。1951～1953 年的 3 年间，我国进行了第 1 次的政府机构改革，将部、委、办增加到 42 个。1954～1956 年，为了能够利用中央的力量掀起一个建设高潮，中国政府再一次进行了改革，进一步将部、委、办增加到 81 个，其中仅机械工业部就建了 8 个。1958 年，国务院开始精简机构，将部、委、办减少到了 68 个。1959 年，又减为 60 个。1960～1965 年，由于当时处于困难时期，机构进行大规模精简。1966 年之后，由于"文化大革命"，国务院将所属部门撤销合并为 32 个。"文化大革命"之后，为了对各领域进行整顿，国务院开始增加机构数目，最多时在 1981 年达到了 100 个。改革开放以来，我国分别在 1982 年、1988 年、1993 年、1998 年、2003 年、2008 年、2013 年进行了 7 次政府机构改革。1982 年，第五届全国人大常委会第二十二次会议通过了关于国务院机构改革问题的决议，将国务院所属部门从 100 个减为 61 个。但机构仍然过于臃肿，1988 年国务院将各部门减少到 41 个。1998 年，进一步减少到 29 个。现在也基本维持在不到 30 个部门的水平上。但是，这仅仅是国务院的组成部分之一。国务院还包括 16 个直属机构、6 个办事机构、14 个直属事业单位和 1 个特设机构。以上都是国务院的常设机构。此外，国务院还包括临时机构，例如南水北调办公室、振兴东北老工业基地办公室、西部大开发办公室、扶贫办公室、防艾滋病委员会、抗震救灾指挥部、防范处理邪教问题办公室、三峡工程建设委员会办公室等，因此机构改革的任务还任重道远。

政府机构改革的核心是转变职能，简政放权。一方面解决政府管得过多过细的问题；另一方面加强和改进宏观管理。政府机构改革的主要目的是提高管理效率，主要涉及到管理幅度和管理层级两个问题。大多数国家一般不超过 3 个层级，包括国家、中间层（省、州）、基层。中国目前是 5 个层级，包括国家、省（直辖市、自治区、特别行政区）、市（自治州）、县（区、县级市）、乡（镇、街道）。目前中央正在进行减少层级的试点。例如财政拨款，包括社保基金、扶贫基金、转移支付、各项补贴等，很大一部分都是由中央直接拨到县，这就使得效率显著提升。而随着管理层级的减少，管理幅度随之增加。

我国历次的政府机构改革之所以成效不大，最根本的原因就是没有抓住转变职能这个关键，而要转变政府职能，首先就要界定政府职能，政府职能界定是政府机构改革的逻辑起点。由于我国正处在由计划经济体制向社会主义市场经济体制的转型时期，社会资源的配置方式将由政府指令分配方式为主逐渐转向以市场配置方式为主。资源配置方式的改变使得社会事务的分类标准发生了巨大变化，从而导致包括政府在内的社会组织功能的分化和重组。在市场经济条件下，政府与市场在社会资源配置方面的对立和互补关系成为社会事务的主要分水岭。政府是管理社会公共事务的政权组织。所谓社会公共事务，就是指无法通过市场化资源配置方式得到有效解决的社会事务。因此，要实现政府职能转变质的突破，就必须按照社会主义市场经济体制的客观要求，在社会事务合理分类的基础上，重新界定政府职能。按照市场经济的要求，重新调整政府部门间职能结构。所谓政府部门间职能结构，即一级政府各部门之间的横向职能划分。要按照市场经济的要求，遵循"趋向综合、宜粗不宜细"的政府部门职能设置的总体原则，重新调整政府部门间的职能结构，做到职责明确、分工科学。对那些带有经济实体性质的部门必须撤销；对边界模糊的政府职能要严格划定所属部门，同时注意加强部门之间的协作；对介于经济实体和行政部门之间的公司不宜滥设，而应当把组织生产和直接管理经济的权力下放给企业。总之，界定政府总体职能、合理调整政府间及政府部门间的职能结构归根结底就是要从根本上转变政府职能，实行政企分开，这是此次政府机构改革的关键。因此，要遵循精简、统一、效能和权责一致的原则，合理调整政府组织结构、政府之间及政府部门之间的职责权限，改变管理方式和运行机制，从根本上克服多头管理、政出多门的弊端，促进政府机构高效、协调、规范运转。

|第十章|
经济发展方式的转变与可持续发展

改革开放 30 多年来，中国的经济建设取得了辉煌的成就。国内生产总值从 1978 年的 0.36 万亿元增加到 2016 年的 74.4 万亿元，GDP 年均增长率接近 10%，2010 年，中国经济总量已经超过日本，成为仅次于美国的世界第二大经济体，出口贸易总额也于 2009 年首次超过德国成为世界第一，进出口贸易总额在 2013 年超过美国成为世界第一。国家总体经济实力增强的同时，人们的生活水平也得到显著提升，城镇居民家庭人均可支配收入由 1978 年的 343.4 元增加到 2015 年的 31195.1 元，同期，城镇居民家庭恩格尔系数由 57.5% 下降到 35%，农村居民家庭人均纯收入由 1978 年的 133.6 元增加到 2015 年的 10291.9 元，同期，农村居民家庭恩格尔系数由 67.7% 下降到 37.7%。与此同时，中国也产生了结构性不合理、产能过剩、发展方式粗放、收入分配不均等问题，这些问题使得中国像 20 世纪 70 年代拉美国家一样面临"中等收入陷阱"。为了解决这些问题，必须加快发展方式的转换，实现绿色发展，建设资源节约型和环境友好型社会。

第一节　发展观的历史演变与科学发展观的提出

一、发展观的历史演变

学术界对经济发展概念界定经历了一个逐步丰富的过程，不同时代的经济学家赋予了其不同的内涵。

传统的经济理论认为，经济发展等同于经济增长，认为经济发展就是资本的不断积累，从而保持一个源源不断的要素投资。经济学鼻祖亚当·斯密把工业化过程理解为物质财富的增加过程，认为只要不断增加资本积累就可以不断增加国家的物质财富，就可以实现经济的发展。20世纪60年代，社会因素逐步被添加到经济发展的概念之中。著名的发展经济学家汉斯·辛格认为经济增长与经济发展是两个不同的概念。经济增长指的是人均产品量的增加，经济发展不仅包括经济增长，而且包括经济结构的变化和人民生活质量的改善。20世纪六七十年代，由于全球性环境污染、资源短缺等问题越来越突出，自然环境因素也被融进了经济发展的概念之中，这一阶段，可持续发展理念开始萌芽并得到初步发展。80年代以后，经济发展概念得到进一步完善，认为发展应以人的价值、人的需要和人的潜力的发挥为中心，促进生活质量的提高和社会的全面发展。1983年，佩鲁发表的《新发展观》中提出了"整体的""内生的""综合的""关心文化价值"的新发展理论。诺贝尔奖获得者阿玛蒂亚·森在1999年出版的《以自由看待发展》一书中提出，发展就是扩展自由，自由是发展的首要目的，也是促进发展的不可缺少的重要手段。①

二、可持续发展理论的萌芽及确立

自工业革命以来的历史进程中，科学技术和市场经济的不断发展使人类社会生产力水平迅速提高。但是，工业化、城市化的过程也大大加剧了耕地、淡水、森林和矿产的消耗，人类赖以发展的环境被破坏得十分严重。这种危机使地球和人类面临着难以为继的困境，主要表现为人口膨胀、南北差距加大、能源危机、环境污染及生态破坏等新的更为广泛而严重的矛盾。在这种复杂的背景下，可持续发展观念产生了。

1. 可持续发展理论的萌芽

1962年，美国海洋生物学家雷切尔·卡逊（Rachel Carson）在《寂静的

---

① 李海航、原磊、王燕梅：《发展方式转变的体制与政策》，社会科学文献出版社2012年版，第4~7页。

春天》一书中描绘了一幅由于农药污染所带来的可怕景象，惊呼人们将会失去"明媚的春天"，在世界范围内引发了人类关于发展观念的思考，标志着现代环境保护运动的开始；1972 年 6 月，113 个国家和地区的代表在瑞典的斯德哥尔摩召开了联合国人类环境会议，大会提供了一份由两位美国学者芭芭拉·沃德（Barbara Ward）和雷内·杜博斯（Rene Dubos）撰写的名为《只有一个地球》的非正式报告，并通过了以此为思想理论基础的《人类环境宣言》的报告，此次会议始终围绕着"只有一个地球"的主题，将人类关于生存与环境关系的认识提高到了一个新的境界。同年，罗马俱乐部发表了轰动世界的研究报告——《增长的极限》，首次明确提出了"持续增长"与"合理的持久的均衡发展"的概念。美国学者莱斯特·布朗在 1981 年发表的《建设一个可持续发展的社会》专著中，提出了通过控制人口增长、保护资源和开发再生能源三大途径来实现持续发展。

2. 可持续发展思想的确立

可持续发展观的确立以三个重大事件为标志：一是 1987 年世界环境和发展委员会提交的《我们共同的未来》一文中，对可持续发展概念的形成和发展起到极为重要的作用，强调可持续发展是人类求得生存和发展的唯一途径。该报告将可持续发展定义为："可持续发展是既满足当代人的需要，又不对后代人满足其需要的能力构成危害的发展"，标志着可持续发展理念成为时代的宣言。这一概念内在地包含了三层意思：第一层，要考虑代际之间公平发展的问题。即使当代人生产力非常强大，也不能霸占后代人的生存空间。第二层，要考虑发展和可持续之间的关系。第三层，要考虑关于可持续发展的外延问题。二是 1991 年联合国环境规划署、世界自然保护同盟和世界野生生物基金会共同编著的《保护地球——可持续生存战略》一书的出版。该书认为：人类必须在地球承载能力范围内生活，舍此没有第二种合理的选择。我们必须尊重自然的限度，并采用在该限度内行得通的生活方式和发展道路。三是 1992 年在巴西里约热内卢召开的举世瞩目的联合国环境与发展会议。会议通过和签署了《里约环境与发展宣言》《21 世纪议程》《气候变化框架公约》《生物多样性公约》《关于森林问题的原则声明》等文件。这三件大事从理论到实践最终确立了可持续发展观在当代的重要地位。[①]

3. 可持续发展理念在中国

中国是世界第一个以政府名义制定和执行发展行动计划的国家。1992 年
7 月，国务院为履行在 1992 年联合国环境与发展大会上通过的《21 世纪议
程》等文件的承诺，决定编制《中国 21 世纪议程》，并组织各部门编制《中
国 21 世纪议程优先项目计划》，成为实施《中国 21 世纪议程》的一个重要
步骤。1994 年 3 月，国务院通过并公布了《中国 21 世纪议程》，即《中国 21
世纪人口、环境与发展》白皮书，它标志着可持续发展正式成为中国既定的
基本战略，反映了中国政府在探索新的发展道路和新体制的努力，是制定国
民经济和社会发展中长期计划的指导性文件，对我国经济和社会发展乃至整
个现代化进程都具有重要的指导意义。党的十四届五中全会通过的《关于制
定国民经济和社会发展"九五"计划和 2010 年远景目标的建议》中，把实
现经济和社会相互协调和可持续发展作为必须贯彻的重要方针。1996 年全国
人大正式把可持续发展作为国家的基本战略。此后，可持续发展逐步成为各
级政府及社会公众的共同目标，特别是党的十七大报告强调必须坚持全面协
调可持续发展，并把他作为科学发展观的基本要求。党的十八大报告提出要
建设美丽中国，实现中华民族的永续发展。

三、科学发展观与经济发展方式的转变

1. 科学发展观的提出

科学发展观最早是由胡锦涛总书记在十六届三中全会提出的，后来党的
十七大对其进行了归纳。科学发展观第一要义是发展，核心是以人为本，基
本要求是全面协调可持续性，根本方法是统筹兼顾。

首先是发展问题。小平同志指出"发展才是硬道理"。不论当代经济社
会发展取得何等大的成就，中国经济社会发展活动主要内容仍然可以概括为
两个方面：一是中国仍处于并将长期处于社会主义初级阶段的基本国情没有
变。二是中国社会主要矛盾即人们日益增长的物质文化需要同落后的社会生

[①] 祝黄河：《科学发展观与当代中国社会发展实践》，人民出版社 2008 年版，第 174～175 页。

产力之间的矛盾没有变，发展是解决我国一切问题的关键。之所以提出科学发展是因为发展要考虑到以人为本，同时要考虑到全面协调可持续。所谓以人为本，就是要把人民的利益作为一切工作的出发点和落脚点，不断满足人们的多方面需求和促进人的全面发展。所谓协调，就是要统筹城乡协调发展、统筹区域协调发展、统筹经济社会协调发展、统筹国内发展和对外开放。所谓可持续，就是要统筹人与自然和谐发展，经济建设、人口增长与资源利用、生态环境保护的发展，推动整个社会走向生产发展、生活富裕、生态良好的文明发展道路。2012 年党的十八大将科学发展观作为指导思想写进党章。

2. 从经济增长方式到经济发展方式的转变

首先，经济增长方式与经济发展方式是两个既有联系又有区别的概念。二者的联系表现在二者都是经济发展方式。其次，经济发展方式包含了经济增长方式，二者相互促进。二者的区别主要在于，经济增长方式侧重于经济数量的增加，而经济发展方式侧重于经济质量的提高和经济结构的改善。由此导致了衡量指标的差异和实现路径的不同。

新中国成立以后，对从经济增长方式到经济发展方式的认识经历了三个阶段。1995 年以前，经济处于又多又快的增长阶段，强调经济增长的速度和总量的扩张。1995 ~ 2007 年我国经济处于又快又好的发展阶段，既注重速度又注重效益，标志是 1995 年十四届五中全会提出经济增长方式从粗放型向集约型转变。2007 年以后进入转变经济发展方式阶段，努力实现经济又好又快发展。[①]

随着转变经济发展方式实践的开展，转变经济发展方式的概念也在不断完善。党的十七大提出的关于加快转变经济发展方式的内容主要体现为三个转变：促进经济增长由主要依靠投资、出口拉动向依靠消费、投资、出口协同拉动转变，由主要依靠第二产业带动向依靠第一、第二、第三产业协同带动转变，由主要依靠增加物质资源消耗向主要依靠科技进步、劳动者素质提高、管理创新转变。2010 年 2 月，胡锦涛就加快经济发展方式转变提出了八点意见，构成了发展方式转变的基本内涵。包括：第一，加快推进经济结构调整，把调整经济结构作为转变经济发展方式的战略重点。第二，加快推进

---

① 胡学勤：《经济增长方式与经济发展方式的区别与联系》，载《经济纵横》2008 年第 1 期，第 15 ~ 17 页。

产业结构调整，适应需求结构变化趋势，完善现代产业体系，加快推进传统产业技术改造，加快发展战略性新兴产业，加快发展服务业。第三，加快推进技术创新，加快提高自主创新能力，加快科技成果向现实生产力转化，为加快经济发展方式转变提供强有力的科技支撑。第四，加快推进农业发展方式转变，坚持走中国特色农业现代化道路，加快构建粮食安全保障体系。第五，加快推进生态文明建设，深入实施可持续发展战略，大力推进资源节约型、环境友好型社会建设。第六，加快推进经济社会协调发展，加快提高教育现代化水平，加快实施扩大就业的发展战略，加快社会保障体系建设，加快发展面向民生的公益性社会服务，更好推进经济社会协调发展。第七，加快发展文化产业，在重视发展公益性文化事业的同时，坚持经济效益与社会效益相统一。第八，加快推进对外经济发展方式转变，统筹好国内发展和对外开放，加快调整出口贸易结构，加快调整进口贸易结构，加快提高利用外资质量和水平，加快实施"走出去"战略，不断提高开放型经济水平。①

3. 科学发展观、可持续发展与经济发展方式转变三者之间的关系

可持续发展观为科学发展观提供了理论支持，科学发展观是对可持续发展观的理论创新，是实现经济社会可持续发展的思想保证。转变经济发展方式，既是可持续发展的一项根本要求，又是科学发展观的一种表现形式。转变经济发展方式，是科学发展观在中国经济领域的体现和应用。它对科学发展观具有正相关性，经济发展方式转变的快慢和程度，决定着科学发展观在中国经济领域贯彻落实的广度和深度。科学发展观对经济发展方式转变具有指导意义，这种指导意义主要体现在三个方面：其一是世界观和方法论的指导；其二是发展方向的指导；其三是发展途径的指导。建设中国特色的社会主义市场经济体系要努力做到以科学发展观统领经济社会发展的全局，加快转变经济发展方式，实现中华民族的永续发展。

第二节　我国经济增长中存在的主要问题

恩格斯早在一个多世纪前就指出："我们不要过分陶醉于我们人类对自然

---

① 李海航、原磊、王燕梅：《发展方式转变的体制与政策》，社会科学文献出版社 2012 年版。

界的胜利。对于每一次这样的胜利,自然界都报复了我们。每一次胜利,在第一步都确实取得了我们预期的结果,但是在第二步和第三步却有了完全不同的、出乎预料的影响,常常把第一个结果又取消了。"①中国过去的发展方式在取得了巨大成功的同时,也暴露出许多矛盾,如果以下五个方面的问题不及时加以解决,我国改革开放以来所取得的经济成就很可能会印证恩格斯的观点。

一、高投入、拼消耗成发展无法承受之重

我国的经济增长主要还是依靠要素的大量投入,资源和要素过度向投资倾斜,投资高速增长造成投资率不断提高。过去中国有"一要生活,二要生产"这样一种说法,把生活放在了更重要的位置上,因此开始时我国将投资率定在30%以内,但由于经济发展速度超过了预期,投资率也都超过了30%,即使在投资率最低的20世纪80年代也达到了32.5%。然而,根据世界银行《2002年发展报告》,低收入国家的平均投资率为21%,中等收入国家的平均投资率为25%,高收入国家的平均投资率为22%。从表10-1可以看出,我国的投资率远超中等收入国家的平均投资率。若再扣除出口率,我国的消费率也远低于中等收入国家的平均水平。因此,我国的发展首先是由于高投入带动的。

表 10 - 1		中国历年投资率		单位: %
年份	投资率	年份	投资率	
1981	32.50	2004	43.00	
1985	38.10	2005	41.50	
1990	34.90	2006	41.70	
1995	40.30	2007	41.60	
2000	35.30	2008	43.80	
2001	36.50	2009	47.20	
2002	37.80	2010	48.10	
2003	41.00	2011	48.30	

资料来源: 中国社会科学院金融研究所。

---

① 恩格斯:《自然辩证法》,载于《马克思恩格斯全集》(第14卷),人民出版社2013年版。

由于对包括土地、水、能源、矿产资源等各种要素价格低估，加之环境和生态保护不力，加上传统计划经济的影响，使得中国过去的增长方式普遍带有"更重数量而不注重质量"的"粗放"特征，主要依靠各种要素的大量投入来实现经济总量的外延扩张。这种发展方式导致对资源的大量消耗。新中国成立60多年来，我国的实际GDP增长了10多倍，但是资源投入却增长了40多倍。自然资源人均占有量不足，人均水资源占有率水平偏低，只相当于世界平均水平的42%。地下资源、木材资源只占到美国的7.2%和7.9%，并且自然资源损耗速度也快于世界上大部分国家。例如，根据世界银行发布的《国民财富在哪里》的报告，2000年我国自然资源耗损占国民收入的3.6%，在世界GDP排名前十的国家中仅次于俄罗斯位居第二位。人均资源的短缺与资源的粗放利用使得中国经济难以持续发展。

资源环境约束持续强化，发展代价过高过大。2012年我国能源消费总量36.2亿吨标准煤，是1990年的3.7倍，21世纪以来年均能源消费量超过21亿吨标准煤，年均增加1.8亿吨标准煤。能源供需矛盾日趋突出，主要能源资源对外依存度不断上升，2012年石油进口依存度达到56%，天然气超过20%，近年来虽然加大环境治理和生态建设上的投入，但仍赶不上粗放型发展造成的破坏。

二、重污染、轻生态是可持续发展之"瓶颈"

粗放式的发展道路对环境造成了严重的影响。当前中国主要污染物排放量多已超过环境承载能力，流经城市的河流普遍受到污染，酸雨污染和土壤面源污染有所扩大。我国的河流和湖泊污染严重，七大水系中2/3被污染，1/3被严重污染。而根据环保部监测的27个湖泊的数据，水质较好的二类水有2个，三类水有6个，即27个湖泊中只有8个湖泊水质较好，占比不足1/3。水质一般的四类水有1个。水质较差的五类水有5个，六类水有13个，即接近2/3的湖泊的水质较差。此外，我国的污水排放量非常大，单位GDP污水排放量已达到世界发达国家的4倍。

生态平衡遭到破坏，自然灾害变得频繁，气候变化与经济发展的矛盾十分突出。根据国际能源署的数据，我国2005年国内生产总值二氧化碳排放强度是世界平均水平的 3.6 倍，美国的 5.1 倍，欧盟的 6.2 倍，日本的 11 倍，甚至是印度的 1.5 倍。二氧化碳排放总量现已超过美国成为世界第一。沙漠化、石漠化、草原退化加剧，生物多样性减少，水土流失严重，生态系统功能退化。气候恶化，雾霾、沙尘暴、飓风、暴雨等极端气候事件频频发生，2008 年初南方雨雪冰冻灾害、2008 年底至 2009 年初北方的旱灾、2010 年初遍及半个中国的沙尘暴灾害以及 2013 年波及整个中国的雾霾天气，给我国造成了巨大的经济和人身财产损失。

三、低效率、乏效益乃科学发展中之软肋

我国社会从业人员劳动生产率与发达国家相比效率低下，第二产业的劳动生产率只相当于美国的 1/30，日本的 1/18，法国的 1/16，德国的 1/12，韩国的 1/7；每立方米水的产值，世界平均水平是 37 美元，英国是 93 美元，日本是 55 美元，德国是 51 美元，而中国仅 2 美元。单位标准煤产出效率与发达国家相比，相当于美国的 28.6%，德国的 16.8%，日本的 10.3%。单位资源的产出效率相当于美国的 1/10，德国的 1/6，日本的 1/20。

资源和要素高强度投入，发展效率总体不高。依靠劳动力等生产要素低成本优势支撑发展，物质资本投入明显高于人力资本投入，劳动生产率的提高主要依靠增加单位劳动力资本存量。工业比重过高且附加值低，服务业发展滞后；过度依赖加工制造环节，决定市场地位和附加值的研发设计环节发展滞后；高技术产业规模较大，但基本上集中在价值链低端。

四、不协调、难循环亦拖和谐社会建设之后腿

首先，产业结构不协调，过分强调第二产业的发展。一个国家在工业化过程中往往会出现三次产业比例结构性变化，在经济发展到一定程度之后，第三产业的规模就会超过第二产业，第二产业又会超过第一产业，第三产业成为拉动经济的主导力量。从表 10-2 可以看出，一些发达国家第一产业比重在 2011 年甚至达到低于 1% 的水平。2013 年，我国第三产业的比重虽然首次超过第二产业，第一产业增加值占国内生产总值的比重为 10.0% 左右，第

二产业增加值比重为43.9%，第三产业增加值比重为46.1%，[1] 与国际上认可的发达国家第三产业占 GDP 总量的标志性比例 70% 以上还有很大差距，且我国的金融保险业、教育、医疗卫生等高端服务占的比重较低。工业中，重工业畸形发展，原材料工业粗放经营，装备工业比重偏低，低水平重复建设现象严重。

表 10 - 2　　　　　　　　　2011 年国际间三大产业占比　　　　　　　单位：%

	第一产业占比	第二产业占比	第三产业占比
世界	5.9	30.5	63.6
欧盟	5.3	22.9	71.8
美国	1.2	19.1	79.7
中国	9.7	46.6	43.7
印度	17	18	65
日本	1.2	27.5	71.4
德国	0.8	28.1	71.1
俄罗斯	4.4	37.6	58
巴西	5.4	27.4	67.2
英国	0.7	21.1	78.2
法国	1.9	18.3	79.8
意大利	2	23.9	74.1

资料来源：美国中央情报局及维基百科。

其次，城乡、区域、人群之间发展不协调：经济增长的好处并未被城市和农村、不同地区、不同人群公平分享。中国的改革实施的是"让一部分人、一部分地区先富起来，先富帮后富达到共同富裕"的两步走策略。然而，事实的情况是上述渐进式的改革方式在延续了 30 多年后，形成了中国当前人群、城乡、地区间利益不断分化且固化的格局，造就了一大批既得利益的地区和群体，导致不同社会群体之间、不同地区之间、城乡之间的收入分配差距和享受基本公共服务的差距越拉越大。[2] 1978～2013 年，城镇居民可

---

[1]　2013 年国民经济和社会发展统计公报。
[2]　薛进军、赵忠秀：《中国低碳经济发展报告（2012）》，社会科学文献出版社 2011 年版，第 33 页。

支配收入与农村居民人均纯收入之比由 2.57 上升到 3.03，但若是将公共产品等差异一同计算，根据专家们的测算结果，城乡差异将达到 10 倍以上。反映居民收入分配状况的基尼系数由 0.230 扩大到 0.473。从投资密度角度来看，东中西部地区之间差异可以达到接近 10 倍。

最后，经济发展难循环。我国经济的发展模式是投入—产出—消耗—污染的线性模式。这种发展模式导致了我国每年高投入、高产出、高消耗，同时还造成较为严重的污染问题，这对于可持续发展是极为不利的。白色污染、垃圾成堆、土地侵占等现象都说明了这一线性发展过程的不可持续性。

五、传统的发展方式引发大量的社会矛盾

传统的"高投入、高消耗、高污染、低效率、不循环"的经济发展模式引发了大量的社会矛盾。其中最突出的矛盾就是人地矛盾。我国现有无土地、无工作、无低保的"三无农民"数千万。剥夺土地就是剥夺农民的利益。计划经济时代，我国通过"工农业产品剪刀差"获得了农民超过 3 万亿元的财富（按现今货币价值计算）作为我国工业化的积累，并且没有任何形式的回报或补偿。而今，我国面临大发展阶段，土地需求迫切，因而国家再次通过对农民的土地收购获得了巨额的土地差价。在中国发展高层论坛 2013 年年会上，经济专家吴敬琏在谈及城镇化时表示，近年来政府通过土地征购和批租赚取的差价最低的估计有 30 万亿元，换句话说，近年来政府通过造城卖地拿走了农民 30 万亿元的财富。当然，在部分政策落实到位的省市，农民的利益并未受到损失，但对于部分被"强拆"的农民，他们则损失惨重。

另外，矿难事故频发，空气污染对人体的伤害严重。据国际应用系统分析研究所（IIASA）的数据，中国由于人为颗粒物污染导致的国民寿命总损失是全球最高的，在 2005 年达到 11.63 亿人/年，这相当于 13 亿中国人平均预期寿命下降了 0.89 岁。[①] 贫富差距进一步拉大，资源的大量消耗引发世界工业原材料价格飙升，资源对外依存度不断上升，目前我国石油的对外依存度已经超过 50%。人民生活的改善和收入水平的提高长期滞后于经济增长的

---

① 薛进军、赵忠秀：《中国低碳经济发展报告（2012）》，社会科学文献出版社 2011 年版，第 6 页。

速度，从而导致经济在高速发展，然而普通居民并未同步感受到经济增长带来的好处。普通老百姓的"住房难、看病难、上学难、养老难"问题突出。

第三节　转变经济发展模式的主要政策取向

一、科技创新是关键

加快转变经济发展方式，最根本是靠科技的力量，最关键是要大幅度提高自主创新能力。无论是改造提升传统产业，还是培育发展战略性新兴产业；无论是推动经济结构调整，还是突破资源环境"瓶颈"，都离不开科技创新的引领和支撑。提高自主创新能力实际上构成了提高经济增长质量的基础。

我国与其他发达国家相比，在22个大类中，中国制造业占世界比重在7个大类中排列第一，15个大类中名列第三，但中国自主创新能力不强，科技进步贡献率比发达国家低20~30个百分点，科技成果转化率比发达国家低50~60个百分点，[①] 特别是一些核心关键技术还受制于人，是转型发展的"短板"。据统计，美国经济发展中70%是技术进步带来的，每万人产出的专利量中国是10.8件，日本是1373件，德国是1534件，韩国是中国的50倍，印度是中国的40倍。加快经济发展方式转变，中国必须以提高自主创新能力为中心，积极推动原始创新、应用创新和高端创新，激励与引导自主创新。科技创新要求提高民族自主创新能力，从传统的中国制造转向中国创造。

通过技术创新可以提高资源的利用效率，帮助克服经济增长的资源性约束，以有利于解决资源紧张和浪费的问题。过去一个时期，高耗能行业的技术节能主要来自淘汰落后产能，随着这些行业落后产能的逐步淘汰，加快技术节能主要应来自既有产能的技术改造和新增高效产能，这意味着获得同样的节能量需要增加的投入更大，节能难度也将不断加大。今后一个时期，要推进技术节能，除了继续淘汰落后产能之外，最重要的是要加大对传统行业

---

① 杨志、王岩、马艳等：《低碳经济：全球经济发展方式转变中的新增长极》，经济科学出版社2013年版，第50页。

节能技术改造，要依靠大力推广节约资源的新技术、新工艺、新设备和新材料。在环境方面，通过提高科技创新能力，一方面改变粗放型经济增长方式所带来的高投入、高消耗和高污染的现象；有助于从根源上防止环境的恶化；另一方面也有助于获取改善环境的技术手段。

注重对引进技术的创新，提高产品的科技含量和附加值。提高自主创新能力是一个漫长的过程，不可能一蹴而就，在这一过程中，肯定要继续引进国外的先进技术。但同时要加大对先进技术的创新力度，在已有的技术的基础上进行创新。过去由于我国是后发国家，可以从发达国家引进技术，但是随着经济的发展，能够引进的技术将越来越少，所以要靠自身的科技创新来发展经济。举个例子来说，一个苹果的手机在中国组装，最后在中国销售，中国大陆的劳动却只获得了 1.8% 的利润，而苹果公司独享 58.5%。这就是科技创新的优势所在。

科技创新的基础在于科学和教育的发展。建设创新型国家尤其需要创新型的高等教育。中国的创新力不足主要原因在于我国的研发投入强度不够。2012 年全社会的研发支出突破 1 万亿元，但仅占 GDP 比重的 2%，远不及西方国家的占比。未来我国要继续加大对教育科研的投入力度，贯彻落实科教兴国战略和人才强国战略。

二、结构调整是根本

首先，加大服务业、文化产业、高新技术产业的发展，即发展第三产业的发展，调整优化产业结构。中国的第三产业包括流通和服务两大部门，具体分为四个层次：一是流通部门，包括交通运输业、邮电通信业、商业饮食业、物资供销和仓储业；二是为生产和生活服务的部门，包括金融业、保险业、地质普查业、房地产管理业、公用事业、居民服务业、旅游业、信息咨询服务业和各类技术服务业；三是为提高科学文化水平和居民素质服务的部门，包括教育、文化、广播、电视、科学研究、卫生、体育和社会福利事业；四是国家机关、政党机关、社会团体、警察、军队等，但在国内不计入第三产业产值和国民生产总值。就目前而言，我国在科教文卫、流通、生产和生活服务方面的潜力是巨大的。交通运输业、邮电通信业、商业饮食业在近几年都发展较快，而金融业、保险业受制于现今的体制，发展还比较落后。金融业在第三产业中所占的比重在国际上一般要达到9% ~ 10%，我国仅达到这一水平的一半左右，就业占比更低。加大装备制造业发展，改变原材料工业粗放型经营。我国只有少部分装备制造业能够在世界属于领先水平，大部分装备制造业，如汽车工业，同国外比都存在明显差距，即使我国目前也有汽车工业的自主品牌，但其附加值较低。

其次，从需求结构看，要改变中国经济发展长期以来靠外需、投资拉动的局面，使得内需和外需、投资与消费均衡发展。扩大国内需求特别是消费需求对经济增长的拉动作用。近些年，中国经济结构中投资率偏高、消费率偏低。由于投资和消费的失衡，居民生活水平不能随着经济增长而同步提高，导致生产能力相对过剩，由于内需受到严重威胁，经济增长对出口的依赖程度不断加深。因此，需要把经济发展建立在开拓国内市场的基础上，充分发挥我国人口众多、幅员辽阔、内需潜力巨大的优势。在消费方面要倡导低碳环保的生活方式，抑制高能耗、高污染非必需产品的消费，提倡合理消费行为。在投资方面要把政策重点放在优化投资结构、提高投资效益上。

最后，从城乡和区域结构看，要更好统筹城乡发展，加快消除城乡协调发展的体制性障碍，促进公共资源向农村倾斜、生产要素在城乡之间自由流动，促进区域良性互动、协调发展。推进区域协调发展，要抑制区域发展差距的扩大，促进基本公共服务均等化，引导要素向回报更高的区域流动，加快培育新的增长极。在进一步完善的基础上，继续实施区域发展总体战略，使西部大开发、东北地区等老工业基地振兴、中部地区崛起、东部地区率先发展相互促进、相互支持。要加大对欠发达地区的扶持力度，促进资源枯竭地区实现经济转型。

三、深化改革是前提

理顺价格，建立能反映资源稀缺程度的价格机制，充分发挥市场在资源配置中的决定性作用。我国资源部门的市场化改革长期滞后，大部分资源、能源价格目前仍由政府制定和管制，资源价格形成机制是非市场化的，价格并不能够真实反映资源产品的价值和市场的供求状况，资源性产品价格长期偏低，且不同资源之间的市场化改革程度不同。以能源为例，原油市场价格与成品油市场价格改革不同步，造成成品油价格倒挂现象。资源方面，尽管我国的水资源严重缺乏，我国的水价仍非常便宜，北京市水价为每立方米不足6元，因此家庭每月缴纳的水费相较于其可支配收入而言微乎其微，因此浪费现象严重，水价改革迫在眉睫。但资源能源领域确实容易出现市场失灵，所以适度的政府调控是有必要的。应该将政府的行为限制在提供制度或激励性的"制度安排"上，引导人们的行为通过使外部效应内部化。通过制定鼓励节能节水政策和回收利用优惠政策，使资源环境成本比较准确地反映在产品价格中，改变"免费"使用环境资源的情况。

改革片面强调发展速度的计划经济体制。从重视发展速度向强调发展质量转变。改革开放以来中国经济高速发展，国内各地区纷纷把经济发展速度作为追求和相互攀比的目标，导致全国经济发展出现偏快的势头。经济的偏快发展，导致能源资源压力显著增加，经济结构调整和能源调整难度也越来越大。在当前经济发展偏快的状况下，必须适当降低经济发展速度，才能给经济结构调整、能源结构调整、新技术进步留出足够的时间发挥效力。如果任凭经济社会在不可持续的道路上快速前进，则其发展将偏离可持续发展目标越来越远，未来扭转的难度也越来越大。"十二五"规划将国民经济发展目标设定为7%，为转变经济发展方式提供了一个有利的宏观政策环境。

加快产权制度的改革。改革产权制度的好处主要体现在以下两个方面：在环境保护方面，如果有清晰的排污权界定，那么排污权事实上就是一种财产，这样那些没有排污权的个人或者企业就必须用金钱去购买排污权，这事实上就构成了一种成本，从而对排污行为起到抑制作用。而那些拥有排污权的个人和企业也不会任意排污，因为如果减少污染，将意味着可以将一部分排污权卖出获取收益。在资源的保护方面，清晰的产权有利于资源的保护。比如，我国大量的土地被浪费，被用于兴建楼堂馆所，之所以会出现这种情况就是因为集体土地产权不明晰，农民权益在受到侵害时无法得到应有的保护。

改革对官员政绩的评价机制。政府的活动与政绩考核息息相关，政绩考核指标在一定程度上对政府行为具有"指挥棒"的作用。首先要扩展现有的国民经济核算体系，为政绩考核提供相应的依据。现有的SNA核算体系隐含的政府服务的发展目标是经济增长，而不是经济发展，这样的国民核算体系已经不能适应"转变发展方式"的要求。而在该体系下的最重要的总量指标GDP也存在巨大缺陷：第一，它只计算当年的价值，而不计算原来的价值。以房屋为例，建成一座房屋后计入当年GDP，但若将其拆除重建，拆除重建并不扣减GDP，而拆除和重建的费用又再次计入当年的GDP，即一座房屋可以多次计入GDP。第二，它只计算人工的价值，没有计算自然的价值。最典型的例子就是原始森林。若砍伐原始森林，一片秃山的价值必然比不上原始森林，但砍伐森林却可以创造GDP。所以应该将自然损耗纳入经济核算的框架内。2006年原国家环保局和国家统计局首次发布了《中国绿色国民经济核算研究报告（2004）》，该报告中公布的绿色GDP仅仅是考虑了环境污染扣减，并没有考虑资源损耗和生态退化，而且对环境污染的扣减也并不全面，就是按照这样一个核算面非常狭窄的绿色GDP的核算结果，2004年中国环境污染损失已经占到GDP的3.05%。其中，水污染成本2862.8亿元，占55.9%；大气污染成本2198.0亿元，占42.9%；固体废物和污染事故成本57.4亿元，占1.2%（本项未包含自然资源耗减成本和环境退化成本中生态破坏成本，环境污染有20多项，但当时仅核算了10项）。而若要治理环境污染问题，则需一次性投资10800亿元，占当年GDP的6.8%，同时每年还需治理费2874亿元，占当年GDP的1.8%。可见，在绿色GDP概念的测算下，我国每年的经济增速其实并不高。因此，对官员的政绩考察应该从单一的经济指标向社会指标、环境指标拓展。

四、加强监管是保障

首先，要健全标准体系，加快节能环保技术的商业化、资源回收再利用、污染物处理等领域的标准制定，扩大强制性标准的覆盖范围，使各项工作有标可依。把资源的有效利用、生态环境保护标准作为政府实施行业进入和退出管制的主要依据。对不达标的技术和企业要严格限制进入，对在位而不达标的技术、产品和企业，则要形成有效的退出和淘汰机制，使行业标准成为政府推动产业结构调整优化升级的重要工具。积极参加国际组织节能减排、环境保护标准的制定，使国内的标准体系与国际接轨，降低国际绿色贸易壁坌对出口贸易的影响。

其次，需要重点解决长期存在的无法可依、有法不依和执法不严等问题。要抓紧制定促进节约、有效利用的法律法规。出台能源基本法和绿色采购与绿色消费、垃圾清洁处理、环境恢复与生态补偿等方面的单行法律，完善资源环境领域的法律法规体系；修订现行资源利用、清洁生产、污染治理和生态保护方面的法律法规，更好地适应新形势、新任务的要求；围绕现行法律法规的实施，完善配套规章制度，如制定政府绿色采购条例，增强政策的可操作性和针对性；下气力重点解决有法不依、执法不严问题。提高违法成本，改变守法者吃亏、违法者得益的状况。进一步明确执法主体和责任，强化问责，增强执行力。

五、循环发展是目标

转变经济发展方式，循环发展是目标，须将我国目前的"投入—生产—排放"的线性模式转变为"投入—生产—排放—再利用"或是"投入—生产—零排放"的循环模式。我们可以学习日本的循环发展模式，即减量化、再利用、零排放。减量化意味着产品轻巧，节约资源；再利用意味着回收再利用，减少浪费；零排放对于汽车产品比较困难，但可以尽量做到少排放。在治理污染方面，江苏省曾出台了一个管理办法，即"谁污染，谁出钱；谁治理，谁赚钱"。企业若对环境进行了污染，它不需要治理，但它必须为其污染缴费，之后由负责治理的企业获得这笔收益。这个办法具有可行性。因为小规模企业若对污染进行治理，成本是巨大的，因此交由专门负责治理的企业进行处理，就可以发挥它的规模优势降低成本。

建设环境友好型、资源节约型社会是转变经济发展方式的重要着力点。这一过程需要妥善处理三个关系：第一，妥善处理开源与节流的关系。长期以来，我国关注的重点是"开源"，但随着经济的发展，我们需要将目光同时转向"节流"，特别是对水资源、石油资源、煤炭资源等。在"开源"方面，我们要利用各种能循环的能源，例如风能、太阳能等。第二，妥善处理开发与保护的关系。我们的发展需要依靠开发，但同时，我们也要做到"保护"，例如原始森林、18亿亩耕地、历史文化、古建筑及非物质文化遗产等。

第三，重视物质资源与人力资源的关系。加大人力资本投入，提高劳动者素质，促进管理方式的创新。

对于发展循环模式，我们要集中解决以下几个方面的问题：第一，资源如何实现高效利用；第二，如何减少废物排放；第三，如何将所排废物重新转换为资源；第四，在所排废物无法转换为资源时，如何对其进行无害化处理；第五，如何落实严格考核追究制度。

第十一章

区域经济非均衡发展战略
——以福建省为例

第一节 非均衡发展理论概述

一、均衡与非均衡发展

区域均衡发展理论和区域非均衡发展理论是区域经济发展理论研究的两个主要观点，区域均衡发展理论基于生产要素自由流动和边际报酬递减①的假设，认为市场机制驱动的区域间要素价格的趋同会使区域差距自动消失，在产业发展方面、区域间或区域内部各地区之间可以基本保持同步与均衡发展。这种理论不能解决市场经济条件下区域间不同经济发展条件与发展水平下实现均衡发展的可能性问题。区域非均衡发展理论则认为，区域经济的发展必然伴随一个非均衡的过程，在市场机制下经济发展依赖于区域间的非均衡性，市场机制并不能使区域差距自动消失，区域经济的发展要根据非均衡

---

① 边际报酬递减：边际报酬递减又称边际收益递减，是指在其他技术水平不变的条件下，在连续等量地把一种可变要素增加到其他一种或几种数量不变的生产要素上去的过程中，当这种可变生产要素的投入量小于某一特定的值时，增加该要素投入所带来的边际产量是递增的；当这种可变要素的投入量连续增加并超过这个特定值时，增加该要素投入所带来的边际产量是递减。（边际报酬并不是一开始就是减少的，而是先增加到一个最大值然后才减少的。）

发展规律，有重点、有差异、有特点地发展，而不是平均使用力量进行发展。

二、非均衡发展理论概述

由于各国及各地区自然资源禀赋的差异性和社会资源配置的非均匀性，经济发展的区域空间差异是客观存在的。西方经济学家在研究区域经济发展规律的基础上，提出了许多有关区域经济非均衡发展的经济理论。

非均衡发展理论大体可分为两类：一类是无时间变量，主要包括循环累积因果论、不平衡增长论与产业关联论、增长极理论，中心—外围理论、梯度转移理论等；另一类是有时间变量的，主要是以倒"U"型理论为代表。

1. 冈纳·缪尔达尔的循环累积因果论

该理论认为，经济发展过程在空间上并不是同时产生和均匀扩散的，而是从一些条件较好的地区开始，一旦这些区域由于初始优势而比其他区域超前发展，靠既得优势，这些区域通过累积因果过程，不断积累有利因素继续超前发展，从而进一步强化和加剧区域间的不平衡，导致增长区域和滞后区域之间发生空间相互作用，由此产生两种相反的效应：一是回流效应，表现为各生产要素从不发达区域向发达区域流动，使区域经济差异不断扩大；二是扩散效应，表现为各生产要素从发达区域向不发达区域流动，使区域发展差异得到缩小。在市场机制的作用下，回流效应远大于扩散效应，即发达区域更发达，落后区域更落后。

2. 阿尔伯特·赫希曼的不平衡增长论

该理论认为经济进步并不同时出现在每一处，经济进步的巨大推动力将使经济增长围绕最初的出发点集中，增长极的出现必然意味着增长在区域间的不平等，这是经济增长不可避免的伴生物，是经济发展的前提条件。他提出了与回流效应和扩散效应相对应的"极化效应"[①] 和"涓滴效应"[②]。在经

---

① 极化效应：增长极的推动性产业吸引和拉动周围地区的要素和经济活动不断趋向增长极，从而加快增长极自身的成长。

② 涓滴效应：在经济发展过程中并不给予贫困阶层、弱势群体或贫困地区特别的优待，而是由优先发展起来的群体或地区通过消费、就业等方面惠及贫困阶层或地区，带动其发展和富裕，或认为政府财政津贴可经过大企业再陆续流入小企业和消费者之手，从而更好地促进经济增长。邓小平提出的"让一部分人先富起来"的改革开放政策便与涓滴效应异名同工。

济发展的初期阶段，极化效应占主导地位，因此区域差异会逐渐扩大；但从长期看，涓滴效应将缩小区域差异。

3. 佩鲁的增长极理论

佩鲁认为增长并非同时出现在各部门，而是以不同的强度首先出现在一些增长部门，然后通过不同渠道向外扩散，并对整个经济产生不同的终极影响。该理论的主要观点是，区域经济的发展主要依靠条件较好的少数地区和少数产业带动，应把少数区位条件好的地区和产业培育成经济增长极。

增长极概念有两种含义：一是在经济意义上特指少数推进型主导产业部门；二是地理意义上特指少数区位条件优越的地区。

4. 弗里德曼的中心—外围理论

在考虑区际不平衡较长期的演变趋势基础上，该理论将经济系统空间结构划分为中心（核心）和外围两部分，二者共同构成一个完整的二元空间结构。中心区发展条件较优越，经济效益较高，处于支配地位，而外围区发展条件较差，经济效益较低，处于被支配地位。因此，经济发展必然伴随着各生产要素从外围区向中心区的净转移。当经济进入持续增长阶段，随着政府政策干预，中心和外围界限会逐渐消失，经济在整体范围内实现一体化，各区域优势充分发挥，经济获得全面发展。

5. 区域经济梯度推移理论

美国专家弗农等提出该理论，认为每个国家或地区都处在一定的经济发展梯度上，世界上每出现一种新行业、新产品、新技术都会随时间推移由高梯度区向低梯度区传递。该理论认为，创新活动是决定区域发展梯度层次的决定性因素，而创新活动大都发生在高梯度地区。随着时间的推移及生命周期阶段的变化，生产活动也逐渐从高梯度地区向低梯度地区转移，而这种梯度转移过程主要是通过多层次的城市系统扩展开来的。

6. 威廉姆逊的倒"U"型理论

威廉姆逊把库兹涅茨的收入分配倒"U"型假说应用到分析区域经济发展方面，提出了区域经济差异的倒"U"型理论，即：随着国家经济发展，区域间增长差异呈倒"U"型变化。在国家经济发展的初期阶段，经济增长的同时区域差异也逐渐扩大，在经济发展的中期阶段，区域发展差异保持稳定，随着经济进入成熟增长阶段后，区域差异将随着总体经济增长而逐渐下降。

通过比较上述非均衡理论，我们可以发现一个共同的特点：当一个国家处于二元经济条件下，存在区域间的差异，这是发展中国家在发展初期的普遍现状。在经济发展的初期阶段区域发展的差异往往是扩大的，但伴随着一国或区域的总体经济的不断增长及政策的调整，区域发展的差异会逐渐缩小，当一国或区域发展进入成熟阶段后，区域间的差异会逐渐消失，该国经济结构必然会向更高层次的一元经济过渡。

三、非均衡发展理论在中国的应用

十一届三中全会后，我国开始实施改革开放政策，在此期间，邓小平指出：平衡发展战略不可能实现共同富裕，过去搞平均主义，吃"大锅饭"，实际上是"共同贫穷"。邓小平提出的"允许和鼓励部分先富、先富带后富、逐步实现共同富裕"的论断成为中国区域经济发展战略调整的指导思想，成为我国制定区域非均衡发展战略的思想基础。依据邓小平的论断，我国在对改革开放前30年的区域均衡发展战略进行反思的基础上，提出了沿海地区优先发展的区域经济非均衡发展战略。国家在投资分布和政策导向上开始向东部地区特别是沿海地区倾斜。"六五"计划指出，要"积极利用沿海地区的现有经济基础，充分发挥它们的特长，带动内地经济进一步发展。""七五"计划的建议指出，"要按照经济技术发展水平和地理位置相结合的原则，并适当考虑行政区划的完整性，将全国划分为东部、中部、西部三个经济地带"。"七五"期间中国区域经济发展布局是"要加速东部地带的发展，同时把能源、原材料建设的重点放到中部，并积极做好进一步开发西部地带的准备。"

1. 增长极理论的应用——从经济特区到沿海沿江开放城市

改革开放后我国发展经济的突破口，首先是1979年7月，中共中央、国务院正式批准广东、福建两省，在对外经济活动中实行特殊政策、灵活措施。1980年确定几个带实验性的经济特区，经济特区成功后，1984年将其扩大到14个沿海开放城市，1985年确立长三角、珠三角、闽南三角区域为沿海经济开放区，1988年确立山东半岛、辽东半岛和渤海湾半岛在内的城市为沿海经济开放区，同年又设立海南经济特区。这些特区和开放城市组成了中国沿海开放地带和工业城市群，在工业、农业、交通等方面具有领先优势。1990 年 6 月，中共中央、国务院正式批准上海市开发和开放浦东新区，实行某些经济特区的优惠政策。一条从南到北沿海岸线延伸的沿海对外开放地带由此形成。

以此为基础又开始了以长江沿线和沿海岸线为一级轴线的"北上西进"式的 T 型轴线建设，1992 年中国开放区域由沿海向内地延伸。再把这条横轴继续向西伸延，经中部深入到西部腹地，开始了以西电东送、西气东输和青藏铁路等大型项目为标志的西部大开发工程。

2. 梯度转移理论的应用——由东向西推移和西部大开发战略

由于历史、自然、社会等方面原因，我国东、中、西三大地带间客观存在着经济技术水平的发展梯度，应当让高梯度的东部地带掌握先进技术，然后逐步向梯度较低的中西部推移。这为"优先发展东部地区"的区域政策提供了理论依据。

我国区域经济结构是不平衡的，地区间客观存在着经济技术梯度，必须先发展高梯度地区，然后向二、三梯度区推移。根据这一思想，我国在"七五"时期将全国划分成东、中、西三大不同梯度的经济区，其中东部为高梯度区，中西部为低梯度区，并提出了先发展东部、后发展中部、再发展西部的发展顺序。

改革之初，邓小平指出：沿海地区要加快对外开放，使这个拥有两亿人口的广大地带较快地先发展起来，从而带动内地更好地发展，这是一个事关大局的问题。内地要顾全这个大局。反过来，发展到一定时候，又要求沿海拿出更多力量来帮助内地发展，这也是个大局，那时沿海地区也要服从这个大局。这就是著名的"两个大局"战略。"两个大局"战略是梯度转移理论在我国的具体应用。1999 年以后，以江泽民为代表的第三代领导统揽全局、审时度势地做出了加快开发西部地区的"西部大开发战略"，同时也要求东部地区要率先实现现代化。

3. 循环累积因果论的应用——非均衡协调发展

循环累积因果原理的政策主张：①经济发展初期，政府应当采用不平衡发展战略，优先发展有较强增长势头的地区，求得较好的投资回报和较快的增长速度。②经济发展到一定阶段，要防止累积性循环因果造成的贫富差距的无限制扩大。政府应主动制定一系列特殊政策来刺激落后地区的发展，以缩小地区间的差别。20 世纪 90 年代前，为适应对外开放的需要，实行的是以东部沿海地区为重点的倾斜发展战略，这一战略取得了良好的效果，东部地区积累了有利于本地区连续发展的优势因素并迅速崛起，但是，东部地区快速发展的同时，西部地区的相对劣势也不断积累。由于循环积累因果原理的作用，东西部的差距越来越大，出现了地理上的东西两元结构。

90 年代以后，以江泽民为核心的第三代领导集体不断总结经验，为解决区域经济发展失衡问题，制定了区域经济协调发展战略。1990 年 12 月党的十二届七中全会上通过的《中共中央关于制定国民经济和社会发展十年规划和"八五"计划的建议》中就提出各地区要优势互补、统筹规划、协调发展。1996 年 3 月八届人大四次会议通过的《国民经济和社会发展"九五"计划和 2010 年远景目标》纲要中专门设置了"促进区域经济协调发展"一章，比较系统地论述了区域经济协调发展战略。十六届三中全会又将区域经济协调发展战略进一步深化，指出："要加强对区域发展的协调和指导，积极推进西部大开发，有效发挥中部地区综合优势，支持中西部地区加快改革发展，振兴东北地区等老工业基地，鼓励东部有条件地区率先基本实现现代化。"实施西部大开发、振兴东北老工业基地、东部沿海地区继续发展这三大战略，构成了我国现阶段区域经济协调发展战略的整体。

第二节　福建省情及区域发展条件

一、福建省情

福建省位于中国东南沿海，东北与浙江省毗邻，西、西北与江西接界，西南与广东省相连，东隔台湾海峡与台湾岛相望。

福建依山傍海，九成陆地面积为丘陵地带，被称为"八山一水一分田"。福建省全省森林覆盖率全国第一，2015 年福建省全省森林覆盖率已高达

65.95%；福建海岸曲折，陆地海岸线长达 3324 公里，居全国第二位。

福建陆域面积 12.14 万平方公里。辖 1 个副省级市、8 个地级市、1 个综合实验区、84 个县市区（8 个县进入全国百强县：晋江市、福清市、惠安市、石狮市、南安市、长乐市、龙海市和闽侯县）。

二、福建区域经济发展条件

1. 福建区域发展的有利条件

（1）海洋资源优势。

福建海港资源丰富，包括沿海六大深水港湾：三都澳、罗源湾、兴化湾、湄洲湾、厦门湾、东山湾及大型深水港的岸线、陆域、海域等控制区域。六大深水港湾的产业发展布局：三都澳重点发展综合物流、造船业、电力等产业，争取发展冶金、石化产业；罗源湾重点发展干散货集中基地，争取发展机械产业；兴化湾重点发展物流、机械等产业，争取发展冶金产业；湄洲湾重点发展液体散货中转基地、石化、LNG、船舶修造、木材加工等产业；厦门湾塔角规划为厦门港的大型散货作业区；东山湾重点发展散货物流基地，争取发展石化等产业。

海洋生物资源丰富，由于福建地处亚热带，海洋给福建带来了丰富的海产资源。全省海域面积 13.6 万平方公里，比陆地面积还大 12.4%；全省近海渔场面积 12.5 万平方公里，其中适合发展海水养殖的浅海滩涂面积达 300多万亩，人均可养海面是全国人均的 21 倍。这些条件使福建成为中国的水产大省，目前全省水产品产量、人均水产品占有量、鱼虾贝藻的种类和数量均位居全国前列。

全省的海洋矿产资源、海洋能资源等也十分丰富，全省沿海可利用的潮水面积约 3000 多平方公里，可开发的潮汐能蕴藏量在 1000 万千瓦以上，年可发电量约 280 亿千瓦时，占全国的 49%，为国内潮汐能最丰富的省份之一。

（2）淡水资源优势。

福建水力资源和淡水资源丰富。福建河流众多，共有 29 个水系、664 条河流，内河总长度达 1.36 万公里，较大的有闽江、九龙江、晋江、汀江和木兰溪等 12 条大江，河网密度之大，全国少见。福建地处丰水带，地表水资源总量 1168.7 亿立方米，居全国第 7 位；人均水资源约为 4400 立方米，是全国人均水资源的 1.7 倍。

福建地下水资源也很丰富，已发现的温泉有 100 多处。

（3）森林资源优势。

福建全省森林面积 750 万顷，森林覆盖率达 65.95%，居全国第一位（台湾除外）；人均森林面积 0.22 公顷，是全国人均森林面积的 2 倍多。福建的植物种类达 3000 多种，林种以用材林为主，有松、杉、毛竹等竹木 1000 多种，山林、药材资源丰富。

（4）华侨资源优势。

福建是我国著名的侨乡和台胞祖籍地。闽籍华人、华侨达 1100 万人；在港澳地区的闽省乡亲约 123 万人，旅外闽籍华侨华人分布在全世界 160 多个国家和地区。

港澳同胞有 120 多万人祖籍在福建，台湾同胞中 80% 以上祖籍在福建。这些对福建的对外开放、发展外向型经济及加强与"三胞"联系十分有利。

（5）文化优势。

福建在长期的历史发展过程和独特的地域条件下，形成了古朴的民风、多彩的民俗。此外，戏曲文化、闽学文化、古越文化、饮食文化、茶文化等在国内都有一定的知名度。武夷山世界文化与自然遗产、厦门鼓浪屿风光、福建土楼（客家文化）、泉州海上丝绸之路、妈祖文化等都形成了独特的文化优势。

（6）对台优势。

面对台湾海峡，福建与台湾一水之隔，相距最近。福建与台湾具有五缘优势。闽台五缘是指地缘、法缘、商缘、文缘、血缘。地缘相近。福建是大陆距离台湾最近的省份。目前，两门（厦门—金门）、两马（福州马尾—马祖）、泉金（泉州—金门）三条直接往来航线已经成为海峡两岸最便捷的通道。法缘相循。从宋朝在台湾设立行政机构到 1885 年台湾单独建省之前，台湾一直归福建管辖，1885 年台湾建省，仍称"福建台湾省"，依然同福建保持着教育、行政、财政等方面的关系。商缘相连。闽台商贸往来历来密切，即便在 20 世纪六七十年代，也是"人不通船通，商不通货通"。文缘相承。闽南文化、客家文化、妈祖文化等在台湾有着广泛影响，每年有大批台湾同胞来闽朝拜祈福、寻根谒祖。血缘相亲。台湾80%的民众祖籍福建。闽籍移民到台湾后，通过修族谱、建宗祠、以祖籍地名作为在台定居的名称等方式激励子孙勿忘故土。相对于整个中华民族，台湾对福建有更多的归属感和认同感。这些优势有利于吸引台商投资和承接台湾产业转移。2008年台湾地区领导人马英九上台，台湾局势发生了重大和积极的变化，两岸关系得到改善和发展。

（7）最早开放的省份。

福建是中央赋予"特殊政策、灵活措施"，在全国率先实行对外开放的省份。随着中国对外开放的逐步启动，1980年中央决定在厦门试办经济特区，1984年中央决定将福州列入首批沿海港口开放城市，并设立经济技术开发区，实行经济特区的某些政策；1985年中央又决定将闽南厦（门）漳（州）泉（州）三角地区11个县（市、区）开辟为沿海经济开放区；1988年又先后批准福建沿海21个县（市、区）为沿海经济开放区，批准石狮由镇升格为市，使福建开放区的范围扩大到33个县（市、区）。2014年国务院批准成立中国（福建）自由贸易区，2015年中央又确定福建为"一带一路"海上丝绸之路核心区。福建以此为契机，从省情出发，运用中央赋予的特殊政策，对内改革促进对外开放开发，大力发展外向型经济。

（8）海西战略上升为国家战略。

2009年国务院出台了《关于支持福建省加快建设海峡西岸经济区的若干意见》，这标志着中央已从全国的战略高度来谋划海西的整体发展，是对福建省建设海西的全面肯定和有力支持，有力提升了福建在全国经济发展布局中的地位和作用。

2. 福建区域发展的约束条件

（1）因台海关系经常紧张，工业基础相对薄弱。由于海峡两岸军事与政治的对峙，福建长期作为沿海地区的海防前线，全省经济发展服从战略防御的宏观政策，在改革开放之前的30年，国家对福建的投资较少，仅在福建西北山区进行部分工业布局，这期间使福建整体经济实力在全国的比重明显下降，1978年福建人均国民生产总值在全国仅列第22位。

（2）山区多平原少、经济腹地狭小。福建是一个多山的省份，素有"八山一水一分田"之称，全省海拔80米以上的丘陵和山地占全省土地面积的89.3%，海拔80米以下的平原台地占总面积的10%以上。平原主要分布在沿海地区，较大的有漳州平原、福州平原、兴化平原和泉州平原等四大平原。同相邻的珠三角、长三角相比，缺少广阔的经济腹地，产业支撑能力薄弱。珠三角背靠港澳，长三角依托上海、江浙，二者前后左右均可辐射千里。反观福建，山多平原少的地理特征造成的封闭状态限制了经济的辐射范围，使福州、厦门、泉州城市难以起到经济"火车头"的作用。而福建省内业已存在的城乡差距、山海差距等问题，也严重阻碍着内陆城市对中心城市经济辐射的接收，因此在经济发展中也应当重视并大力解决这些问题。沿海各省平原面积对比如表 11 - 1 所示。

表 11 - 1　　　　　　　　　　沿海各省平原面积对比　　　　　　　单位：万平方公里

沿海省份	平原面积
福建	1.0
广东	3.9
浙江	2.2
江苏	7
山东	8.6
辽宁	4.82

　　（3）基础设施薄弱，交通相对落后。福建自古便有"闽道更比蜀道难"之说，连绵不绝的崇山峻岭决定了在福建省发展基础设施和交通网络的成本十分昂贵（交通的投资成本大约是山东、河北、河南等平原省份的 3～4 倍），这在很大程度上限制了交通的发展，成为阻隔福建与中原联系以及福建内部交往的屏障，从而制约了福建省区域经济发展。另外，多山导致福建的河流都属于短小山地型，不但航运价值不高，而且下游没有大规模的冲积平原，使得经济腹地狭小，直接制约了沿海港口城市的发展。长期以来，由于福建道路交通建设的相对滞后，导致省内一直未形成能够在区域乃至全国范围内具有一定地位的交通枢纽，难以形成交通运输的规模优势以及对省外物流的吸引力。近年来，福建省同步推进铁路、公路、港口建设，交通发展迅速。从 2009 年开始，福建高速公路平均年投资达 300 亿元以上，加快形成涵盖整个全省经济发展的"半日交通经济辐射圈"；同时，平均每年交付一条高等级铁路新线，2012 年，沿海已形成 3 个亿吨大港，港口经济在海西建

设和两岸"三通"中的支撑和平台作用更加凸显。截止到 2015 年，全省已建成 5000 公里的高速公路和近 4000 公里的铁路网。到 2020 年，将形成长达 7000 公里的高速公路和 5000 公里的现代化铁路网，一跃成为东南沿海铁路枢纽。

（4）自然资源相对贫乏。已探明福建自然资源储量并列入储量表的矿产 106 种（含亚矿种），其中：能源矿产 3 种，金属矿产 34 种，非金属矿产 67 种，水气矿产 2 种。高岭土、水泥石灰岩、花岗石材、明矾石、叶蜡石、硫等矿产储量也较大。石英砂储量、质量冠于全国。但已探明的福建矿产资源特点可归纳为"三多、三少、一集中"，即非金属矿产多，金属矿产伴（共）生组分多，贫矿多；金属矿产规模达大型、特大型的矿床少，富矿少，能源矿种少；主要矿产相对集中分布。

（5）长三角与珠三角两大经济圈的南北挤压。南北两大经济圈的"极化"效应不断放大的过程中，从外围圈层吸引走的产业与资本将会大于从核心圈层外溢出的产业与资本，原先投向福建的外资将会随着"路径逆转"而流向长三角与珠三角两大经济圈，使得处于夹缝中的福建发展呈现出落后之势，区域经济发展面临严峻的问题和挑战。即便是福建最大的对台优势，也未得到充分利用，台资"北上南下"却跳过了福建，2012 年，福建省实际利用台资只占全国 1/5 左右，仍然落在广东、江苏等省后头。作者对海峡两岸产业转移效应的评价研究表明，福建在承接台湾产业转移上具有独特的区位优势，但与广东、江苏相比，产业转移效应明显不足。虽然在环境效益上优于江苏，劳动力整合方面与广东、江苏的差距也不大，但在产业结构优化和产业关联发展方面落后很多，甚至被山东逼近。[①]

（6）中心城市发展滞后，对外辐射能力不强。福建省的大城市数量少，规模偏小，经济实力不强。从数量上看，福建省的大城市在城市总数中的比重偏低。福建省的 23 个城市中，大城市以上城市仅 2 个（福州与厦门），只占 8.7%。而邻近的江苏省 10 个、安徽省 5 个、广东省 5 个，分别占其城市总数的 24.4%、22.7%、9.6%。从非农业人口规模看，福州在全国 26 个省会（不包括 4 个直辖市和拉萨）中居第 20 位，厦门市在 15 个副省级城市中居末位；从建成区面积看，福州在全国 26 个省会中居第 22 位，厦门市在 15 个副省级城

[①] 安增军、杨敏：《海峡两岸产业转移效应的评价与产业优化研究》，厦门大学出版社 2015 年版，第 167～169 页。

市中居第 14 位；从经济实力上看，厦门、福州和泉州这三个公认的海峡西岸中心城市的经济实力都偏小，这些都制约了这三大城市的对外辐射能力。

第三节　福建经济发展非均衡状况分析

一、福建经济区域的划分

从福建区域经济研究文献来看，对福建区域划分主要有两类。

第一类是将福建省划分为沿海和内陆两个经济区域，沿海区域包括闽东南的福州、厦门、泉州、莆田和漳州，内陆区域主要包括闽西北的南平、三明、龙岩和宁德。宁德市虽然位于沿海地区，但其大部分区域地处山区，其自然地理特征给经济发展带来了巨大障碍，发展水平与沿海地带其他各市差距较大，因此将其归入了内陆地带。

第二类是将 9 个地市划分为闽东南（福州市、莆田市、泉州市、厦门市、漳州市）、闽北（宁德市、南平市）和闽西（三明市、龙岩市）三大经济区域。

第一类划分方法相对简单，但也基本上反映了福建省的地带性差异，第二类划分方法较细，在某种程度上更能体现出近年来福建省经济空间集中与扩散的态势。本书采用第一类区域划分法，主要理由有：一是地理位置的邻近性和经济发展水平的接近性；二是符合长期以来福建经济建设中"山海两线"的普遍认同。

二、福建区域非均衡发展的表现

自改革开放以来，福建省沿海和内陆山区都取得了长足的发展，尤其是改革开放以后。但在纵向发展的同时，各个地区的横向发展是不同步的，存在着发展水平上的差异。本书将主要使用人均地区生产总值与人口数指标分析福建省区域经济的发展差异。

1. 福建省生产总值变化情况

福建省经济发展在 1978～1991 年间属于改革开放初期探索阶段，经济总体一直保持平缓的发展速度；而从 1992 年开始即邓小平同志"南方谈话"之后，福建省人均生产总值有了长足的发展，经济总体持续保持高速的增长势头，呈指数级发展。自改革开放以来，福建省人均 GDP 由 1978 年的 273 元增长到 2012 年的 52763 元，增长了 193 倍，年均增长 16.7%。福建省 1978～2012 年人均 GDP 变化情况如图 11－1 所示。

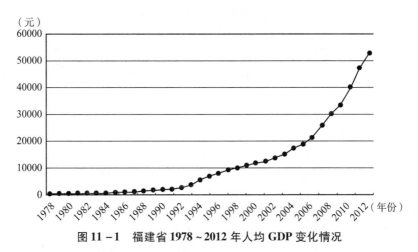

图 11－1　福建省 1978～2012 年人均 GDP 变化情况

虽然福建省经济总体发展趋势良好，但各个地区之间的发展也是极不平衡的。人均 GDP 增长率较快的地区主要分布在闽东南沿海地区，闽西北山区则相对缓慢。

2. 福建沿海与内陆山区人均 GDP 发展差异比较

由于"小三线"建设时期①，在福建内陆山区兴建的一大批重点、骨干企业，山区经济发展比沿海地区有更扎实的工业基础，同时改革开放初期，

---

① 1964～1980 年，主要涉及中国中西部 13 个省区进行了一场以战备为指导思想的大规模国防、科技、工业和交通基本设施建设，史称三线建设。所谓三线，一般是指当时经济相对发达且处于国防前线的沿边沿海地区向内地收缩划分三道线。一线地区指位于沿边沿海的前线地区；二线地区指一线地区与京广铁路之间的安徽、江西及河北、河南、湖北、湖南四省的东半部；三线地区指长城以南、广东韶关以北、甘肃乌鞘岭以东、京广铁路以西，主要包括四川（含重庆）、贵州、云南、陕西、甘肃、宁夏、青海等中西部省区和山西、河北、河南、湖南、湖北、广西、广东等省区的后方腹地部分，其中西南的川、贵、云和西北的陕、甘、宁、青俗称为"大三线"，一、二线地区的腹地俗称为"小三线"。

福建实施"大念山海经战略",山区的发展与沿海地区的发展速度并没有很大的拉开。但随着改革开放的深入,特别是1992年邓小平"南方谈话"后,全国掀起全方位更深入的改革开放,福建提出了"以厦门经济特区为龙头,加快闽东南开放与升级"的发展思路。沿海地区人均GDP增长开始快于内陆山区。1978~2012年福建东南沿海各地市和西北山区各地市人均GDP如表11-2所示。

表11-2　　　　　　　福建东南沿海各地市和西北山区各地市
人均GDP比较 (1978~2012)　　　　　　　　单位:元

年份	福建	福州	厦门	莆田	泉州	漳州	东南沿海	南平	龙岩	宁德	三明	西北山区
1978	273	293	528	197	171	261	290	353	245	219	405	305.5
1979	300	340	576	221	200	296	326.6	401	271	241	460	343.25
1980	348	406	685	259	264	332	389.2	451	323	267	539	395
1981	416	451	779	254	279	391	430.8	491	361	290	573	428.75
1982	457	510	894	267	300	435	481.2	550	385	322	645	475.5
1983	487	565	956	269	339	455	516.8	614	397	362	688	515.25
1984	591	679	1222	423	416	528	653.6	677	503	407	795	595.5
1985	737	817	1761	565	493	602	847.6	808	627	462	1006	725.75
1986	809	910	1995	613	552	671	948.2	885	722	480	1133	805
1987	999	1069	2362	758	667	790	1129.2	1043	892	575	1410	980
1988	1349	1453	3286	915	875	1059	1517.6	1304	1166	738	1887	1273.8
1989	1589	1838	4314	1032	974	1244	1880.4	1545	1395	856	2262	1514.5
1990	1763	1936	5044	1064	1088	1292	2084.8	1715	1451	993	2335	1623.5
1991	2041	2190	6262	1282	1247	1510	2498.2	1913	1618	1119	2589	1809.8
1992	2557	2739	8594	1545	2131	1902	3382.2	2274	1974	1365	3034	2161.8
1993	3633	4671	10945	2234	3876	2563	4857.8	3136	2816	1929	4420	3075.3
1994	5355	6659	14964	3326	6294	3785	7005.6	4298	3781	2851	6226	4289
1995	6787	8820	19742	4444	8359	5225	9318	5251	4604	3894	6714	5115.8
1996	7990	11011	23240	4361	9880	6311	10961	5900	5374	4464	7156	5723.5
1997	9179	13019	27324	4361	11514	7188	12681	6529	6058	5166	7796	6387.3
1998	10066	14828	30596	5277	13225	8249	14435	6287	6708	5673	8289	6739.3
1999	10797	16119	33389	5739	14485	9048	15756	6571	7326	5914	8766	7144.3
2000	11601	16990	38021	6354	15907	9995	17453	6999	7736	6372	9285	7598

续表

年份	福建	福州	厦门	莆田	泉州	漳州	东南沿海	南平	龙岩	宁德	三明	西北山区
2001	12362	18034	41111	6943	16320	10949	18671	7541	8154	6862	9876	8108.3
2002	13497	19387	47270	7708	16650	11749	20553	8368	9550	7483	10942	9085.8
2003	14953	20520	35009	9487	18414	12973	19281	9882	10823	8921	12237	10466
2004	17218	23444	40147	11112	21260	15058	22204	11209	12792	10166	14307	12119
2005	18646	22301	44737	12854	21427	13402	22944	12083	14105	11266	14909	13091
2006	21105	25874	50130	15051	24847	15221	26225	13652	16394	12611	17181	14960
2007	25908	29515	56188	18133	29601	18072	30302	16201	20088	15023	20749	18015
2008	30217	33789	64203	21553	34952	21139	35127	19414	24379	17792	25455	21760
2009	33437	36851	64413	24271	38368	23064	37393	21439	26971	19889	26000	23575
2010	40025	44923	68215	26614	45353	28216	42664	23000	35792	22660	36469	29480
2011	47377	52716	72175	38154	52780	36882	50541	34021	49441	33226	49409	41524
2012	52763	58587	78712	43111	57369	41322	55820	37614	53711	38082	53506	45728

　　由表 11 - 2 可以看出，1993 年前，沿海地区泉州市人均 GDP 一直落后内陆山区三明市。但从 1994 年开始，沿海地区泉州市人均 GDP 从此超越内陆山区三明市。如图 11 - 2 所示，1992 年之后，东南沿海地区与西北山区人均 GDP 开始拉开差距（两条趋势线开始发散）。1992 ~ 2002 年沿海地区人均 GDP 年均增长率为 20%，西北山区人均 GDP 年均增长率为 13%，2003 年之后东南沿海地区与西北山区人均 GDP 开始收窄（两条趋势线开始收敛）。

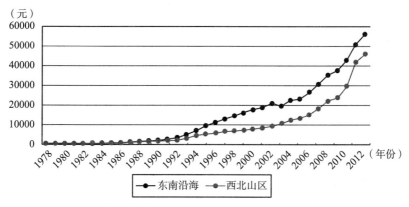

图 11 - 2　福建省沿海地区与山区人均 GDP 发展比较（1978 ~ 2012 年）

3. 福建沿海与内陆山区相对差异指数比较

在国内外区域经济的相关文献中，用于衡量区域经济发展绝对差异的指标有极差、平均差和标准差等，衡量区域经济发展相对差异的指标有极比、变异系数、基尼系数、泰尔指数等。

加权标准差是把区域内各个地区平均值与区域总体平均值的离差取平方，并考虑区域内不同地区人口权重这一影响因素，最终结果反映区域内各地区经济发展水平与区域总体平均水平差异的一项重要指标，能比较合理地反映区域经济发展的绝对差异。变异系数是所有距离平均值的离差，它在很大程度上能够反映区域经济发展差异的程度和分布特征，可以用于区域经济发展差异的分析。本书采用加权标准差（SD_w）、加权变异系数（V_w）来分析福建区域经济发展差异。福建省 1978 ~ 2012 年人均 GDP 标准差、变异系数如表 11 - 3 所示。

$$SD_w = \sqrt{\sum_{i=1}^{n} \frac{p_i}{p}(x_i - \bar{x})^2} \qquad V_w = \frac{1}{\bar{x}} \sqrt{\sum_{i=1}^{n} \frac{p_i}{p}(x_i - \bar{x})^2}$$

其中，x_i 为 i 地区的人均 GDP，$\bar{x}$ 为福建省的人均 GDP，p_i 为 i 地区的人口数，p 为福建省总的人口数。

表 11 -3　　　福建省 1978 ~ 2012 年人均 GDP 标准差、变异系数

年份	标准差	变异系数
1978	22.51	0.08
1979	32.22	0.11
1980	42.93	0.12
1981	14.25	0.03
1982	22.73	0.05
1983	29.37	0.06
1984	53.02	0.09
1985	93.78	0.13
1986	117.81	0.15
1987	110.64	0.11
1988	148.19	0.11
1989	249.75	0.16
1990	282.26	0.16

续表

年份	标准差	变异系数
1991	406.02	0.20
1992	729.34	0.29
1993	1078.17	0.30
1994	1507.80	0.28
1995	2319.46	0.34
1996	2788.77	0.35
1997	3315.94	0.36
1998	4100.03	0.41
1999	4625.68	0.43
2000	5392.05	0.46
2001	5800.15	0.47
2002	6416.54	0.48
2003	4373.53	0.29
2004	5018.64	0.29
2005	4689.59	0.25
2006	5430.70	0.26
2007	5613.79	0.22
2008	6129.82	0.20
2009	6231.42	0.19
2010	6046.96	0.15
2011	4110.74	0.09
2012	4554.84	0.09

　　按照前面介绍的区域经济发展差异的测度方法，以1978～2012年福建省各地市的人均GDP为测度区域经济发展差异的指标，计算所得的加权标准差（以下简称"标准差"）、加权变异系数（以下简称"变异系数"）、变化趋势基本一致，呈持续上升的增长趋势，但在2003年都有一个较为明显的下降，随后呈现下降趋势。表明改革开放以来福建省区域经济总体差异开始是呈现明显的扩大趋势，但近10年区域间经济差异有缩小趋势，如图11-3、图11-4所示。

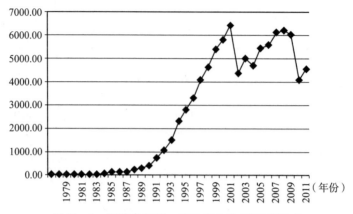

图 11 - 3 福建省 1978 ~ 2012 年人均 GDP 标准差

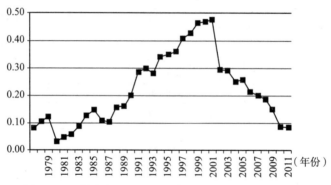

图 11 - 4 福建省 1978 ~ 2012 年人均 GDP 加权变异系数

三、福建区域非均衡发展的原因

1. 地理环境差异

地理环境是区域经济活动赖以进行的物质基础，它影响区域的生产交通状况，影响区域自然资源属性，进而影响着产业结构和区域整体开发水平的高低。

闽西北山区多山地形使得内陆山区交通十分不便，与外界的交往困难，市场信息不灵，导致资金缺乏，技术落后，人才匮乏，由于生产和交通条件的不利因素，影响了内陆地区丰富矿产资源和林业资源的开发，资源无法成为经济增长优势。

闽东南沿海地区地处南亚热带，自然条件优越。依山傍海，海岸线长，有可依靠的临港和海洋资源。同时拥有福州港、厦门港、泉州港及其湄州湾港等大型港口，对外交往贸易十分便利。同时，漳州平原、福州平原、泉州平原和兴化平原四大平原均分布在东南沿海地区，平原是易形成人口和城镇集中分布区，综合交通基础设施较完善，经济辐射容易，发展步伐快。

2. 人文条件的差异

各区域经济发展不平衡，与人的价值观念、人所受的文化熏陶、行为方式、道德准则、宗教信仰、心理特征等人文条件有着密切的关系。人文条件是一种长期的文化沉淀。

闽东南区域地处沿海，与外界交往频繁，自古就有到海外谋生的传统，富有敢闯敢干精神，使得人们的商品经济意识较浓，竞争意识强烈。同时闽东南区毗邻港澳台，具有明显的区位和人文优势，信息和对外联系渠道较为广阔通畅。

内陆山区交通闭塞，与外界交流较少，长期自给自足的自然经济，形成了比较浓厚的小农意识，普遍存在思想观念保守、缺乏冒险创新意识、市场意识淡薄、地方保护主义严重、安于现状等特点。

3. 经济政策环境的差异

国家的经济政策的差异会给区域带来不同的发展机遇，从而造成各区域之间经济发展速度上的差异。改革开放以后沿海地区实行"特殊政策、灵活措施"，沿海地区从"海防前线"变成为"对外开放"的前沿，先后设立了经济特区，沿海开放城市，台商投资区，经济技术开发区，保税区，高新科技开发园区，沿海各县市均为国务院批准的经济开放区，成为我国对外开放时间最早、开放程度最高、开放层次最多的地区之一。不仅获得国家的大量投资，更由于各种优惠政策引进了大量外资、国外先进技术和管理技术，大大促进地区的发展。

相比之下，内陆地区对外开放则比沿海地区晚得多，各种类型的开放开发区数量少、档次低，较难获得资金和先进技术投入。

4. 产业结构的差异

区域经济发展的本质特征是产业结构由简单到复杂、由低级到高级的不断升级演进的过程，产业结构是否合理是区域经济健康发展的重要影响因素。东部沿海地区由于临海的优越条件，历史上就充分利用发挥临海临港优势，发展外向型经济和贸易加工服务业；外资企业、私营和个体经济活跃，沿海地区经济结构合理，第二和第三产业已成为地区的支柱产业。闽西北区由于地理及投资环境较差，经济结构调整滞后于闽东南区，内陆山区国有经济结构转换缓慢而艰难，山区"三资企业"和乡镇企业的发展速度也远远落后于沿海地区。内陆山区第一产业比重都过高，第二和第三产业未能获得全面支持和发展，造成这些地区经济发展的长期落后。福建省各设区市2012年三次产业产值所占比重如表11-4所示。

表11-4　　　　　　　福建省各设区市的三次产业占比（2012年）　　　　单位：%

地区	第一产业	第二产业	第三产业
福建	9.02	51.71	39.27
福州	8.73	45.25	46.02
厦门	0.90	48.45	50.65
泉州	3.41	61.46	35.12
莆田	8.93	57.45	33.61
漳州	15.92	47.75	36.33
南平	23.56	42.61	33.83
宁德	18.73	47.65	33.63
龙岩	11.94	55.43	32.63
三明	15.81	50.78	33.41

5. 人才基础的差异

人才是区域经济发展的重要基础。首先，闽东南地区是我国著名的侨乡，1千多万侨胞分布在世界176个国家和地区，在这些闽籍华人华侨和港澳台同胞中又约有80%祖籍为闽东南地区，其中泉州、漳州、福州、厦门是全省最主要的集中地。改革开放以来，他们出于乡情和对祖籍地的亲缘关系，纷纷回乡投资办厂，资助祖籍地的经济和社会发展，为闽东南区域经济繁荣做出重要的贡献。其次，由于教育基础投入和经济发展不平衡，人才的区域配置也不平衡，突出表现在有限的人才资源集中分布在闽东南地区，科技人员和高等院校数量分别占全省的70%和80%，其中又以厦门和福州两地最为集中。由于闽东南地区拥有众多的就业机会，较高的收入，良好的服务设施，吸引了闽西北甚至我国其他地区的大量人口流向闽东南地区。而闽西北地区却由于高素质人才的严重外流，使原本的人才短缺态势日趋恶化，削弱了科技和经济发展的后劲。

6. 交通条件的差异

交通运输是各地区间实现有效经济联系的纽带，是区域经济发展的大动脉，交通运输条件可以直接反映区域间的联系程度和可达性，是区域经济差异形成的重要因素。公路铁路方面，闽东南地区公路网四通八达，早期开通的福、泉、厦、漳高速公路全部位于闽东南地区，从公路网的密度来看，闽东南地区高于内陆山区；就机场而言，闽东南地区拥有福州长乐、厦门高崎两个4D级国际机场和晋江青阳一个4C级支线机场，而内陆山区仅有武夷山和连城冠豸山两个4C级机场；港口方面，闽东南地区已建成深水港口五个，而西北内陆山区仅宁德建成深水港一个，且福州、厦门、泉州三个港口集装箱的吞吐量占到全省的98.81%，远超内陆山区。

第四节　福建非均衡发展战略

一、经济发展战略含义及内容

1. 经济发展战略的含义

经济发展战略（economic development strategy）是指关于经济发展中带有全局性、长远性、根本性的总的构想，在一定时期内，国家关于国民经济发展的基本思想及其为此而实施的总体规划和方针政策。经济发展战略是一个地区以未来为重点，为赢得持久竞争优势而做出的事关全局的重大筹划和谋略。

2. 经济发展战略的内容

经济发展战略通常包括三个基本组成部分：

（1）制定战略的实际依据和理论依据。要考虑本国的经济、社会、科学技术、教育、文化等的历史和现状，并明确所遵循的基本指导思想和重要指导原则。

（2）提出在一定时期内拟实现的综合的、概括的总体目标和在某些方面比较具体的目标。

（3）提出实现战略目标的途径和手段。包括战略重点、实施步骤、力量部署、重大的政策措施等。经济发展战略有不同层次和不同范围，一个国家、一个部门、一个地区、一个企业，都可有自己的经济发展战略。下一层次或较小范围的经济发展战略，是上一层次或较大范围的经济发展战略的组成部分。其中，最重要的是全国性的宏观经济发展战略。

二、福建历届政府区域非均衡发展战略的演变

改革开放以来，为抓住难得的发展机遇，尽快扩大经济总量，提高综合实力，福建省在区域发展上实行了非均衡发展战略，鼓励有条件的地区优先加快发展。福建省沿海大部分地区充分利用其具有的区位优势和对外开放的政策优势，大力发展外向型经济，经济社会发展明显快于其他地区。但非均衡发展中也造成了山区与沿海地区之间的差距，影响了福建区域经济和综合竞争力的进一步提高。因此，福建省政府在坚持非均衡发展战略的同时，也坚持"山海协作"协调发展战略；在非均衡发展中把重点发展和协调发展结合起来，以非均衡协调发展战略推动福建省区域经济的发展。

（1）发展起步阶段（1979～1991年）——大念"山海经"和沿海经济发展战略。

这一时期的福建省非均衡发展战略特点是由中央政府对外开放政策推动的。在改革开放初期，各省都在摸着石头过河，除了广东省外，改革步子都迈得比较小，一段时间还在延续改革开放前均衡发展战略。1981年福建省提出"大念山海经、建设八大基地"战略，以改革开放促进山海资源的共同开发，作为振兴福建经济的发展战略。这种山海资源同时开发体现出改革开放初期福建均衡发展战略思想。

但国家在这阶段以沿海地区对外开放的非均衡发展战略已影响到福建的

"大念山海经"区域发展战略的重点。中央于 1980 年设立厦门经济特区，1984 年又设立福州为 14 个沿海开放城市之一，1985 年设立福州经济技术开发区，开辟闽南厦漳泉三角为沿海开放区。福建发展战略已从均衡的发展战略向非均衡发展战略转变。1986 年 12 月 24 日，省委第四届第四次全体会议通过了中共福建省委关于加快开放、改革步伐，大力发展外向型经济的决议。1986 年福建省开始全面实施沿海经济发展战略，把率先对外开放的闽东南地区作为全省经济发展的重点地区，以此带动山区的扶贫开发。1989～1991 年，提出"网开一面、加快外向型经济发展"的发展策略。1989 年福建适时提出并经国务院批准设立厦门海沧、杏林、福州马尾台商投资区，使全省在对外开放、吸引外资，特别是在吸引台资上形成新的热点。

在这一个阶段，福建的区域经济发展战略主要表现为政策向沿海地区倾斜，闽东南沿海地区的开发开放是福建区域经济发展的重点，西北山区成为经济发展的次区域。

（2）深化开放阶段（1992～2003 年）——加快闽东南开放与升级，"山海协作"联动发展，建成海峡西岸繁荣带。

1992 年初，福建省委、省政府进一步确定了"南北拓展，中部开花，连片开发，山海协作，共同发展"的战略。但在 1992 年邓小平"南方谈话"后，全国掀起了新一轮改革开放的高潮。1995 年，福建提出了"以厦门经济特区为龙头，加快闽东南开放与升级，内地山区迅速崛起，山海协作联动发展，建成海峡西岸繁荣带，积极参与全国分工，加速与国际经济接轨"的发展思路。

随着闽东南沿海地区开发开放的升级，沿海地区得到迅猛发展。这时期山海之间的经济差距不断拉大，制约和阻碍了福建省整体经济的快速发展，并产生了一些生态和社会的问题，因此，福建省在这一时期，开始调整经济建设的战略，开始实施区域经济协调发展的战略。2001 年省第七次党代会提出构建三条战略通道和三个层面发展战略构想，三条战略通道即拓宽"山海协作"通道、对内连接通道和对外开放通道。"九个设区市的发展按三个层面同时推进。福州、厦门、泉州、漳州四市发展相对较快，要向更高水平迈进，尤其要进一步发挥厦门经济特区的龙头作用和福州省会城市的带动功能。莆田、宁德两市要充分发挥自身优势，扩大开放，壮大经济实力，努力与福厦漳泉连成一线，形成沿海连片繁荣。南平、三明、龙岩三市要加快开放、开发步伐，对接沿海，辐射边界，拓展我省腹地。"三个层面区域发展思路既是对过去地区经济发展思路的总结，又结合新的形势进行了必要的创新，是21世纪初福建省区域经济发展的指导方针，对全省区域经济联动发展产生深远的影响。

（3）整体提高阶段（2004年至今）——建设海峡西岸经济区发展战略。

珠三角和长三角南北两大经济圈的"极化"效应不断放大的过程，使得处于夹缝中的福建发展呈现出落后之势，区域经济发展面临严峻的问题和挑战，同时也为进一步推动福建区域经济进一步深化改革和开放提供了契机。2004年初，福建省十届人大二次会议提出"建设对外开放、协调发展、全面繁荣的海峡西岸经济区"的战略构想；提出要实现速度、质量、效益进一步协调，消费、投资、出口进一步协调，人口、资源、环境进一步协调的要求；并提出了3个发展目标——构建开放型经济发展新格局，开创统筹协调发展新局面，实现经济社会全面繁荣新成就。

三、非均衡协调发展战略的效应分析

（1）促进了东部沿海地区利用原有基础、区位优势、人文优势和政策优势，以"排头兵"的姿态进入了经济高速增长的轨道，为福建省整体经济积累了产业、财政和技术基础。

（2）非均衡的区域产业政策促进了福建省产业区域布局的合理化，同时东部作为区域经济"增长极"的地位已经凸显出来，并对周边区域经济起到辐射和带动作用。

（3）福建东南部地区经济的高速发展形成对西北部的示范效应与激励效应，也促进了生产要素的合理流动和优化配置，促进了西北部区域经济的发展。

第五节　福建经济发展的战略转型

经过改革开放30年的发展，福建已形成了发挥闽东南地区优势的"山海

联动"非均衡协调发展格局，即以福州和厦漳泉沿海中心城市为龙头，带动宁德、三明、南平、龙岩等山区城市的快速发展。从大念"山海经"促进"山海协作"到建设"闽南金三角"，从发挥闽东南地区优势到建设海峡西岸繁荣带，从构建"三条战略通道"到建设海峡西岸经济区……福建省大部分地区充分利用其具有的区位优势和对外开放的政策优势，大力发展外向型经济，经济社会得到明显的快速发展。

但福建作为海峡西岸经济区的主体省份，在谋求发展过程中，清楚意识到自身经济体、产业结构和创新发展方面的不足：国有投资薄弱，重大项目短缺，大企业大集团缺少，大都市城市圈缺乏，带动效应不强，经济产业发展仍有待转型，山海区域经济发展仍有一定差距，难以适应当前扩内需、调结构的发展要求。作为我国东南沿海重要板块，如何将率先发展和全面协调可持续发展结合起来，一直是历届福建省委、省政府调整发展思路、加快转型发展步伐的工作重点之一。

一、集中优势资源发展大都市群，形成区域经济增长极

法国经济学家弗郎索瓦·佩鲁（F. Perrour）提出的增长极理论指出，增长并非出现在所有地方，而是以不同强度首先出现在一些增长点或增长极上，这些增长点或增长极通过不同的渠道向外扩散，对整个经济产生不同的最终影响。福建经济的一个弱项，就是缺少在全国有影响力的大城市。《2013年中国城市竞争力蓝皮书：新基准：建设可持续竞争力理想城市》上指出，从经济竞争力看，福建部分城市表现突出，但是城市群效应没有充分体现。因此，福建区域经济的发展必须集中优势资源，发展一两个强有力的经济增长中心，使之成为海峡西岸经济区整体经济持续快速发展的强大引擎。在城市群建设方面，福建加快构建以大都市区为核心、大中小城市和小城镇协调发展的城镇化格局，着力发展福州大都市区和厦（门）漳（州）泉（州）大都市区，打造经济增长极，并通过增长极的辐射带动效用，实现整个区域的共同发展。

二、打造规模优势的产业集群和制造业基地，提升区域产业综合竞争力

产业集群是某一产业领域相互关联的企业及其支撑体系在一定地域内发展并形成具有持续竞争优势的经济群落。产业集群可提升区域要素获取能力，增强产业部门在外部市场上的竞争力。当时的省委书记孙春兰明确表示，福建未来5年的发展要突出重点，以发展产业群、城市群和港口群为突破口。她认为，发展这"三群"即抓住福建经济社会发展主要环节。发展产业群就是要提升产业综合竞争力，做长产业链，提高产业的配套能力。

福建省"十三五"规划提出要主动对接"中国制造2025""互联网+"，做大增量优化存量，积极发展服务型制造，深入实施产业龙头促进计划，培育一批千亿级产业集群、百亿级品牌企业和十亿级品牌产品，建成东部沿海先进制造业重要基地，促进产业迈向中高端，打造福建产业升级版。"十三五"期间，福建省要推进主导产业高端化、集聚化，加快提升电子信息、石油化工、机械装备三大主导产业的技术水平和产品层次，延伸产业链、壮大总量，增强核心竞争力；推进战略性新兴产业规模化，实施新兴产业倍增计划，加快突破技术链、价值链和产业链的关键环节，推动新一代信息技术、新材料、新能源、节能环保、生物和新医药、海洋高新等产业规模化发展；推进传统特色产业改造提升，轻工业重点推进食品工业、制鞋业、造纸业提升发展，打造全球顶尖的休闲运动鞋制造中心。纺织业发挥化纤、织造、染整、服装、纺机产业链优势，做大做强纺织化纤和服装生产基地。冶金业加快延伸下游精深加工产业，提升产品品质和附加值，打造中国最大不锈钢产业基地和铜生产研发重要基地。电机电器重点推广集成制造、高效节能电机制造、精密制造等先进生产方式，鼓励发展高端产品。建材业加快发展新型墙体材料，促进行业转型升级，提升石材、建筑陶瓷、汽车玻璃工业发展水平。

三、构建海峡经济区港口群，充分发挥海洋经济的优势

台湾海峡拥有着丰富的港口资源，海峡东岸拥有亚洲第三大港口高雄港，

西岸厦门、福州、温州等港区的建设也取得很大进展。海峡两岸的港口间不仅地理位置靠近，而且资源互补性强。在海峡西岸港口建设稳步推进的基础上，逐步推动两岸港口资源的整合，对于打造具有全球辐射能力的航运枢纽中心，形成世界海洋经济发展新的重点区域具有重要意义。2012年《福建海峡蓝色经济试验区发展规划》获国务院批准，福建海洋经济发展战略上升为国家战略。

福建港口群对城市群、产业群发展将起到内拓外扩作用。2012年8月举行的省委九届五次会议上提出，以"三群联动"的发展思路，促进临港经济发展，加快推动海洋经济强省建设。"三群联动"就是统筹做好港口群、城市群、产业群的规划，把海洋资源开发与沿海城市规划综合考虑，顺应人口、经济、产业不断向沿海地区聚集的趋势，形成新的经济增长点。

福建未来5年港口群建设的定位是：打造面向世界、服务周边及中西部地区的现代化港口群。一是加快厦门国际航运枢纽港建设，推进航运交易市场建设，形成国际集装箱中转中心；二是优化提升福州港，加快形成集装箱和大宗散杂货运输相协调的国际航运枢纽港；三是加快开发湄洲湾港，形成大宗散货和集装箱运输相协调的主枢纽港。

坚持陆海开发联动，积极发展海洋科技，有效利用海洋资源和保护海洋环境，优化海洋开发布局，推进临港工业、海洋渔业、海洋新兴产业等加快发展。围绕三都澳、罗源湾、兴化湾、湄洲湾、泉州湾、厦门湾、东山湾等港湾的开放开发，合理布局发展临港工业，建设以石化、船舶、冶金、电力等为重点的临港工业集中区，形成区域经济发展新增长点。

四、实施大项目带动，培育一批具有竞争力的大企业大集团

大企业大集团是一个国家或地区经济社会的中流砥柱，是壮大经济总量、增强实力和竞争力的关键因素。从世界和中国500强企业的分布证明，大企业大集团的数量与所在国家和地区的经济实力和竞争力是一个正比的关系。有关资料表明，在2009年世界500强企业中，美国、日本、法国、德国、英国5个经济发达国家就达315个，占60.3%；而中国500强企业中70%集中在经济较发达的东部省份；同样，福建省百强企业中83%集中在经济较为发

达的厦门、福州、泉州三市。所以，必须增强培育大企业大集团的紧迫感和责任感，在打造产业强省，推动跨越发展中把培育大企业、大集团摆在十分重要的地位。

为此，福建省委、省政府提出，抓龙头、铸链条，坚持央企、民企、外企"三维"推进，着力"建设大项目、培育大企业、打造大基地"的工业发展思路。在海西战略引领下的"福建板块"首先成为央企抢滩布局的热土。福建炼油乙烯项目、中海油与福建投资集团合作建设 LNG 项目等就是最好的典型。同时，在福建省加快引进的石化、装备机械等大项目中，还呈现出"国进民进"螺旋上升的喜人态势。到 2015 年培植 10 个超千亿的产业集群：电子信息、装备制造、石油化工等超千亿产业集群。石化 4000 亿，汽车 2000 亿，钢铁 3000 亿，战略性新兴产业 3000 亿，15 个超 500 亿的产业集群。在央企周围，一大批中小民营企业如雨后春笋般崭露头角，涵盖新化工、新材料、物流等 20 多个领域。

五、积极承接海外及台湾产业转移，支持产业深度对接

福建是华侨之乡，又是台胞的祖籍地，如何改善投资环境、如何利用海外与闽台"五缘"优势，是海峡西岸经济区建设的关键所在。随着海峡两岸关系的新变化，福建的对台主体地位作用更为凸显，两岸经贸合作加快拓展，国家更加重视和支持海峡西岸经济发展，特别是国务院明确支持福建省加快建设海峡西岸经济区，赋予福建省先行先试的政策，在这样一个新的起点上，更加有利于福建省在两岸经济合作发展方面争取更大作为。

福建省"十三五"规划《纲要》明确要求坚持"走出去"与"引进来"结合，全面推进自由贸易试验区和 21 世纪海上丝绸之路核心区建设，以更加开放的姿态深度融入世界经济，主动参与全球资源配置，推动对外经济发展方式转变，再造开放型经济新红利，培育国际合作和竞争新优势。

国务院出台《关于支持福建省加快建设海峡西岸经济区的若干意见》，提出海峡两岸将建设经贸合作的紧密区域，并把加强两岸产业合作，促进两岸产业深度对接作为支持海西建设的重要内容。闽台产业深度对接已成为当前福建增强两岸经贸交流合作和促进产业发展的重要抓手，福建要加强台商

投资集聚区基础设施和公共服务平台建设，着力推进与台湾先进制造业、高新技术产业和新兴产业的对接，拓展传统产业的合作空间，促进闽台产业深度对接。

福建省"十三五"规划《纲要》提出要以共建平台、共创品牌、共拓市场为重点，深化与台湾百大企业、行业龙头企业、科技型中小企业对接，密切与台湾六大工商团体、"三三企业交流会"等行业协会常态化联系。深化闽台产业对接升级计划，推进闽台产业合作由中低端向研发创新、打造品牌、制定标准转变。积极落实《海峡两岸经济合作框架协议》（ECFA），推动《海峡两岸服务贸易协议》中大陆对台开放措施在福建省率先实施，扩大闽台货物贸易、服务贸易规模，推动两岸货物贸易自由化。积极承接台湾先进制造业转移，引进一批产值超千亿台资产业链项目。加强与台湾石化产业深度合作，加快推进精密机械、集成电路设计制造及物联网等合作。建设两岸新一代信息技术产业合作聚集区，推动设立国际信息服务专区。深入开展绿色能源、生物科技等新兴产业对接合作，推动建立两岸环保产业合作示范基地。提升台商投资区、海峡两岸农业合作试验区、海峡两岸（三明）现代林业合作实验区、台湾农民创业园等载体建设水平，推动设立漳州深化两岸产业合作示范区和古雷深化两岸石化产业深度合作示范区。发挥海峡两岸电子商务经济合作实验区辐射作用，联合打造跨境电商公共服务平台。

六、细分区位特殊政策，形成"山海联动"协调发展局面

改革开放30多年来，福建实施的这种非均衡发展战略，即强调总体经济效益和率先发挥东南沿海地区的经济优势。沿海地区特别是东南沿海地区的经济发展大大加快，既提高了资金的运用效益，又吸纳了大批中西部地区劳动力。特区开放城市和开发区的发展通过示范效应、扩散效应和技术合作等多种途径，在一定程度上支持了中、西部地区的发展。

根据冈纳·缪尔达尔的循环累积因果理论，区域经济发展不平衡会产生扩散效应，表现为各生产要素从发达区域向不发达区域流动，带动不发达地区的经济发展。但是，这种扩散效应不会自发发生。一方面，上级政府要运用政策和行政的力量对不同区域实施特殊政策并对经济资源进行再

分配，实现区域经济非均衡协调发展；另一方面，内陆山区要想利用扩散效应发展本地经济，必须采取主动的姿态，争取能发挥区位优势的政策和项目，主动承接这种扩散效应，与沿海发达地区形成产业发展的对接。福建省政府一直推行的"山海联动"是一个重要的经济发展战略目标，实行由沿海地区向内陆地区的产业梯度转移可以作为福建经济实现山海对接的一个重要途径。

七、加强创新驱动，推进福建产业转型升级

创新驱动最早由著名管理学家迈克尔·波特提出，他认为区域经济发展分为四个阶段：生产要素驱动（factor-driven）阶段、投资驱动（investment-driven）阶段、创新驱动（innovation-driven）阶段和财富驱动（wealth-driven）阶段。创新驱动是继资源驱动、投资驱动之后，以知识和人才为依托，以科技创新为主要要素驱动经济发展的重要方式。

2012 年底，由科技部政策法规司和国家软科学计划资助的《中国区域创新能力报告（2012）》正式对外公布，课题组通过分析将各省市发展分成四类：上海、北京、天津、江苏、广东、浙江 6 个地区已基本进入创新驱动发展阶段；山东、湖北、辽宁、福建、四川 5 个地区正从投资驱动向创新驱动过渡阶段；以重庆市为代表的 13 个省（区、市）基本处于投资驱动阶段；新疆、山西、海南、陕西、内蒙古、黑龙江 6 个地区还处于要素驱动向投资驱动过渡阶段。2008 ~ 2012 年区域创新能力排名情况如表11 - 5 所示。

表 11 - 5　　　　　　　2008 ~ 2012 年区域创新能力排名情况

排名	2012 年	2011 年	2010 年	2009 年	2008 年
1	江苏	江苏	江苏	江苏	上海
2	广东	广东	广东	广东	广东
3	北京	北京	北京	北京	北京
4	上海	上海	上海	上海	江苏
5	浙江	浙江	浙江	浙江	浙江
6	山东	山东	山东	山东	山东

续表

排名	2012 年	2011 年	2010 年	2009 年	2008 年
7	天津	天津	天津	天津	天津
8	辽宁	辽宁	湖北	四川	四川
9	安徽	四川	四川	辽宁	辽宁
10	湖南	重庆	重庆	湖北	湖北

资料来源：根据 2008～2013 年区域创新能力报告整理。

近年来，福建加快科技引领、强化创新驱动，有效地提升企业自主创新能力。"十二五"期间，福建省自主创新能力进一步增强，一批制造业核心技术和工艺装备达到国内先进水平，农业科技整体实力与海洋渔业研发能力明显提升。创新平台加快建设，新增一批国家级研究院（中心）、重点实验室、工程（技术）研究中心、企业技术中心，"6·18"促进成果对接转化的平台作用有效发挥。高新技术产业增加值占地区生产总值比重达 15%，工业化和信息化融合水平居全国第 7 位。但目前福建省离创新型省份建设目标尚有一定差距，制约科技创新的一些深层次问题尚未得到完全解决。

面对新一轮产业竞争态势，福建省必须抢占新一轮发展制高点，以创新驱动产业转型升级；加之福建省自然资源匮乏，要素投入、环境保护等成本提高，经济发展的传统动力正逐步衰减，也迫切需要由"要素驱动"向"创新驱动"转变。创新驱动要求一个地区具备良好的技术创新能力，人才的培养和引进将是区域创新驱动发展的后备力量。由于福建高等教育资源在发达省份属于比较匮乏的区域，从长远来看，加大福建教育投入是提升福建区域创新能力的根本前提。

参考文献

［1］《邓小平文选》（第 3 卷），人民出版社 1993 年版。

［2］《中共中央关于全面推进依法治国若干重大问题的决定》，人民出版社 2014 年版。

［3］阿瑟·刘易斯：《二元经济论》，北京经济学院出版社 1991 年版。

［4］安增军、杨敏：《海峡两岸产业转移效应的评价与产业优化研究》，厦门大学出版社 2015 年版。

［5］陈共：《财政学》，中国人民大学出版社 2002 年版。

［6］陈吉元、胡必亮：《中国的三元经济结构与农业剩余劳动力转移》，载《经济研究》1994 年第 4 期。

［7］陈宗胜：《改革、发展与收入分配》，复旦大学出版社 1999 年版。

［8］城乡二元结构下经济社会协调发展课题组：《中国城乡经济及社会的协调发展》，载《管理世界》1996 年第 3 期。

［9］董克用：《中国经济改革 30 年社会保障卷》，重庆大学出版社 2008 年版。

［10］高鸿业：《西方经济学》（宏观部分），中国人民大学出版社 2007 年版。

［11］高翔：《我国二元经济结构的形成与演化》，厦门大学博士学位论文，2007 年。

［12］郭剑雄：《二元经济与中国农业发展》，经济管理出版社 1999 年版。

［13］郭小聪：《政府经济学》，中国人民大学出版社 2011 年版。

[14] 何翔舟：《政府经济管理学》，浙江大学出版社 2009 年版。

[15] 洪进、杨辉：《社会保障导论》，中国科技大学出版社 2006 年版。

[16] 胡学勤：《经济增长方式与经济发展方式的区别与联系》，载《经济纵横》2008 年第 1 期。

[17] 黄新华：《政府经济学》，北京师范大学出版社 2012 年版。

[18] 贾康：《新常态下的财政政策：思路与方向》，载《国家智库》2014 年第 21 期。

[19] 江勇：《宏观经济管理学》，武汉大学出版社 2010 年版。

[20] 李海航、原磊、王燕梅：《发展方式转变的体制与政策》，社会科学文献出版社 2012 年版。

[21] 李克强：《关于深化经济体制改革的若干问题》，载《求是》2014 年第 9 期。

[22] 李克强：《论我国经济的三元结构》，载《中国社会科学》1991 年第 3 期。

[23] 李萍、陈玉文：《我国医疗保障体系现状与完善对策》，载《中国药业》2013 年第 11 期。

[24] 李雪：《中国社会保障制度的经济学分析》，吉林大学博士学位论文，2014 年。

[25] 刘钧：《社会保障理论与实务》，中国劳动社会保障出版社 2012 年版。

[26] 柳士发：《中国经济现代化的三重二元结构》，载《人文杂志》1999 年第 5 期。

[27] 民政部：《2013 年社会服务发展统计公报》。

[28] 民政部：《2015 年社会服务发展统计公报》。

[29] 潘邦贵：《财政学》，湖南师范大学出版社 2014 年版。

[30] 邱东：《中国经济体制改革与发展研究》，中国人民大学出版社 2009 年版。

[31] 全国社会保障基金理事会：《全国社会保障基金理事会基金年度报告（2015 年度）》。

[32] 人力资源和社会保障部：《2011 年度人力资源和社会保障事业发展

统计公报》。

　　[33] 人力资源和社会保障部：《2013 年度人力资源和社会保障事业发展统计公报》。

　　[34] 人力资源和社会保障部：《2014 年度人力资源和社会保障事业发展统计公报》。

　　[35] 人力资源和社会保障部：《2015 年度人力资源和社会保障事业发展统计公报》。

　　[36] 人民网《1985 年 6 月 4 日全国政社分开建立乡政府的工作结束》，http：//www. people. com. cn/GB/historic/0604/6475. html。

　　[37] 十八届三中全会公报《中共中央关于全面深化改革若干重大问题的决定》，人民出版社 2013 年版。

　　[38] 苏星：《新中国经济史》，中共中央党校出版社 1999 年版。

　　[39] 孙凯、高帆：《我国对二元经济问题的研究：一个文献综述》，载《人文杂志》2005 年第 3 期。

　　[40] 王爱珠：《苏联东欧经济改革概论》，复旦大学出版社 1989 年版。

　　[41] 王彩波、王庆华：《政府经济学》，首都经济贸易大学出版社 2009 年版。

　　[42] 王检贵：《劳动与资本双重过剩下的经济发展》，上海三联书店、上海人民出版社 2002 年版。

　　[43] 王健等：《政府经济管理》，经济科学出版社 2009 年版。

　　[44] 王立荣、王国武：《对坚定社会主义市场经济改革的思考》，载《思想理论教育导刊》2015 年第 5 期。

　　[45] 魏礼群：《中国经济体制改革 30 年回顾与展望》，人民出版社 2008 年版。

　　[46] 吴敬琏：《当代中国经济改革教程》，上海远东出版社 2010 年版。

　　[47] 吴天然、胡怀邦、俞海、陈伟明：《二元经济结构理论与我国的发展道路》，载《经济理论和经济管理》1993 年第 4 期。

　　[48] 徐庆：《四元经济发展模型与城乡收入差距扩大》，载《经济科学》1997 年第 2 期。

　　[49] 许萌松：《苏联东欧经济与经济体制改革》，西北工业大学出版社

1989 年版。

［50］薛进军、赵忠秀：《中国低碳经济发展报告（2012）》，社会科学文献出版社 2011 年版。

［51］杨志、王岩、马艳等：《低碳经济：全球经济发展方式转变中的新增长极》，经济科学出版社 2013 年版。

［52］张朝尊、韩太祥：《中国农民的伟大创造：三元经济结构的形成和意义》，载《经济理论与经济管理》1995 年第 1 期。

［53］张文魁、袁东明：《中国经济改革 30 年：国有企业卷》，重庆大学出版社 2008 年版。

［54］张卓元、黄范章、利广安：《20 年经济改革：回顾与展望》，中国计划出版社 1998 年版。

［55］张卓元：《当前需要深入研究的十个重大经济改革议题》，载《中国特色社会主义研究》2014 年第 3 期。

［56］赵勇：《城镇化：中国经济三元结构发展与转化的战略选择》，载《经济研究》1996 年第 3 期。

［57］郑功成：《社会保障学》，中国劳动社会保障出版社 2005 年版。

［58］中共中央党校编：《马克思主义经典著作选读》，中共中央党校出版社 1980 年版。

［59］钟仁耀：《社会救助与社会福利》，上海财经大学出版社 2013 年版。

［60］祝黄河：《科学发展观与当代中国社会发展实践》，人民出版社 2008 年版。

［61］邹东涛：《中国经济发展和体制改革报告 No.1：中国改革开放 30 年（1978～2008）》，社会科学文献出版社 2008 年版。

后　　记

在 21 世纪的今天，我国改革开放取得了举世瞩目的成就，我们需要上下一心，开始新一轮深刻转型。中国一方面取得了经济建设等方面的巨大成就，另一方面也有一些挫折和教训。面对新的形势和挑战，中国如何将经济改革深入下去，实现伟大的"中国梦"？本书试图寻找一些答案。本书作者安增军教授经历了中国经济改革和开放的全过程，以学者的角度对改革中的一些重要问题进行了研究，并一直在关注当前中国经济的转型发展问题。本书作者杨敏老师在深入了解中国改革开放历程和搜集整理中国经济改革资料的基础上，对中国经济的转型发展与管理变革进行了深入思考。两位作者对本书倾注了大量的心血，在书中深入研究了中国改革开放与经济转型发展问题。本书探讨了中国经济改革的阶段划分，梳理了中国经济改革的历史和主要内容，包括农村改革、国有企业改革、流通体制改革、价格体制改革、财政税收体制改革、政府宏观调控与管理体制改革、对外开放等，并在世界背景中对中国的改革与苏联东欧的改革进行了比较研究，进而讨论了中国的可持续发展问题，针对当前中国的转型发展提出了一些思路、建议。值得一提的是，本书列举了众多改革开放的现实事例，既有历史纵深感，又有现实直观感。

全书大纲编写、文稿统筹、章节撰写分工如下：安增军老师负责第一章、第二章、第三章、第四章、第五章、第十一章（约 20 万字）；杨敏老师负责第七章、第八章、第九章、第十章和后记（约 12 万字）；周建群老师负责第六章的写作，张昆老师在本书的写作过程中收集了大量资料，全书修订由安增军、杨敏老师共同完成。本书在出版过程中得到了福州外语外贸学院学术著作出版基金的资助和福建江夏学院课题经费的资助，同时得到了经济科学出版社的帮助，在此表示诚挚的谢意！文中的许多观点是在大家讨论研究基础上形成的，在此一并表示感谢！

限于水平，本书中难免存在错误和不足之处，敬请大家批评指正！

著者

2017 年 7 月 28 日于福州旗山